# Militaria der deutschen Kaiserzeit Helme und Uniformen 1871-1914



Jan K. Kube

Keyser

Fotos: Michael Kremnitz, Frieding
außer Originalfotos Abb. 1, 14, 157, 158, 164, 180, 181, 188, 193, 196, 198, 199, 200, 202, sowie außer Abb. 5, 6, 17, 25, 27, 31, 44, 54, 57, 86, 87
Zeichnungen S. 38, 39, 110, 111: K. D. Schack, München

CIP-Kurztitelaufnahme der Deutschen Bibliothek:

**Kube, Jan K.**
Militaria der deutschen Kaiserzeit: Helme und Uniformen 1871–1914. –
1. Aufl. – München: Keyser, 1977.
(Keysers Sammlerbibliothek)

ISBN 3-87405-101-3


Umschlagentwurf: Mendell & Oberer Graphic Design, München
Druck und Einband: W. F. Mayr, Miesbach
Printed in Germany

# Inhalt

*1 Königlich Preußische Armee, Chef der Armee: Se. Majestät der Kaiser und König Wilhelm II. in Paradeuniform des Regts. der Gardes du Corps*

# Vorwort

Das Sammeln von Helmen und Uniformen der Vergangenheit hat in den letzten Jahren einen ungeahnten Aufschwung genommen. War es bis vor kurzem die Liebhaberei eines kleinen, fast exklusiven Kreises meist älterer Herren, so befassen sich heute verstärkt auch jüngere Menschen mit diesem Gebiet. Ein besonderes Kennzeichen dieser Entwicklung sind die zahlreichen Verkaufsveranstaltungen und Messen, die sich ganz gezielt mit dem Thema »Militaria« befassen.

Für die Beschäftigung mit militärischen Ausrüstungsstücken wie alten Uniformen und Helmen gibt es verschiedene Beweggründe. Am augenfälligsten ist dem Laien der optische Eindruck: die Buntheit, die enorme Vielfalt von Form, Muster und Material, das rein dekorative Element in fast jedem Uniformstück. Eine in zahlreiche Berufszweige aufgefächerte Industrie war früher allein mit der Fertigung der militärischen Adjustierung beschäftigt. Weit interessanter als das dekorative Element der Uniformierung ist jedoch die Betrachtung der damals erlassenen Bekleidungsordnungen: eine Fülle von Allerhöchsten Kabinettsorders, Dienstvorschriften, gesiegelten Musterstücken und heute kaum mehr auffindbarer Detailbestimmungen regelte den Anzug des Soldaten, vor allem des Offiziers-Soldaten bis in jede Einzelheit. Wie bequem hat es heute ein Soldat der deutschen Bundeswehr gegen den Kadetten von 1910, der seine Ferien auch in der größten Sommerhitze mit angezogenem Mantel, darunter Waffenrock mit Stehkragen, Handschuhen und vielen anderen Kleidungsstükken versehen antreten mußte, da über dem Arm kein Kleidungsstück getragen werden durfte.

Die Materialkunde der einzelnen Ausrüstungsstücke damaliger Zeit ist ebenfalls von großem Reiz. Während heutzutage weitgehend alle Uniform- und Ausrüstungsstücke maschinell und betont schlicht gefertigt werden, waren in der Kaiserzeit die meisten Teile vergoldet oder versilbert, handgeschlagen und handgeschmiedet, ziseliert und goldtauschiert, emailliert, geätzt, mit der Hand nachpoliert, aus Gold- und Silberfäden gestickt, mit Pailetten verziert und aus Dutzenden verschiedener Materialien gefertigt: edelsten Stoffen, Bärenfellen, Roß- und Büffelhaaren, Hahnen-, Kapaunen-, Reiher-, Straußen- und Geierfedern, Seehund-, Otter- und Oppossumfellen usw.

Häufig trat dabei natürlich die Kriegstauglichkeit in den Hintergrund, wichtig war nur Form und Farbe als Ausdruck der Macht und der stolz bewahrten Tradition vergangener Tage. Das Wort Kaiser Wilhelm II. (1859–1941) von der »Schirmenden Wehr« wird heute zwar irrtümlich, aber durchaus berechtigt als »Schimmernde Wehr« zitiert.

Nicht zuletzt ist für manchen Beobachter der Marktsituation der Aspekt der Geldanlage entscheidendes Moment zum Kauf von Militaria geworden. Die Preisentwicklung der letzten Jahre hat manches Stück, sei es nun Helm, Uniformstück oder Säbel dem Materialwert schlichten Goldes weit überlegen werden lassen. Die Spekulation hält weiter an, wenn sie auch sicher nicht alle Hoffnungen, vor allem Relikte der neueren Zeit betreffend, erfüllen wird. Auch hier, wie in fast allen Bereichen der Antiquitäten, verunsichern Fälschungen den Laien.

Mit diesem Handbuch soll besonders dem Anfänger eine Anregung und Hilfe zum Sammeln von Militaria gegeben werden, da bisher keine Veröffentlichung erschienen ist, die das Thema allgemein behandelt und viele Stücke anhand von Fotos dokumentiert. Ganz bewußt bleibt dabei die Waffe – das Werkzeug des Soldaten – im Hintergrund, da über diesen Bereich soldatischer Ausrüstung eine Fülle von Literatur erhältlich ist.

Keinesfalls will dieses Handbuch den Rang einer wissenschaftlichen Abhandlung beanspruchen, dafür reichte weder die Erfahrung noch der zur Verfügung stehende Platz. Angestrebt wurde eine Kurzinformation, für weitergehende Studien verweise ich auf das Literaturverzeichnis am Schluß.

Mein besonderer Dank gilt meinem väterlichen Freund K. D. Schack, der mit viel Geduld Anregungen und Hinweise gab und die Helm- und Uniformzeichnungen anfertigte.

# Einführung in die Uniformkunde

Der Begriff »Militaria« stammt aus dem Lateinischen. »Res militaria« bedeutet soviel wie »Kriegswesen« überhaupt, ein Oberbegriff alles Militärischen schlechthin.

Auch heute stellt für den Sammler der Begriff »Militaria« nur einen Sammelbegriff dessen dar, was er mit viel Begeisterung sucht und zusammenträgt: Helme, Uniformstücke, Epauletten, Achselstücke, Knöpfe, Koppel, Kartuschkästen, Säbeltaschen oder Ringkragen, um nur einiges zu nennen. Man kann sich mit Fug und Recht »Militaria-Sammler« nennen, um damit dem Laien sein Sammelgebiet einigermaßen zu bezeichnen. Dennoch wird sich jeder auf die Dauer der Spezialisierung nicht entziehen können und für ein Thema dieses umfangreichen Gebietes entschließen müssen.

Ganz bewußt wurden bei der obigen Aufzählung zwei Dinge nicht genannt, die zwar dazugehören mögen, aber nicht unter den Begriff »Militaria« fallen: Waffen und Orden.

Das Sammeln von Waffen, vor allem von Prunkwaffen, aber auch als Handwerkzeug des Kriegers gefertigten Waffen, ist eine wesentlich ältere Leidenschaft, der Kaiser und Könige, Feldherren, Offiziere und Durchschnittsbürger im Rahmen ihrer Möglichkeiten huldigten. Es würde den Rahmen dieser Arbeit sprengen, wollte man darauf auch nur im militärischen Bereich eingehen. Außerdem behandeln das Thema Waffen, sei es militärisch oder zivil, eine ganze Reihe ausgezeichneter Veröffentlichungen.

Orden und Ehrenzeichen sind zwar untrennbar mit dem Soldaten und dem Kriegswesen verbunden, gehören aber nicht zum Anzug und nicht zur Ausrüstung des Soldaten, sondern waren eben Auszeichnungen für außergewöhnliche Leistungen im Rahmen der soldatischen Tätigkeit. Ein Ordenssammler wird nie ernsthafter Militaria-Sammler sein, die Vertiefung in das eine oder andere Gebiet führt zu weit auseinander. Der Orden gehört nur dann zur Uniform, wenn er erworben und somit zum Tragen befohlen wurde. Die Ordenskunde – auch Phaleristik genannt – ist eine eigene Wissenschaft und berührt die Uniformkunde nur am Rande.

Der Militaria-Sammler wird sich mit Orden hauptsächlich dann beschäftigen, wenn es darum geht, Ganzfiguren vor allem höherer Dienstgrade entsprechend der auf den Waffenröcken befindlichen Ordensschlaufen zu dekorieren.

Um die Mitte des 17. Jahrhunderts begann mit der Einführung regulärer, auch im Frieden unter Waffen stehender Heere bzw. Regimenter die Geschichte der Uniform, der einheitlichen, militärischen Tracht. Noch im 30jährigen Krieg trug jeder Mann die Kleidung, die er mitgebracht hatte. Eine gewisse Einheitlichkeit war höchstens in der Art der Bewaffnung gegeben, so z. B. die Pikeniere, Musketiere oder Kürassiere; es gab keine Rangabzeichen. Die Offiziere zeichneten sich durch ihre vornehmere, prächtigere und dadurch auch teurere Tracht aus. Als Erkennungszeichen zwischen Freund und Feind dienten um den Bauch oder die Oberarme geschlungene Feldbinden, die z. B. bei den Wallensteinern rot, bei den Schweden grün waren. Von der im 17. Jahrhundert beginnenden Uniformität darf man sich allerdings keinen zu hohen Begriff machen. Alte Musterungsberichte sprechen zwar von einer durchgängig gleichfarbigen Bekleidung, kritisieren aber die schlechte Qualität, ungleiche Hosen sowie unterschiedliche Knöpfe. Auch die vorgeschriebene, einheitliche Grundfarbe sei nur in allen möglichen Schattierungen nebeneinander vorhanden gewesen.

Die Schnitte der militärischen Bekleidung unterschieden sich in jener Zeit noch nicht oder nur kaum von der herrschenden Mode. Erst unter Preußens König Friedrich Wilhelm I., dem »Soldatenkönig« (reg. 1713–1740), wurde der Uniformschnitt knapper und zweckdienlicher. Die Uniform löste sich von der zivilen Bekleidung nicht nur in der Farbe, sondern auch in der ganzen Erscheinung. Die Regimenter wurden neben der Farbe auch durch andere Abzeichen unterschieden, u. a. verschiedengemusterte Tressen, bestickte oder mit Litzen versehene Knopflöcher oder das Schild der Grenadiermütze. Der Offizier erhielt die seinem jeweiligen Dienstgrad entsprechenden Abzeichen. Die Offiziersuniform zeichnete sich durch besseres und edleres Material aus, anstelle von gelben oder weißen Wollborten wurden Gold- und Silbertressen sowie feine, kunstvolle Stickereien verwendet. Einige dieser Muster besaßen auch noch fast 200 Jahre später Gültigkeit, wie z. B. die »Alt-Larisch«-Stickerei für Generale. Als Dienstzeichen wurden für die Offiziere Portepee, Ringkragen und Schärpe eingeführt, Ausrüstungsstücke, die noch bis in unser Jahrhundert hinein den Offizier erkennen lassen.

Die Uniform des ausgehenden 18. Jahrhunderts war durch eine reiche, zeitweilig übertrieben anmutende Ausstattung gekennzeichnet. Insbesondere die französische Armee hatte einen ungeheuren Verschleiß an Federn, Quasten und Rüschen, was nicht ohne Einfluß auf die übrigen europäischen wie auch überseeischen Armeen blieb. Zur Zeit der Befreiungskriege, also in der Epoche Napoleon I., bestand die Uniformierung aus finanziellen Gründen zum größten Teil nur aus den Uniforms-Vorschriften. Man darf mit Sicherheit annehmen, daß nur ein kleiner Teil der Armee Preußens so reglementsmäßig gekleidet war wie zeitgenössische Stiche und Bilder zeigen, was auch stellvertretend für die europäischen Armeen gilt.

Im Biedermeier gewann die Eleganz der Uniform wieder mehr an Gewicht. Der Soldat besaß als Befreier und Verteidiger des Vaterlands Ansehen und Respekt beim Volk, nicht zuletzt bei der weiblichen Bevölkerung. Der Sitz der

Uniform wurde immer enger und knapper, der Mann mußte sich schließlich gleichermaßen des Korsetts bedienen wie die Frau, um der Idealfigur, Heldenbrust und knappe Taille, auch tatsächlich zu entsprechen.

Obwohl in Europa nach den Kriegstagen der Jahre bis 1815 eine lange Friedenszeit eintrat, wurde eingedenk der vergangenen bitteren Jahre ständig an der Uniformierung der preußischen Armee im Sinne einer Weiterentwicklung gearbeitet. Im Jahre 1843 erfolgte schließlich eine fast für die ganze Welt richtungweisende Neueinführung des Helms und der Uniform: Die »Pickelhaube« und der einreihige »Waffenrock« waren geboren. Der Elberfelder Metallwarenfabrikant Wilhelm Jaeger hatte mehrere Jahre lang an der Entwicklung eines Metallhelms für die preußischen Kürassiere gearbeitet. Er wurde 1841 als Versuchsmodell erprobt und 1842 mit kleinen Abänderungen in Metall für die Kürassiere, für die übrige Armee aus Leder gefertigt, eingeführt.

Die Folgezeit brachte nur geringe Modifizierungen an Helm und Uniform, sie betrafen sowohl Gewichtserleichterungen als auch modische Einflüsse. Viele europäische und überseeische Staaten übernahmen die preußische Uniformierung, wenn auch meist nur für kurze Zeit.

Bis zur Einführung der feldgrauen Uniform für das deutsche Heer im Jahre 1910 gab es keine Neuschöpfungen bekleidungstechnischer Art mehr, und auch die feldgraue Uniform und die dazugehörende Kopfbedeckung entsprach in der Form der bisherigen Bekleidung, nur versuchte man, die bunten Farben und blinkendes Metall weitgehend zu tarnen.

# Das deutsche Reichsheer

Zum besseren Verständnis soll hier zunächst der Aufbau und Zusammenhang des deutschen Reichsheeres dargestellt werden.
Am 18. Januar 1871, nach dem Sieg über Frankreich, wurde im Spiegelsaal von Versailles König Wilhelm I. von Preußen als »Deutscher Kaiser« ausgerufen und die Gründung des Deutschen Reiches verkündet; während sich schon seit 1866 ein Teil der deutschen Staaten zum Norddeutschen Bund zusammengeschlossen hatte.

Das Deutsche Reich bestand aus 25 Bundesstaaten:
den *Königreichen* Preußen, Bayern, Sachsen und Württemberg,
den *Großherzogtümern* Baden, Hessen, Oldenburg, Mecklenburg-Schwerin, Mecklenburg-Strelitz und Sachsen-Weimar,
den *Herzogtümern* Anhalt, Braunschweig, Sachsen-Altenburg, Sachsen-Coburg-Gotha und Sachsen-Meiningen.
den *Fürstentümern* Lippe, Reuß ältere Linie, Reuß jüng. Linie, Schaumburg-Lippe, Schwarzburg-Rudolstadt, Schwarzburg-Sondershausen und Waldeck-Pyrmont.
den *Hansestädten* Bremen, Hamburg und Lübeck
sowie dem nach dem glorreichen Feldzug von 1870/71 wieder eingegliederten *Reichsland* Elsaß-Lothringen.

Die Truppen dieser einzelnen Bundesstaaten, ausgenommen Elsaß-Lothringen, das vorher französisch war und somit keine eigenen Truppen hatte, bildeten zusammen das deutsche Reichsheer. Ihr Verhältnis zu Preußen als größtem Einzelstaat und den übrigen Bundesstaaten wurde durch Militärabkommen geregelt. Es gab also keine »kaiserliche Armee«, wie oft irrtümlich dargestellt, sondern in den vier Königreichen war jeweils der König Chef der Armee. Die Fürsten der übrigen Bundesstaaten stellten sich sämtlich unter den Oberbefehl des Königs von Preußen.
Die Truppen von Anhalt, Bremen, Hamburg, Lippe, Lübeck, Oldenburg, Reuß, Sachsen-Altenburg, Sachsen-Coburg-Gotha, Sachsen-Meiningen, Sachsen-Weimar, Schwarzburg-Rudolstadt, Schwarzburg-Sondershausen, Schaumburg-Lippe und Waldeck-Pyrmont waren bereits im Jahre 1867, die Armee von Baden 1870 und die Regimenter von Braunschweig 1886 in die

preußische Armee aufgenommen worden und bildeten preußische Truppenteile.
Die Truppen der Großherzogtümer Mecklenburg-Schwerin und Mecklenburg-Strelitz bildeten seit 1867, die Großherzoglich Hessischen Truppen seit 1871 jeweils ein Armeekorps mit selbständiger Verwaltung innerhalb der Kgl. Preußischen Armee.
Die Truppen des Königreichs Sachsen waren seit 1867, diejenigen des Königreichs Württemberg seit 1870 eigene Armeekorps mit selbständigen Kriegsministerien, jedoch mit Numerierung innerhalb des Gesamt-Heeresverbandes. Eine Ausnahme bildete die Kgl. Bayerische Armee, die sich zwar 1870 dem Deutschen Reichsheer angeschlossen hatte, jedoch weiterhin ihre eigene Numerierung beibehielt. So war im Frieden der König von Bayern oberster Befehlshaber, nur im Kriegsfalle trat das bayerische Heer unter die Befehlsgewalt des Kaisers.
Man hatte zwar die Uniformierung im großen und ganzen dem Schnitt und den Grundfarben der preußischen Armee angeglichen, jedoch blieb es den einzelnen Landesfürsten überlassen, die Abzeichen am Helm, die Kokarden usw. selbst zu bestimmen. Besonders die einzelnen Leib-Regimenter der Kontingente führten traditionelle eigene Abzeichen, die bewahrt wurden.
Die sogenannte »Bekleidungsvorschrift« für Offiziere und die »Bekleidungsordnung« für Mannschaften regelte die Bekleidung aller Offiziere und Mannschaften. Diese Vorschriften wurden von den Kriegsministerien der 4 deutschen Königreiche erlassen, wobei das preußische Kriegsministerium die Belange der Kontingentstruppen mit regelte.
Insgesamt betrachtet bestand das »in Organisation und Formation, in Bewaffnung und Kommando, in der Ausbildung der Mannschaften und in der Qualifikation der Offiziere« einheitliche Deutsche Heer also aus einem Gemisch zahlreicher deutscher Landestruppenteile, die sich in ihren Uniformen und Abzeichen mehr oder weniger von denjenigen der Kgl. Preußischen Armee unterschieden.
Das erste für alle Truppenteile und Kontingente der deutschen Armee einheitliche Abzeichen war die anläßlich des 100. Geburtstages von Kaiser Wilhelm I., 22. März 1897, eingeführte »Reichskokarde« in den Farben Schwarz-Weiß-Rot, den Farben des 2. Deutschen Reiches.
Die gesamte deutsche Armee besaß im Jahre 1914 eine Präsenzstärke von rd. 662000 Mann, 15000 Einjährig-Freiwilligen und 30000 Offizieren. Diese Truppen hatten folgende Gliederung:
Das preußische Gardekorps sowie 21 Armeekorps, wobei die Kontingentstruppen sowie die Kgl. Sächsischen und Kgl. Württembergischen Truppen darin eingeschlossen waren. Die Kgl. Bayerische Armee bildete 3 zusätzliche Armeekorps.
Ein Armeekorps gliederte sich im allgemeinen folgendermaßen: 2 Divisionen zu je 2 Infanterie-, 1 Kavallerie- und 1 Feldartillerie-Brigaden. Eine Brigade bestand immer aus 2 Regimentern. Bei der Infanterie teilte sich ein Regiment allgemein in 3 Bataillone, wobei jedes Bataillon eine Fahne führte. Ein Batail-

lon bestand aus 4 Kompanien, wobei eine Kompanie durchschnittlich 130 Mann zählte. Diese Zahl muß jedoch als Durchschnittszahl gelten, im einzelnen traten hier zum Teil erhebliche Abweichungen auf. Es ergibt sich also für ein Infanterieregiment eine durchschnittliche Sollstärke von 1560 Mann und 40 Offizieren, nicht gerechnet die Regimentsärzte, Zahlmeister usw.
Die Kavallerie hatte bei den preußischen und sonstigen Regimentern 5 Eskadrons oder Schwadronen, in Bayern jedoch nur 4. Die volle Regimentsstärke lag durchschnittlich bei 520 Mann und 26 Offizieren, in Bayern bei nur 418 Mann und 22 Offizieren. Bei der Feldartillerie hatte eine Regiment 9 oder 6 Batterien, mit insgesamt durchschnittlich 950 oder 540 Mann und ca. 30 Offizieren. Dazu kamen immer noch eine Reihe kommandierter Offiziere, bei bestimmten Regimentern war die Sollstärke über- oder unterbesetzt.
Zu dieser grob angedeuteten Einteilung eines Armeekorps gehörten weiterhin Jäger-Bataillone, Maschinengewehr-Kompanien, Fuß-Artillerie-Regimenter, Pionier-Bataillone, Fernsprech-Kompanien, Flieger-Bataillone, Train-Abteilungen und eine Reihe von Spezial-Einheiten, die sich aus den damals geführten Ranglisten ersehen lassen. Überhaupt ist die damalige »Rangliste«, die in den Königreichen Preußen, Sachsen und Württemberg (ab 1893 innerhalb der preußischen Rangliste als »XIII. Armeekorps« geführt) sowie im Königreich Bayern als »Militärhandbuch« mehr oder minder jährlich erschien, eine hochinteressante Quelle zum Verständnis und Studium des deutschen Heeres. Neben den Namen sämtlicher Offiziere sind die Standorte der Regimenter, die Armeekorps-Zugehörigkeit und vieles andere wie auch Orden und Ehrenzeichen mit Erläuterungen genannt. Besonders aus der Liste der Standorte von neuerrichteten Regimentern läßt sich erkennen, wie systematisch die Grenzen nach Westen und Osten mit Militär »zugemauert« wurden.

# Liste aller Regimenter und selbständigen Bataillone der Alten Armee

nach dem letzten Friedensstand 1914, unter Angabe der Regiments-Benennung, des Errichtungsjahres, des Standortes (I., II., III. bedeutet I. Bataillon, I. Batterie usw.) sowie der Armeekorps-Zugehörigkeit.

Aus der Armeekorps-Zugehörigkeit ergibt sich bei der Linien-Infanterie die Farbe der Achselklappen sowie der Farbvorstoß um die 3 Außenkanten der Ärmelpatten:

| Armeekorps | Achselklappen | Pattenvorstoß |
|---|---|---|
| I. | weiß | weiß |
| II. | weiß | – |
| III. | rot | weiß |
| IV. | rot | – |
| V. | gelb | weiß |
| VI. | gelb | – |
| VII. | hellblau | weiß |
| VIII. | hellblau | – |
| IX. | weiß | gelb |
| X. | weiß | hellblau |
| XI. | rot | gelb |
| XV. | rot | hellblau |
| XVI. | gelb | gelb |
| XVII. | gelb u.a. | hellblau |
| XVIII. | hellblau | gelb |
| XX. | hellblau | hellblau |
| XXI. | hellgrün | weiß |

Die folgenden Armee-Korps waren nicht preußisch und hatten z.T. besondere Aufschläge und Abzeichen:

| | |
|---|---|
| XII | Sachsen |
| XIII | Württemberg |
| XIV | Baden |
| XIX | Sachsen |

Die Folge, besonders im preußischen Garde-Korps, entspricht nicht unbedingt der Ziffernfolge, sondern der in der Rangliste zugeordneten Rangfolge eines Regiments.
Da sich alle Bundesstaaten außer Bayern in die allgemeine Numerierung einreihten, wird diese Ordnung beibehalten. Die bayerischen Armee-Korps sowie Regimenter werden am Schluß in ihrer eigenen Numerierung genannt.

| Infanterie | | | |
|---|---|---|---|
| Regiments-Name | Errichtungsjahr | Standort | Armee-Korps |
| 1. Garde-Regt. zu Fuß | 1688 | Potsdam | Garde-K. |
| 2. Garde-Regt. zu Fuß | 1813 | Berlin | Garde-K. |
| Kaiser Alexander Garde-Grenadier-Regt. Nr. 1 | 1814 | Berlin | Garde-K. |
| Kaiser Franz Garde-Grenadier-Regt. Nr. 2 | 1814 | Berlin | Garde-K. |
| Garde-Füsilier-Regt. | 1826 | Berlin | Garde-K. |
| 3. Garde-Regt. zu Fuß | 1860 | Berlin | Garde-K. |
| 4. Garde-Regt. zu Fuß | 1860 | Berlin | Garde-K. |
| Königin Elisabeth Garde-Grenadier-Regt. Nr. 3 | 1860 | Charlottenburg | Garde-K. |
| Königin Augusta Garde-Grenadier-Regt. Nr. 4 | 1860 | Berlin | Garde-K. |
| 5. Garde-Regt. zu Fuß | 1897 | Spandau | Garde-K. |
| Garde-Grenadier-Regt. Nr. 5 | 1897 | Spandau | Garde-K. |
| Lehr-Infanterie-Bataillon | 1819 | Potsdam | Garde-K. |
| Grenadier-Regt. Kronprinz (1. Ostpreuß.) Nr. 1 | 1655 | Königsberg i. Pr. | I. AK |
| Grenadier-Regt. König Friedrich Wilhelm IV. (1. Pommersches) Nr. 2 | 1679 | Stettin | II. AK |
| Grenadier-Regt. König Friedrich Wilhelm I. (2. Ostpreußisches) Nr. 3 | 1685 | Königsberg i. Pr. | I. AK |
| Grenadier-Regt. König Friedrich der Große (3. Ostpreußisches) Nr. 4 | 1626 | Rastenburg | I. AK |
| Grenadier-Regt. König Friedrich I. (4. Ostpreußisches) Nr. 5 | 1689 | Danzig | XVII. AK |
| Grenadier-Regt. Graf Kleist v. Nollendorf (1. Westpreußisches) Nr. 6 | 1772 | Posen | V. AK |
| Grenadier-Regt. König Wilhelm I. (2. Westpreußisches) Nr. 7 | 1797 | Liegnitz | V. AK |
| Leib-Grenadier-Regt. König Friedrich Wilhelm III. (1. Brandenburgisches) Nr. 8 | 1808 | Frankfurt a. O. | III. AK |
| Colbergsches Grenadier-Regt. Graf Gneisenau (2. Pommersches) Nr. 9 | 1808 | Stargard i. P. | II. AK |
| Grenadier-Regt. König Friedrich Wilhelm II. (1. Schlesisches) Nr. 10 | 1808 | Schweidnitz | VI. AK |
| Grenadier-Regt. König Friedrich III. (2. Schlesisches) Nr. 11 | 1808 | Breslau | VI. AK |
| Grenadier-Regt. Prinz Carl von Preußen (2. Brandenburgisches) Nr. 12 | 1813 | Frankfurt a. O. | III. AK |
| Infanterie-Regt. Herwarth v. Bittenfeld (1. Westfälisches) Nr. 13 | 1813 | Münster | VII. AK |
| Inf.-Regt. Graf Schwerin (3. Pommersches) Nr. 14 | 1813 | Bromberg | II. AK |
| Inf.-Regt. Prinz Friedrich der Niederlande (2. Westfälisches) Nr. 15 | 1813 | Minden | VII. AK |
| Inf.-Regt. Freiherr von Sparr (3. Westfälisches) Nr. 16 | 1813 | Köln | VII. AK |

| Regiments-Name | Errichtungsjahr | Standort | Armee-Korps |
|---|---|---|---|
| Inf.-Regt. Graf Barfuß (4. Westfälisches) Nr. 17 | 1813 | Mörchingen | XXI. AK |
| Inf.-Regt. von Grolman (1. Posensches) Nr. 18 | 1813 | Osterode | XX. AK |
| Inf.-Regt. von Courbière (2. Posensches) Nr. 19 | 1813 | Görlitz, II. Lauban | V. AK |
| Inf.-Regt. Graf Tauentzien von Wittenberg (3. Brandenburgisches) Nr. 20 | 1813 | Wittenberg | III. AK |
| Inf.-Regt. von Borcke (4. Pommersches) Nr. 21 | 1813 | Thorn | XVII. AK |
| Inf.-Regt. Keith (1. Oberschlesisches) Nr. 22 | 1813 | Gleiwitz, III. Kattowitz | VI. AK |
| Inf.-Regt. von Winterfeldt (2. Oberschlesisches) Nr. 23 | 1813 | Neiße | VI. AK |
| Inf.-Regt. Großherzog Friedrich Franz II. von Mecklenburg-Schwerin (4. Brandenburgisches) Nr. 24 | 1813 | Neu-Ruppin | III. AK |
| Inf.-Regt. von Lützow (1. Rheinisches) Nr. 25 | 1813 | Aachen | VIII. AK |
| Inf.-Regt. Fürst Leopold von Anhalt-Dessau (1. Magdeburgisches) Nr. 26 | 1813 | Magdeburg | IV. AK |
| Inf.-Regt. Prinz Louis Ferdinand von Preußen (2. Magdeburgisches) Nr. 27 | 1815 | Halberstadt | IV. AK |
| Inf.-Regt. von Goeben (2. Rheinisches) Nr. 28 | 1813 | Ehrenbreitstein, I, II Koblenz | VIII. AK |
| Inf.-Regt. von Horn (3. Rheinisches) Nr. 29 | 1813 | Trier | VIII. AK |
| Inf.-Regt. Graf Werder (4. Rheinisches) Nr. 30 | 1812 | Saarlouis | XVI. AK |
| Inf.-Regt. Graf Bose (1. Thüringisches) Nr. 31 | 1812 | Altona | IX. AK |
| 2. Thüringisches Inf.-Regt. Nr. 32 | 1815 | Meiningen | XI AK |
| Füsilier-Regt. Graf Roon (Ostpreußisches) Nr. 33 | 1749 | Gumbinnen | I. AK |
| Füsilier-Regt. Königin Viktoria von Schweden (Pommersches) Nr. 34 | 1720 | Stettin, III. Swinemünde | II. AK |
| Füsilier-Regt. Prinz Heinrich von Preußen (Brandenburgisches) Nr. 35 | 1815 | Brandenburg a. H. | III. AK |
| Füsilier-Regt. General-Feldmarschall Graf Blumenthal (Magdeburgisches) Nr. 36 | 1815 | Halle a. S., II Bernburg | IV. AK |
| Füsilier-Regt. von Steinmetz (Westpreußisches) Nr. 37 | 1818 | Krotoschin | V. AK |
| Füsilier-Regt. General-Feldmarschall Graf Moltke (Schlesisches) Nr. 38 | 1818 | Glatz | VI. AK |
| Niederrheinisches Füsilier-Regt. Nr. 39 | 1818 | Düsseldorf | VII. AK |
| Füsilier-Regt. Fürst Karl-Anton von Hohenzollern (Hohenzollernsches) Nr. 40 | 1818 | Rastatt | XIV. AK |
| Inf. Regt. von Boyen (5. Ostpreußisches) Nr. 41 | 1860 | Tilsit, III. Memel | I. AK |

| Regiments-Name | Errichtungs-jahr | Standort | Armee-Korps |
|---|---|---|---|
| Inf.-Regt. Prinz Moritz von Anhalt-Dessau (5. Pommersches) Nr. 42 | 1860 | Stralsund, III. Greifswald | II. AK |
| Inf.-Regt. Herzog Karl von Mecklenburg-Strelitz (6. Ostpreußisches) Nr. 43 | 1860 | Königsberg i. Pr., II. Pillau | I. AK |
| Inf.-Regt. Graf Dönhoff (7. Ostpreußisches) Nr. 44 | 1860 | Goldap | I. AK |
| 8. Ostpreußisches Inf.-Regt. Nr. 45 | 1860 | Insterburg, I. Darkehmen | I. AK |
| Inf.-Regt. Graf Kirchbach (1. Niederschlesisches) Nr. 46 | 1860 | Posen, III. Wreschen | V. AK |
| Inf.-Regt. König Ludwig III. v. Bayern (2. Niederschlesisches) Nr. 47 | 1860 | Posen, II. Schrimm | V. AK |
| Inf.-Regt. von Stülpnagel (5. Brandenburgisches) Nr. 48 | 1860 | Cüstrin | III. AK |
| 6. Pommersches Inf.-Regt. Nr. 49 | 1860 | Gnesen | II. AK |
| 3. Niederschlesisches Inf.-Regt. Nr. 50 | 1860 | Rawitsch, III. Lissa, Breslau | V. AK |
| 4. Niederschlesisches Inf.-Regt. Nr. 51 | 1860 | Breslau | VI. AK |
| Inf.-Regt. von Alvensleben (6. Brandenburgisches) Nr. 52 | 1860 | Cottbus, I. Crossen | III. AK |
| 5. Westfälisches Inf.-Regt. Nr. 53 | 1860 | Köln | VII. AK |
| Inf.-Regt. von der Goltz (7. Pommersches) Nr. 54 | 1860 | Kolberg, III. Köslin | II. AK |
| Inf.-Regt. Graf Bülow von Dennewitz (6. Westfälisches) Nr. 55 | 1860 | Detmold, I. Höxter, II. Bielefeld | VII. AK |
| Inf.-Regt. Vogel von Falckenstein (7. Westfälisches) Nr. 56 | 1860 | Wesel, III. Cleve | VII. AK |
| Inf.-Regt. Herzog Ferdinand von Braunschweig (8. Westfälisches) Nr. 57 | 1860 | Wesel | VII. AK |
| 3. Posensches Inf.-Regt. Nr. 58 | 1860 | Glogau, III. Fraustadt | V. AK |
| Inf.-Regt. Freiherr Hiller von Gaertringen (4. Posensches) Nr. 59 | 1860 | Deutsch-Eylau, II. Soldau | XX. AK |
| Inf.-Regt. Markgraf Karl (7. Brandenburgisches) Nr. 60 | 1860 | Weißenburg | XXI. AK |
| Inf.-Regt. von der Marwitz (8. Pommersches) Nr. 61 | 1860 | Thorn | XVII. AK |
| 3. Oberschlesisches Inf.-Regt. Nr. 62 | 1860 | Cosel, III. Ratibor | VI. AK |
| 4. Oberschlesisches Inf.-Regt. Nr. 63 | 1860 | Oppeln, III. Lublinitz | VI. AK |
| Inf.-Regt. General-Feldmarschall Prinz Friedrich Karl von Preußen (8. Brandenburgisches) Nr. 64 | 1860 | Prenzlau, III. Angermünde | III. AK |
| 5. Rheinisches Inf.-Regt. Nr. 65 | 1860 | Köln | VIII. AK |
| 3. Magdeburgisches Inf.-Regt. Nr. 66 | 1860 | Magdeburg | IV. AK |
| 4. Magdeburgisches Inf.-Regt. Nr. 67 | 1860 | Metz | XVI. AK |
| 6. Rheinisches Inf.-Regt. Nr. 68 | 1860 | Coblenz | VIII. AK |
| 7. Rheinisches Inf.-Regt. Nr. 69 | 1860 | Trier | VIII. AK |
| 8. Rheinisches Inf.-Regt. Nr. 70 | 1860 | Saarbrücken | XXI. AK |

| Regiments-Name | Errichtungsjahr | Standort | Armee-Korps |
|---|---|---|---|
| 3. Thüringisches Inf.-Regt. Nr. 71 | 1860 | Erfurt, I. Sondershausen | XI. AK |
| 4. Thüringisches Inf.-Regt. Nr. 72 | 1860 | Torgau, III. Eilenburg | IV. AK |
| Füsilier-Regt. General-Feldmarschall Prinz Albrecht von Preußen (Hannoversches) Nr. 73 | 1803 | Hannover | X. AK |
| 1. Hannoversches Inf.-Regt. Nr. 74 | 1813 | Hannover | X. AK |
| Inf.-Regt. Bremen (1. Hanseatisches) Nr. 75 | 1866 | Bremen, III. Stade | IX. AK |
| Inf.-Regt. Hamburg (2. Hanseatisches) Nr. 76 | 1866 | Hamburg | IX. AK |
| 2. Hannoversches Inf.-Regt. Nr. 77 | 1813 | Celle | X. AK |
| Inf.-Regt. Herzog Friedrich Wilhelm von Braunschweig (Ostfriesisches) Nr. 78 | 1813 | Osnabrück, III. Aurich | X. AK |
| Inf.-Regt. von Voigts-Rhetz (3. Hannoversches) Nr. 79 | 1838 | Hildesheim | X. AK |
| Füsilier-Regt. von Gersdorff (Kurhessisches) Nr. 80 | 1813 | Wiesbaden, III. Homburg | XVIII.. AK |
| Inf.-Regt. Landgraf Friedrich I. von Hessen-Cassel (1. Kurhessisches) Nr. 81 | 1813 | Frankfurt a. M. | XVIII. AK |
| 2. Kurhessisches Inf.-Regt. Nr. 82 | 1813 | Göttingen | XI. AK |
| Inf.-Regt. von Wittich (3. Kurhessisches) Nr. 83 | 1813 | Cassel, III. Arolsen | XI. AK |
| Inf.-Regt. von Manstein (Schleswigsches) Nr. 84 | 1866 | Schleswig, II. Hadersleben | IX. AK |
| Inf.-Regt. Herzog v. Holstein (Holsteinsches) Nr. 85 | 1866 | Rendsburg, III. Kiel | IX. AK |
| Füsilier-Regt. Königin (Schleswig-Holsteinsches) Nr. 86 | 1866 | Flensburg, III. Sonderburg | IX. AK |
| 1. Nassauisches Inf.-Regt. Nr. 87 | 1809 | Mainz | XVIII. AK |
| 2. Nassauisches Inf.-Regt. Nr. 88 | 1808 | Mainz, II. Hanau | XVIII. AK |
| Großherzogl. Mecklenburgisches Grenadier-Regt. Nr. 89 | 1782 | Schwerin, II Neustrelitz | IX. AK |
| Großherzogl. Mecklenburgisches Füsilier-Regt. Nr. 90 Kaiser Wilhelm | 1788 | Rostock, II. Wismar | IX. AK |
| Oldenburgisches Inf.-Regt. Nr. 91 | 1813 | Oldenburg | X. AK |
| Braunschweigisches Inf.-Regt. Nr. 92 | 1809 | Braunschweig | X. AK |
| Anhaltisches Inf.-Regt. Nr. 93 | 1807 | Dessau, II. Zerbst | IV. AK |
| Inf. Großherzog von Sachsen (5. Thüringisches) Nr. 94 | 1762 | Weimar, II. Eisenach, III. Jena | XI. AK |
| 6. Thüringisches Inf.-Regt. Nr. 95 | 1807 | Gotha, II. Hildburghausen III. Coburg | XI. AK |
| 7. Thüringisches Inf.-Regt. Nr. 96 | 1702/I. 1897 | I. u. II. Gera, III. Rudolstadt | XI. AK |
| 1. Oberrheinisches Inf.-Regt. Nr. 97 | 1881 | Saarburg | XXI. AK |
| Metzer Inf.-Regt. Nr. 98 | 1881 | Metz | XVI. AK |
| 2. Oberrheinisches Inf.-Regt. Nr. 99 | 1881 | Zabern, III. Pfalzburg | XV. AK |

| Regiments-Name | Errichtungs-jahr | Standort | Armee-Korps |
|---|---|---|---|
| Königl. Sächs. 1. (Leib-) Grenadier-Regt. Nr. 100 | 1670 | Dresden | XII. AK |
| Königl. Sächs. 2. Grenadier-Regt. Nr. 101 Kaiser Wilhelm, König von Preußen | 1670 | Dresden | XII. AK |
| Königl. Sächs. 3. Inf.-Regt. Nr. 102 König Ludwig III. von Bayern | 1709 | Zittau | XII. AK |
| Königl. Sächs. 4. Inf.-Regt. Nr. 103 | 1709 | Bautzen | XII. AK |
| Königl. Sächs. 5. Inf.-Regt. Kronprinz Nr. 104 | 1701 | Chemnitz | XIX. AK |
| Königl. Sächs. 6. Inf.-Regt. Nr. 105 König Wilhelm II. von Württemberg | 1701 | Straßburg i. E. | XIX. AK |
| Königl. Sächs. 7. Inf.-Regt. König Georg Nr. 106 | 1708 | Leipzig | XIX. AK |
| Königl. Sächs. 8. Inf.-Regt. Prinz Johann Georg Nr. 107 | 1708 | Leipzig | XIX. AK |
| Königl. Sächs. Schützen-(Füsilier-)Regt. Prinz Georg Nr. 108 | 1809 | Dresden | XII. AK |
| 1. Badisches Leib-Grenadier-Regt. Nr. 109 | 1803 | Karlsruhe | XIV. AK |
| 2. Badisches Grenadier-Regt. Kaiser Wilhelm I. Nr. 110 | 1852 | Mannheim, II. Heidelberg | XIV. AK |
| Inf.-Regt. Markgraf Ludwig Wilhelm (3. Badisches) Nr. 111 | 1852 | Rastatt | XIV. AK |
| 4. Badisches Inf.-Regt. Prinz Wilhelm Nr. 112 | 1852 | Mülhausen i. E. | XIV. AK |
| 5. Badisches Inf.-Regt. Nr. 113 | 1861 | Freiburg i. B. | XIV. AK |
| 6. Badisches Inf.-Regt. Kaiser Friedrich III. Nr. 114 | 1867 | Konstanz, Wachtkommando Burg Hohenzollern | XIV. AK |
| Leibgarde-Inf.-Regt. (1. Großherzogl. Hessisches) Nr. 115 | 1621 | Darmstadt | XVIII. AK |
| Inf.-Regt. Kaiser Wilhelm (2. Großherzogl. Hess.) Nr. 116 | 1813 | Gießen | XVIII. AK |
| Inf.-Leibregt. Großherzogin (3. Großherzogl. Hess.) Nr. 117 | 1697 | Mainz | XVIII. AK |
| Inf.-Regt. Prinz Carl (4. Großherzogl. Hess.) Nr. 118 | 1791 | Worms | XVIII. AK |
| Grenadier-Regt. Königin Olga (1. Württembergisches) Nr. 119 | 1673 | Stuttgart | XIII. AK |
| Inf.-Regt. Kaiser Wilhelm, König von Preußen (2. Württembergisches) Nr. 120 | 1673 | Ulm | XIII. AK |
| Inf.-Regt. Alt-Württemberg (3. Württ.) Nr. 121 | 1716 | Ludwigsburg | XIII. AK |
| Füsilier-Regt. Kaiser Franz Joseph von Österreich, König von Ungarn (4. Württ.) Nr. 122 | 1806 | Heilbronn, II. Mergentheim | XIII. AK |
| Grenadier-Regt. König Karl (5. Württ.) Nr. 123 | 1799 | Ulm | XIII. AK |
| Inf.-Regt. König Wilhelm I. (6. Württ.) Nr. 124 | 1673 | Weingarten | XIII. AK |

| Regiments-Name | Errichtungsjahr | Standort | Armee-Korps |
|---|---|---|---|
| Inf.-Regt. Kaiser Friedrich, König von Preußen (7. Württ.) Nr. 125 | 1809 | Stuttgart | XIII. AK |
| 8. Württ. Inf.-Regt. Nr. 126 Großherzog Friedrich von Baden | 1716 | Straßburg i. E. | XIII. AK |
| 9. Württ. Inf.-Regt. Nr. 127 | 1897 | Ulm-Wiblingen | XIII. AK |
| Danziger Inf.-Regt. Nr. 128 | 1881 | Danzig, III. Neufahrwasser | XVII. AK |
| 3. Westpreuß. Inf.-Regt. Nr. 129 | 1881 | Graudenz | XVII. AK |
| 1. Lothringisches Inf.-Regt. Nr. 130 | 1881 | Metz | XVI. AK |
| 2. Lothringisches Inf.-Regt. Nr. 131 | 1881 | Mörchingen | XXI. AK |
| 1. Unter-Elsässisches Inf.-Regt. Nr. 132 | 1881 | Straßburg i. E. | XV. AK |
| Königl. Sächs. 9. Inf.-Regt. Nr. 133 | 1881 | Zwickau | XIX. AK |
| Königl. Sächs. 10. Inf.-Regt. Nr. 134 | 1881 | Plauen | XIX. AK |
| 3. Lothringisches Inf.-Regt. Nr. 135 | 1887 | Diedenhofen | XVI. AK |
| 4. Lothringisches Inf.-Regt. Nr. 136 | 1887 | Straßburg i. E. | XV. AK |
| 2. Unter-Elsässisches Inf.-Regt. Nr. 137 | 1887 | Hagenau | XXI. AK |
| 3. Unter-Elsässisches Inf.-Regt. Nr. 138 | 1887 | Dieuze | XXI. AK |
| Königl. Sächs. 11. Inf.-Regt. Nr. 139 | 1887 | Döbeln | XIX. AK |
| 4. Westpreußisches Inf.-Regt. Nr. 140 | 1890 | Hohensalza | II. AK |
| Kulmer Inf.-Regt. Nr. 141 | 1890 | Graudenz, III. Straßburg in Westpr. | XVII. AK |
| 7. Badisches Inf.-Regt. Nr. 142 | 1890 | Mülhausen i. E., II. Müllheim i. Br. | XIV. AK |
| 4. Unter-Elsässisches Inf.-Regt. Nr. 143 | 1890 | Straßburg i. E., III. Mutzig | XV. AK |
| 5. Lothringisches Inf.-Regt. Nr. 144 | 1890 | Metz-Diedenhofen | XVI. AK |
| Königs-Inf.-Regt. (6. Lothringisches) Nr. 145 | 1890 | Metz | XVI. AK |
| 1. Masurisches Inf.-Regt. Nr. 146 | 1897 | Allenstein | XX. AK |
| 2. Masurisches Inf.-Regt. Nr. 147 | 1897 | Lyck, III. Lötzen | XX. AK |
| 5. Westpreußisches Inf.-Regt. Nr. 148 | 1897 | Elbing-Bromberg, III. Braunsberg | XX. AK |
| 6. Westpreußisches Inf.-Regt. Nr. 149 | 1897 | Schneidemühl, III. Dt. Krone | II. AK |
| 1. Ermländisches Inf.-Regt. Nr. 150 | 1897 | Allenstein | XX. AK |
| 2. Ermländisches Inf.-Regt. Nr. 151 | 1897 | Sensburg, II. Bischofsburg | XX. AK |
| Deutsch Ordens-Inf.-Regt. Nr. 152 | 1897 | Marienburg III. Stuhm | XX. AK |
| 8. Thüringisches Inf.-Regt. Nr. 153 | 1807 | Altenburg, III. Merseburg | IV. AK |
| 5. Niederschlesisches Inf.-Regt. Nr. 154 | 1897 | Jauer, III. Striegau | V. AK |
| 7. Westpreußisches Inf.-Regt. Nr. 155 | 1897 | Ostrowo, III. Pleschen | V. AK |
| 3. Schlesisches Inf.-Regt. Nr. 156 | 1897 | Beuthen, III. Tarnowitz | VI. AK |
| 4. Schlesisches Inf.-Regt. Nr. 157 | 1897 | Brieg | VI. AK |
| 7. Lothringisches Inf.-Regt. Nr. 158 | 1897 | Paderborn, III. Senne | VII. AK |
| 8. Lothringisches Inf.-Regt. Nr. 159 | 1897 | Mülheim a. d. Ruhr, III. Geldern | VII. AK |

| Regiments-Name | Errichtungs-jahr | Standort | Armee-Korps |
|---|---|---|---|
| 9. Rheinisches Inf.-Regt. Nr. 160 | 1897 | Bonn, I. Diez, III. Euskirchen | VIII. AK |
| 10. Rheinisches Inf.-Regt. Nr. 161 | 1897 | Düren, II. Eschweiler, III. Jülich | VIII. AK |
| Inf.-Regt. Lübeck (3. Hanseatisches) Nr. 162 | 1897 | Lübeck, III. Eutin | IX. AK |
| Schleswig-Holsteinisches Inf.-Regt. Nr. 163 | 1897 | Neumünster, III. Heide | IX. AK |
| 4. Hannoversches Inf.-Regt. Nr. 164 | 1813 | Hameln, III. Holzminden | X. AK |
| 5. Hannoversches Inf.-Regt. Nr. 165 | 1813 | Quedlinburg, II. Blankenburg | IV. AK |
| Inf.-Regt. Hessen-Homburg Nr. 166 | 1897 | Bitsch | XXI. AK |
| 1. Ober-Elsässisches Inf.-Regt. Nr. 167 | 1897 | Cassel, III. Mühlhausen i. Th. | XI. AK |
| 5. Großherzogl. Hess. Inf.-Regt. Nr. 168 | 1897 | Offenbach, I. Butzbach, III. Friedberg i. H. | XVIII. AK |
| 8. Badisches Inf.-Regt. Nr. 169 | 1897 | Lahr, III. Villingen | XIV. AK |
| 9. Badisches Inf.-Regt. Nr. 170 | 1897 | Offenburg, III. Donaueschingen | XIV. AK |
| 2. Ober-Elsässisches Inf.-Regt. Nr. 171 | 1897 | Colmar i. E. | XV. AK |
| 3. Ober-Elsässisches Inf.-Regt. Nr. 172 | 1897 | Neubreisach | XV. AK |
| 9. Lothringisches Inf.-Regt. Nr. 173 | 1897 | Avold, III. Metz | XVI. AK |
| 10. Lothringisches Inf.-Regt. Nr. 174 | 1897 | Forbach, III. Straßburg i. E. | XXI. AK |
| 8. Westpreußisches Inf.-Regt. Nr. 175 | 1897 | Graudenz, III. Schwetz | XVII. AK |
| 9. Westpreußisches Inf.-Regt. Nr. 176 | 1897 | Kulm, II. Thorn | XVII. AK |
| Königl. Sächs. 12. Inf.-Regt. Nr. 177 | 1897 | Dresden | XII. AK |
| Königl. Sächs. 13. Inf.-Regt. Nr. 178 | 1897 | Kamenz | XII. AK |
| Königl. Sächs. 14. Inf.-Regt. Nr. 179 | 1897 | Wurzen-Leisnig | XIX. AK |
| 10. Württ. Inf.-Regt. Nr. 180 | 1897 | Tübingen, II. Gmünd | XIII. AK |
| Königl. Sächs. 15. Inf.-Regt. Nr. 181 | 1887 | Chemnitz, III. Glauchau | XIX. AK |
| Königl. Sächs. 16. Inf.-Regt. Nr. 182 | 1912 | Freiberg | XII. AK |
| **Jäger und Schützen** | | | |
| Garde-Jäger-Bataillon | 1744 | Potsdam | Garde-K. |
| Garde-Schützen-Bataillon | 1814 | Berlin-Lichterfelde | |
| Jäger-Batl. Graf Yorck von Wartenburg (Ostpreußisches) Nr. 1 | 1744 | Ortelsburg | XX. AK |
| Jäger-Batl. Fürst Bismarck (Pommersches) Nr. 2 | 1744 | Kulm | XVII. AK |
| Brandenburgisches Jäger-Batl. Nr. 3 | 1815 | Lübben | III. AK |
| Magdeburgisches Jäger-Batl. Nr. 4 | 1815 | Naumburg a. S. | IV. AK |
| Jäger-Batl. von Neumann (1. Schlesisches) Nr. 5 | 1808 | Hirschberg | V. AK |
| 2. Schlesisches Jäger-Batl. Nr. 6 | 1808 | Öls | VI. AK |
| Westfälisches Jäger-Batl. Nr. 7 | 1815 | Bückeburg | VII. AK |

| Regiments-Name | Errichtungs-jahr | Standort | Armee-Korps |
|---|---|---|---|
| Rheinisches Jäger-Batl. Nr. 8 | 1815 | Schlettstadt | XV. AK |
| Lauenburgisches Jäger-Batl. Nr. 9 | 1866 | Ratzeburg | IX. AK |
| Hannoversches Jäger-Batl. Nr. 10 | 1803 | Goslar | X. AK |
| Kurhessisches Jäger-Batl. Nr. 11 | 1813 | Marburg | XI. AK |
| Königl. Sächs. 1. Jäger-Batl. Nr. 12 | 1809 | Freiberg | XII. AK |
| Königl. Sächs. 2. Jäger-Batl. Nr. 13 | 1809 | Dresden | XII. AK |
| Großherzogl. Mecklenburg. Jäger-Batl. Nr. 14 | 1821 | Colmar i. E. | XV. AK |

**Maschinengewehr-Abteilungen**

| Regiments-Name | Errichtungs-jahr | Standort | Armee-Korps |
|---|---|---|---|
| Garde-MG.-Abtlg. Nr. 1 | 1901 | Potsdam | Garde-K. |
| Garde-MG.-Abtlg. Nr. 2 | 1902 | Berlin | Garde-K. |
| MG.-Abtlg. Nr. 1 | 1900 | Breslau | VI. AK |
| MG.-Abtlg. Nr. 2 | 1901 | Trier | VIII. AK |
| MG.-Abtlg. Nr. 3 | 1902 | Saarburg | XXI. AK |
| MG.-Abtlg. Nr. 4 | 1901 | Thorn | XVII. AK |
| MG.-Abtlg. Nr. 5 | 1902 | Insterburg | I. AK |
| MG.-Abtlg. Nr. 6 | 1904 | Metz | XI. AK |
| MG.-Abtlg. Nr. 7 | 1900 | Paderborn | VII. AK |
| MG.-Abtlg. Nr. 8 (Königl. Sächs.) | 1903 | Leipzig | XIX. AK |
| Festungs-MG.-Abtlg. Nr. 1 | 1913 | Königsberg i. Pr. | I. AK |
| Festungs-MG.-Abtlg. Nr. 2 | 1913 | Feste Boyen | XX. AK |
| Festungs-MG.-Abtlg. Nr. 3 | 1913 | Graudenz | XVII. AK |
| Festungs-MG.-Abtlg. Nr. 4 | 1913 | Graudenz | XVII. AK |
| Festungs-MG.-Abtlg. Nr. 5 | 1913 | Thorn | XVII. AK |
| Festungs-MG.-Abtlg. Nr. 6 | 1913 | Posen | V. AK |
| Festungs-MG.-Abtlg. Nr. 7 | 1913 | Köln | VIII. AK |
| Festungs-MG.-Abtlg. Nr. 8 | 1913 | Mainz | XVIII. AK |
| Festungs-MG.-Abtlg. Nr. 9 | 1913 | Straßburg i. E. | XV. AK |
| Festungs-MG.-Abtlg. Nr. 10 | 1913 | Mutzig | XV. AK |
| Festungs-MG.-Abtlg. Nr. 11 | 1913 | Diedenhofen | XVI. AK |
| Festungs-MG.-Abtlg. Nr. 12 | 1913 | Metz | XVI. AK |
| Festungs-MG.-Abtlg. Nr. 13 | 1913 | Metz | XVI. AK |
| Festungs-MG.-Abtlg. Nr. 14 | 1913 | Metz | XVI. AK |
| Festungs-MG.-Abtlg. Nr. 15 | 1913 | Metz | XVI. AK |

**Kavallerie**

*1. Kürassiere*

| Regiments-Name | Errichtungs-jahr | Standort | Armee-Korps |
|---|---|---|---|
| Regt. der Gardes du Corps | 1740 | Potsdam | Garde-K. |
| Garde-Kürassier-Regt. | 1815 | Berlin | Garde-K. |
| Leib-Kürassier-Regt. Großer Kurfürst (Schlesisches) Nr. 1 | 1674 | Breslau | VI. AK |
| Kürassier-Regt. Königin (Pommersches) Nr. 2 | 1717 | Pasewalk | II. AK |
| Kürassier-Regt. Graf Wrangel (Ostpreußisches) Nr. 3 | 1717 | Königsberg i. Pr. | I. AK |

| Regiments-Name | Errichtungs-jahr | Standort | Armee-Korps | Kragen und Aufschlag |
|---|---|---|---|---|
| Kürassier-Regt. von Driesen (Westfälisches) Nr. 4 | 1717 | Münster | VII. AK | |
| Kürassier-Regt. Herzog Friedrich Eugen von Württemberg (Westpreuß.) Nr. 5 | 1717 | Riesenburg, II. Rosenberg, III. Deutsch-Eylau | XX. AK | |
| Kürassier-Regt. Kaiser Nikolaus I. von Rußland (Brandenburgisches) Nr. 6 | 1691 | Brandenburg a. H. | III. AK | |
| Kürassier-Regt. von Seydlitz (Magdeburgisches) Nr. 7 | 1815 | I. Quedlinburg, II.–V. Halberstadt | IV. AK | |
| Kürassier-Regt. Graf Geßler (Rheinisches) Nr. 8 | 1815 | Deutz | VIII. AK | |
| Königl. Sächs. Garde-Reiter-Regt. (1. Schweres Regt.) | 1680 | Dresden | XII. AK | |
| Königl. Sächs. Karabinier-Regt. (2. Schweres Regt.) | 1849 | Borna (Bez. Leipzig) | XIX. AK | |

*2. Dragoner*

| Regiments-Name | Errichtungs-jahr | Standort | Armee-Korps | Kragen und Aufschlag |
|---|---|---|---|---|
| 1. Garde-Dragoner-Regt. Königin Viktoria von Großbritannien und Irland | 1815 | Berlin | Garde-K. | rot |
| 2. Garde-Dragoner-Regt. Kaiserin Alexandra von Rußland | 1860 | Berlin | Garde-K. | rot |
| Dragoner-Regt. Prinz Albrecht von Preußen (Litthauisches) Nr. 1 | 1717 | Tilsit | I. AK | rot |
| 1. Brandenburgisches Dragoner-Regt. Nr. 2 | 1689 | Schwedt a. O. | III. AK | schwarz |
| Grenadier-Regt. zu Pferde Freiherr von Derfflinger (Neumärkisches) Nr. 3 | 1704 | Bromberg | II. AK | rosa |
| Dragoner-Regt. von Bredow (1. Schlesisches) Nr. 4 | 1815 | Lüben | V. AK | gelb |
| Dragoner-Regt. Freiherr v. Manteuffel (Rheinisches) Nr. 5 | 1860 | Hofgeismar | XI. AK | rot |
| Magdeburgisches Dragoner-Regt. Nr. 6 | 1860 | Mainz | XVIII. AK | schwarz |
| Westfälisches Dragoner-Regt. Nr. 7 | 1860 | Saarbrücken | XXI. AK | rosa |
| Dragoner-Regt. König Friedrich III. (2. Schlesisches) Nr. 8 | 1860 | Kreuzburg/Bernstadt/Namslau | VI. AK | gelb |
| Dragoner-Regt. König Carl I. von Rumänien (1. Hannoversches) Nr. 9 | 1805 | Metz | XVI. AK | weiß |
| Dragoner-Regt. König Albert von Sachsen (Ostpreußisches) Nr. 10 | 1866 | Allenstein | XX. AK | weiß |
| Dragoner-Regt. von Wedel (Pommersches) Nr. 11 | 1866 | Lyck | XX. AK | karmoisin |
| Dragoner-Regt. von Arnim (2. Brandenburg.) Nr. 12 | 1866 | Gnesen | II. AK | karmoisin |
| Schleswig-Holsteinsches Dragoner-Regt. Nr. 13 | 1866 | Metz | XVI. AK | rot |
| Kurmärkisches Dragoner-Regt. Nr. 14 | 1866 | Colmar i. E. | XV. AK | schwarz |
| 3. Schlesisches Dragoner-Regt. Nr. 15 | 1866 | Hagenau | XV. AK | rosa |
| 2. Hannoversches Dragoner-Regt. Nr. 16 | 1813 | Lüneburg | X. AK | gelb |

| Regiments-Name | Errichtungs-jahr | Standort | Armee-Korps | Kragen und Aufschlag |
|---|---|---|---|---|
| 1. Großherzogl. Mecklenburg. Dragoner-Regt. Nr. 17 | 1819 | Ludwigslust | IX. AK | rot |
| 2. Großherzogl. Mecklenburg. Dragoner-Regt. Nr. 18 | 1867 | Parchim | IX. AK | schwarz |
| Oldenburgisches Dragoner-Regt. Nr. 19 | 1849 | Oldenburg | X. AK | schwarz |
| 1. Badisches Leib-Dragoner-Regt. Nr. 20 | 1803 | Karlsruhe | XIV. AK | rot |
| 2. Badisches Dragoner-Regt. Nr. 21 | 1850 | Bruchsal-Schwetzingen | XIV. AK | gelb |
| 3. Badisches Dragoner-Regt. Prinz Karl Nr. 22 | 1850 | Mülhausen i. E. | XIV. AK | schwarz |
| Garde-Dragoner-Regt. (1. Großherzogl. Hess.) Nr. 23 | 1790 | Darmstadt | XVIII. AK | rot |
| Leib-Dragoner-Regt. (2. Großherzogl. Hess.) Nr. 24 | 1859 | Darmstadt | XVIII. AK | weiß |
| Dragoner-Regt. Königin Olga (1. Württ.) Nr. 25 | 1813 | Ludwigsburg | XIII. AK | weiß |
| Dragoner-Regt. König (2. Württ.) Nr. 26 | 1805 | Stuttgart (Cannstatt) | XIII. AK | gelb |

| | | *3. Husaren* | | Attila |
|---|---|---|---|---|
| Leib-Garde-Husaren-Regiment | 1815 | Potsdam | Garde-K. | rot |
| 1. Leib-Husaren-Regt. Nr. 1 | 1741 | Danzig-Langfuhr | XVII. AK | schwarz |
| 2. Leib-Husaren-Regt. Königin Victoria von Preußen Nr. 2 | 1741 | Danzig-Langfuhr | XVII. AK | schwarz |
| Husaren-Regt. von Zieten (Brandenburgisches) Nr. 3 | 1730 | Rathenow | III. AK | rot |
| Husaren-Regt. von Schill (1. Schlesisches) Nr. 4 | 1741 | Ohlau | VI. AK | braun |
| Husaren-Regt. Fürst Blücher von Wahlstatt (Pommersches) Nr. 5 | 1758 | Stolp | XVII. AK | krapprot |
| Husaren-Regt. Graf Goetzen (2. Schlesisches) Nr. 6 | 1808 | Leobschütz, Ratibor | VI. AK | dklgrün |
| Husaren-Regt. König Wilhelm I. (1. Rheinisches) Nr. 7 | 1815 | Bonn | VIII. AK | russ. blau |
| Husaren-Regt. Kaiser Nikolaus II. von Rußland (1. Westfälisches) Nr. 8 | 1815 | II. u. V. Paderborn, I., III. u. IV. Neuhaus | VII. AK | dklblau |
| 2. Rheinisches Husaren-Regt. Nr. 9 | 1815 | Straßburg i. E. | XV. AK | kornbl.-blau |
| Magdeburgisches Husaren-Regt. Nr. 10 | 1813 | Stendal | IV. AK | dklgrün |
| 2. Westfälisches Husaren-Regt. Nr. 11 | 1813 | Crefeld | VII. AK | dklgrün |
| Thüringisches Husaren-Regt. Nr. 12 | 1791 | Torgau | IV. AK | kornbl.-blau |
| Husaren-Regt. König Humbert von Italien (1. Kurhessisches) Nr. 13 | 1813 | Diedenhofen | XVI. AK | kornbl.-blau |
| Husaren-Regt. Landgraf Friedrich II. von Hessen-Homburg (2. Kurhess.) Nr. 14 | 1813 | Cassel | XI. AK | dklblau |
| Husaren-Regt. Königin Wilhelmina der Niederlande (Hannoversches) Nr. 15 | 1803 | Wandsbek | IX. AK | kornbl.-blau |

| Regiments-Name | Errichtungs-jahr | Standort | Armee-Korps | |
|---|---|---|---|---|
| Husaren-Regt. Kaiser Franz Joseph von Österreich, König von Ungarn (Schleswig-Holsteinsches) Nr. 16 | 1866 | Schleswig | IX. AK | dklblau |
| Braunschweigisches Husaren-Regt. Nr. 17 | 1809 | Braunschweig | X. AK | schwarz |
| Königl. Sächs. Husaren-Regt. König Albert Nr. 18 | 1734 | Großenhain | XII. AK | kornbl.-blau |
| Königl. Sächs. 2. Husaren-Regt. Nr. 19 | 1791 | Grimma | XIX. AK | kornbl.-blau |
| Königl. Sächs. 3. Husaren-Regt. Nr. 20 | 1910 | Bautzen | XII. AK | feldgrau |
| | | *4. Ulanen* | | |
| 1. Garde-Ulanen-Regt. | 1819 | Potsdam | Garde-K. | |
| 2. Garde-Ulanen-Regt. | 1819 | Berlin | Garde-K. | |
| 3. Garde-Ulanen-Regt. | 1860 | Potsdam | Garde-K. | |
| Ulanen-Regt. Kaiser Alexander III. von Rußland (Westpreußisches) Nr. 1 | 1745 | Militsch-Ostrowo | V. AK | |
| Ulanen-Regt. von Katzler (Schlesisches) Nr. 2 | 1745 | Gleiwitz-Pleß | VI. AK | |
| Ulanen-Regt. Kaiser Alexander II. von Rußland (1. Brandenburgisches) Nr. 3 | 1809 | Fürstenwalde | III. AK | |
| Ulanen-Regt. von Schmidt (1. Pommersches) Nr. 4 | 1815 | Thorn | XX. AK | |
| Westfälisches Ulanen-Regt. Nr. 5 | 1815 | Düsseldorf | VII. AK | |
| Thüringisches Ulanen-Regt. Nr. 6 | 1813 | Hanau | XVIII. AK | |
| Ulanen-Regt. Großherzog Friedrich von Baden (Rheinisches) Nr. 7 | 1734 | Saarbrücken | XXI. AK | |
| Ulanen-Regt. Graf zu Dohna (Ostpreuß.) Nr. 8 | 1812 | Gumbinnen-Stallupönen | I. AK | |
| 2. Pommersches Ulanen-Regt. Nr. 9 | 1860 | Demmin | II. AK | |
| Ulanen-Regt. Prinz August von Württemberg (Posensches) Nr. 10 | 1860 | Züllichau | V. AK | |
| Ulanen-Regt. Graf Haeseler (2. Brandenburgisches) Nr. 11 | 1860 | Saarburg | XXI. AK | |
| Litthauisches Ulanen-Regt. Nr. 12 | 1860 | Insterburg | I. AK | |
| Königs-Ulanen-Regt. (1. Hannoversches) Nr. 13 | 1803 | Hannover | X. AK | |
| 2. Hannoversches Ulanen-Regt. Nr. 14 | 1805 | Avold-Mörchingen | XVI. AK | |
| Schleswig-Holsteinsches Ulanen-Regt. Nr. 15 | 1866 | Saarburg | XXI. AK | |
| Ulanen-Regt. Hennigs von Treffenfeld (Altmärkisches) Nr. 16 | 1866 | Salzwedel-Gardelegen | IV. AK | |
| Königl. Sächs. 1. Ulanen-Regt. Nr. 17 Kaiser Franz Joseph von Österreich, König von Ungarn | 1867 | Oschatz | XII. AK | |
| Königl. Sächs. 2. Ulanen-Regt. Nr. 18 | 1867 | Leipzig | XIX. AK | |
| Ulanen-Regt. König Karl (1. Württ.) Nr. 19 | 1683 | Ulm-Wiblingen | XIII. AK | |
| Ulanen-Regt. König Wilhelm I. (2. Württ.) Nr. 20 | 1809 | Ludwigsburg | XIII. AK | |
| Königl. Sächs. 3. Ulanen-Regt. Nr. 21 Kaiser Wilhelm II., König von Preußen | 1905 | Chemnitz | XIX. AK | |

| *5. Jäger zu Pferde* | | | |
|---|---|---|---|
| Regiments-Name | Errichtungs-jahr | Standort | Armee-Korps |
| Regt. Königs-Jäger zu Pferde Nr. 1 | 1905 | Posen | V. AK |
| Jäger-Regt. zu Pferde Nr. 2 | 1905 | Langensalza | XI. AK |
| Jäger-Regt. zu Pferde Nr. 3 | 1905 | Colmar i. E. | XV. AK |
| Jäger-Regt. zu Pferde Nr. 4 | 1906 | Graudenz | XVII. AK |
| Jäger-Regt. zu Pferde Nr. 5 | 1908 | Mülhausen i. E. | XIV. AK |
| Jäger-Regt. zu Pferde Nr. 6 | 1910 | Erfurt | XI. AK |
| Jäger-Regt. zu Pferde Nr. 7 | 1913 | Trier | VIII. AK |
| Jäger-Regt. zu Pferde Nr. 8 | 1913 | Trier | VIII. AK |
| Jäger-Regt. zu Pferde Nr. 9 | 1913 | Insterburg | I. AK |
| Jäger-Regt. zu Pferde Nr. 10 | 1913 | Angerburg-Goldap | I. AK |
| Jäger-Regt. zu Pferde Nr. 11 | 1913 | Tarnowitz-Lublinitz | VI. AK |
| Jäger-Regt. zu Pferde Nr. 12 | 1913 | Avold | XVI. AK |
| Jäger-Regt. zu Pferde Nr. 13 | 1913 | Saarlouis | XVI. AK |

| **Feldartillerie** | | | |
|---|---|---|---|
| Regiments-Name | Errichtungs-jahr | Standort | Armee-Korps |
| 1. Garde-Feldartillerie-Regt. | 1816 | Berlin | Garde-K. |
| 2. Garde-Feldartillerie-Regt. | 1872 | Potsdam | Garde-K. |
| 3. Garde-Feldartillerie-Regt. | 1899 | Berlin-Beeskow | Garde-K. |
| 4. Garde-Feldartillerie-Regt. | 1899 | Potsdam | Garde-K. |
| Feldartill.-Regt. Prinz August von Preußen (1. Litthauisches) Nr. 1 | 1772 | Gumbinnen-Insterburg | I. AK |
| 1. Pommersches Feldartill.-Regt. Nr. 2 | 1808 | Kolberg-Belgard | II. AK |
| Feldartill.-Regt. General-Feldzeugmeister (1. Brandenburgisches) Nr. 3 | 1816 | Brandenburg a. H. | III. AK |
| Feldartill.-Regt. Prinzregent Luitpold von Bayern (Magdeburg.) Nr. 4 | 1816 | Magdeburg | IV. AK |
| Feldartill.-Regt. von Podbielski (1. Niederschlesisches) Nr. 5 | 1816 | Sprottau-Sagan | V. AK |
| Feldartill.-Regt. von Peucker (1. Schlesisches) Nr. 6 | 1808 | Breslau | VI. AK |
| 1. Westfäl. Feldartill.-Regt. Nr. 7 | 1816 | Wesel-Düsseldorf | VII. AK |
| Feldartill.-Regt. von Holtzendorff (1. Rheinisches) Nr. 8 | 1816 | Saarbrücken | XXI. AK |
| Feldartill.-Regt. General-Feldmarschall Graf Waldersee (Schleswigsches) Nr. 9 | 1866 | Itzehoe | IX. AK |
| Feldartill.-Regt. von Scharnhorst (1. Hannoversches) Nr. 10 | 1803 | Hannover | X. AK |
| 1. Kurhessisches Feldartill.-Regt. Nr. 11 | 1813 | Cassel-Fritzlar | XI. AK |
| Königl. Sächs. 1. Feldartill.-Regt. Nr. 12 | 1620 | Dresden-Königsbrück | XII. AK |
| Feldartill.-Regt. König Karl (1. Württ.) Nr. 13 | 1736 | Ulm-Stuttgart | XIII. AK |
| Feldartill.-Regt. Großherzog (1. Badisches) Nr. 14 | 1850 | Karlsruhe | XIV. AK |
| 1. Ober-Elsässisches Feldartill.-Regt. Nr. 15 | 1871 | Saarburg-Mörchingen | XXI. AK |

| Regiments-Name | Errichtungs-jahr | Standort | Armee-Korps |
|---|---|---|---|
| 1. Ostpreuß. Feldartill.-Regt. Nr. 16 | 1872 | Königsberg i. Pr. | I. AK |
| 2. Pommersches Feldartill.-Regt. Nr. 17 | 1872 | Bromberg | II. AK |
| Feldartill.-Regt. General-Feldzeugmeister (2. Brandenburgisches) Nr. 18 | 1872 | Frankfurt a. O. | XI. AK |
| 1. Thüringisches Feldartill.-Regt. Nr. 19 | 1872 | Erfurt | XI. AK |
| 1. Posensches Feldartill.-Regt. Nr. 20 | 1872 | Posen | V. AK |
| Feldartill.-Regt. von Clausewitz (1. Oberschlesisches) Nr. 21 | 1872 | Neiße-Grottkau | VI. AK |
| 2. Westfäl. Feldartill.-Regt. Nr. 22 | 1872 | Münster | VII. AK |
| 2. Rheinisches Feldartill.-Regt. Nr. 23 | 1872 | Coblenz | VIII. AK |
| Holsteinsches Feldartill.-Regt. Nr. 24 | 1872 | Güstrow-Neustrelitz | IX. AK |
| Großherzogl. Artilleriekorps, 1. Großherzogl. Hess. Feldartill.-Regt. Nr. 25 | 1790 | Darmstadt | XVIII. AK |
| 2. Hannoversches Feldartill.-Regt. Nr. 26 | 1872 | Verden | X. AK |
| 1. Nassauisches Feldartill.-Regt. Nr. 27 | 1833 | Mainz-Wiesbaden | XVIII. AK |
| Königl. Sächs. 2. Feldartill.-Regt. Nr. 28 | 1872 | Bautzen | XII. AK |
| 2. Württ. Feldartill.-Regt. Nr. 29 Prinzregent Luitpold von Bayern | 1736 | Ludwigsburg | XIII. AK |
| 2. Badisches Feldartill.-Regt. Nr. 30 | 1872 | Rastatt | XIV. AK |
| 1. Unter-Elsässisches Feldartill.-Regt. Nr. 31 | 1881 | Hagenau | XXI. AK |
| Königl. Sächs. 3. Feldartill.-Regt. Nr. 32 | 1889 | Riesa | XIX. AK |
| 1. Lothringisches Feldartill.-Regt. Nr. 33 | 1890 | Metz | XVI. AK |
| 2. Lothringisches Feldartill.-Regt. Nr. 34 | 1890 | Metz | XVI. AK |
| 1. Westpreuß. Feldartill.-Regt. Nr. 35 | 1890 | Deutsch-Eylau | XX. AK |
| 2. Westpreuß. Feldartill.-Regt. Nr. 36 | 1890 | Danzig | XVII. AK |
| 2. Litthauisches Feldartill.-Regt. Nr. 37 | 1899 | Insterburg | I. AK |
| Vorpommersches Feldartill.-Regt. Nr. 38 | 1899 | Stettin | II. AK |
| Kurmärkisches Feldartill.-Regt. Nr. 39 | 1899 | Perleberg | III. AK |
| Altmärkisches Feldartill.-Regt. Nr. 40 | 1899 | Burg | IV. AK |
| 2. Niederschles. Feldartill.-Regt. Nr. 41 | 1899 | Glogau | V. AK |
| 2. Schlesisches Feldartill.-Regt. Nr. 42 | 1899 | Schweidnitz | VI. AK |
| Clevesches Feldartill.-Regt. Nr. 43 | 1899 | Wesel | VIII. AK |
| Triersches Feldartill.-Regt. Nr. 44 | 1899 | Trier | VIII. AK |
| Lauenburgisches Feldartill.-Regt. Nr. 45 | 1899 | Altona-Rendsburg | IX. AK |
| Niedersächsisches Feldartill.-Regt. Nr. 46 | 1899 | Wolfenbüttel-Celle | X. AK |
| 2. Kurhess. Feldartill.-Regt. Nr. 47 | 1899 | Fulda | XI. AK |
| Königl. Sächs. 4. Feldartill.-Regt. Nr. 48 | 1899 | Dresden | XII. AK |
| 3. Württemb. Feldartill.-Regt. Nr. 49 | 1899 | Ulm | XIII. AK |
| 3. Badisches Feldartill.-Regt. Nr. 50 | 1899 | Karlsruhe | XIV. AK |
| 2. Ober-Elsässisches Feldartill.-Regt. Nr. 51 | 1899 | Straßburg i. E. | XV. AK |
| 2. Ostpreußisches Feldartill.-Regt. Nr. 52 | 1899 | Königsberg i. Pr. | I. AK |
| Hinterpommersches Feldartill.-Regt. Nr. 53 | 1899 | Bromberg-Hohensalza | II. AK |
| Neumärkisches Feldartill.-Regt. Nr. 54 | 1899 | Cüstrin | III. AK |
| 2. Thüringisches Feldartill.-Regt. Nr. 55 | 1899 | Naumburg a. S. | XI. AK |

| Regiments-Name | Errichtungs-jahr | Standort | Armee-Korps |
|---|---|---|---|
| 2. Posensches Feldartill.-Regt. Nr. 56 | 1899 | Lissa | V. AK |
| 2. Oberschlesisches Feldartill.-Regt. Nr. 57 | 1899 | Neustadt i. Oberschles. | VI. AK |
| Mindensches Feldartill.-Regt. Nr. 58 | 1899 | Minden | VII. AK |
| Bergisches Feldartill.-Regt. Nr. 59 | 1899 | Köln | VIII. AK |
| Großherzogl. Mecklenburg. Feldartill.-Regt. Nr. 60 | 1899 | Schwerin | IX. AK |
| 2. Großherzogl. Hessisches Feldartill.-Regt. Nr. 61 | 1899 | Darmstadt-Babenhausen | XVIII. AK |
| Ostfriesisches Feldartill.-Regt. Nr. 62 | 1899 | Oldenburg-Osnabrück | X. AK |
| 2. Nassauisches Feldartill.-Regt. Nr. 63 Frankfurt | 1899 | Frankfurt a. M. | XVIII. AK |
| Königl. Sächs. 5. Feldartill.-Regt. Nr. 64 | 1901 | Pirna | XII. AK |
| 4. Württemb. Feldartill.-Regt. Nr. 65 | 1899 | Ludwigsburg | XIII. AK |
| 4. Badisches Feldartill.-Regt. Nr. 66 | 1899 | Lahr | XV. AK |
| 2. Unter-Elsässisches Feldartill.-Regt. Nr. 67 | 1899 | Hagenau-Bischweiler | XXI. AK |
| Königl. Sächs. 6. Feldartill.-Regt. Nr. 68 | 1899 | Riesa | XIX. AK |
| 3. Lothringisches Feldartill.-Regt. Nr. 69 | 1899 | St. Avold | XVI. AK |
| 4. Lothringisches Feldartill.-Regt. Nr. 70 | 1899 | Metz-Saarlouis | XVI. AK |
| Feldartill.-Regt. Nr. 71 Groß-Komtur | 1899 | Graudenz | XVII. AK |
| Feldartill.-Regt. Nr. 72 Hochmeister | 1899 | Marienwerder-Stargard | XVII. AK |
| 1. Masurisches Feldartill.-Regt. Nr. 73 | 1899 | Allenstein | XX. AK |
| Torgauer Feldartill.-Regt. Nr. 74 | 1899 | Torgau-Wittenberg | IV. AK |
| Mansfelder Feldartill.-Regt. Nr. 75 | 1899 | Halle a. S. | IV. AK |
| 5. Badisches Feldartill.-Regt. Nr. 76 | 1899 | Freiburg i. B. | XIV. AK |
| Königl. Sächs. 7. Feldartill.-Regt. Nr. 77 | 1899 | Leipzig | XIX. AK |
| Königl. Sächs. 8. Feldartill.-Regt. Nr. 78 | 1901 | Wurzen | XIX. AK |
| 3. Ostpreußisches Feldartill.-Regt. Nr. 79 | 1912 | Osterode | XX. AK |
| 3. Ober-Elsässisches Feldartill.-Regt. Nr. 80 | 1912 | Colmar-Neubreisach | XV. AK |
| Thorner Feldartill.-Regt. Nr. 81 | 1912 | Thorn | XVII. AK |
| 2. Masurisches Feldartill.-Regt. Nr. 82 | 1912 | Rastenburg-Lötzen | XX. AK |
| 3. Rheinisches Feldartill.-Regt. Nr. 83 | 1912 | Bonn-Düren | VIII. AK |
| Straßburger Feldartill.-Regt. Nr. 84 | 1912 | Straßburg | XV. AK |
| Feldartillerie-Schießschule | 1867 | Jüterbog | Garde-K. |
| **Fußartillerie** | | | |
| Garde-Fußartill.-Regt. | 1865 | Spandau | Garde-K. |
| Fußartill.-Regt. von Linger (Ostpreußisches) Nr. 1 | 1864 | Königsberg i. Pr. | I. AK |
| Fußartill.-Regt. von Hindersin (1. Pommersches) Nr. 2 | 1865 | Swinemünde-Emden | II. AK |
| Fußartill.-Regt. General-Feldzeugmeister (Brandenburgisches) Nr. 3 | 1864 | Mainz | XVIII. AK |
| Fußartill.-Regt. Encke (Magdeburgisches) Nr. 4 | 1864 | Magdeburg | IV. AK |

| Regiments-Name | Errichtungsjahr | Standort | Armee-Korps |
|---|---|---|---|
| Niederschlesisches Fußartill.-Regt. Nr. 5 | 1865 | Posen | V. AK |
| Fußartill.-Regt. von Dieskau (Schlesisches) Nr. 6 | 1865 | Neiße-Glogau | VI. AK |
| Westfälisches Fußartill.-Regt. Nr. 7 | 1864 | Köln | VII. AK |
| Rheinisches Fußartill.-Regt. Nr. 8 | 1864 | Metz | XVI. AK |
| Schleswig-Holsteinsches Fußartill.-Regt. Nr. 9 | 1893 | Ehrenbreitstein | VIII. AK |
| Niedersächsisches Fußartill.-Regt. Nr. 10 | 1871 | Straßburg i. E. | XV. AK |
| 1. Westpreuß. Fußartill.-Regt. Nr. 11 | 1881 | Thorn | XVII. AK |
| 1. Königl. Sächs. Fußartill.-Regt. Nr. 12 | 1873 | Metz | XIX. AK |
| Hohenzollernsches Fußartill.-Regt. Nr. 13 | 1805 | Ulm-Breisach | XV. AK |
| Badisches Fußartill.-Regt. Nr. 14 | 1893 | Straßburg i. E. | XIV. AK |
| 2. Pommersches Fußartill.-Regt. Nr. 15 | 1893 | Bromberg-Graudenz | II. AK |
| Lothringisches Fußartill.-Regt. Nr. 16 | 1912 | Metz-Diedenhofen | XVI. AK |
| 2. Westpreußisches Fußartill.-Regt. Nr. 17 | 1911 | Danzig-Pillau | XVII. AK |
| Thüringisches Fußartill.-Regt. Nr. 18 | 1912 | Niederzwehren (Cassel) | XI. AK |
| 2. Königl. Sächs. Fußartill.-Regt. Nr. 19 | 1912 | Dresden-Riesa | XII. AK |
| Lauenburgisches Fußartill.-Regt. Nr. 20 | 1912 | Altona | IX. AK |
| Fußartillerie-Schießschule | 1867 | Jüterbog | Garde-K. |
| Oberfeuerwerkerschule | 1840 | Berlin | – |
| Artillerie-Prüfungs-Kommission | 1809 | Berlin | Kriegsminist. |

**Pioniere**

| Regiments-Name | Errichtungsjahr | Standort | Armee-Korps |
|---|---|---|---|
| Garde-Pionier-Bataillon | 1810 | Berlin | Garde-K. |
| Pionier-Batl. Fürst Radziwill (Ostpreußisches) Nr. 1 | 1780 | Königsberg i. Pr. | I. AK |
| Pommersches Pionier-Batl. Nr. 2 | 1816 | Stettin | II. AK |
| Pionier-Batl. von Rauch (1. Brandenburgisches) Nr. 3 | 1741 | Spandau | III. AK |
| Magdeburgisches Pionier-Batl. Nr. 4 | 1816 | Magdeburg | IV. AK |
| Niederschlesisches Pionier-Batl. Nr. 5 | 1816 | Glogau | V. AK |
| Schlesisches Pionier-Batl. Nr. 6 | 1816 | Neiße | VI. AK |
| 1. Westfälisches Pionier-Batl. Nr. 7 | 1816 | Köln | VII. AK |
| 1. Rheinisches Pionier-Batl. Nr. 8 | 1816 | Koblenz | VIII. AK |
| Schleswig-HolsteinschesPionier-Batl. Nr. 9 | 1866 | Harburg | IX. AK |
| Hannoversches Pionier-Batl. Nr. 10 | 1804 | Minden | X. AK |
| Kurhessisches Pionier-Batl. Nr. 11 | 1842 | Hann.-Münden | XI. AK |
| Königl. Sächs. 1. Pionier-Batl. Nr. 12 | 1698 | Pirna | XII. AK |
| Württemberg. Pionier-Batl. Nr. 13 | 1814 | Ulm | XIII. AK |
| Badisches Pionier-Batl. Nr. 14 | 1850 | Kehl | XIV. AK |
| 1. Elsässisches Pionier-Batl. Nr. 15 | 1871 | Straßburg i. E. | XV. AK |
| 1. Lothringisches Pionier-Batl. Nr. 16 | 1881 | Metz | XVI. AK |
| 1. Westpreußisches Pionier-Batl. Nr. 17 | 1890 | Thorn | XVII. AK |
| Samländisches Pionier-Batl. Nr. 18 | 1893 | Königsberg i. Pr. | |

| Regiments-Name | Errichtungs-jahr | Standort | Armee-Korps |
|---|---|---|---|
| 2. Elsässisches Pionier-Batl. Nr. 19 | 1893 | Straßburg i. E. | XV. AK |
| 2. Lothringisches Pionier-Batl. Nr. 20 | 1893 | Metz | XVI. AK |
| 1. Nassauisches Pionier-Batl. Nr. 21 | 1901 | Mainz | XVIII. AK |
| Königl. Sächs. 2. Pionier-Batl. Nr. 22 | 1899 | Riesa | XIX. AK |
| 2. Westpreußisches Pionier-Batl. Nr. 23 | 1907 | Graudenz | XX. AK |
| 2. Westfälisches Pionier-Batl. Nr. 24 | 1908 | Köln | VII. AK |
| 2. Nassauisches Pionier-Batl. Nr. 25 | 1909 | Mainz | XVIII. AK |
| Masurisches Pionier-Batl. Nr. 26 | 1912 | Graudenz | XX. AK |
| 2. Rheinisches Pionier-Batl. Nr. 27 | 1912 | Trier | XXI. AK |
| 2. Brandenburgisches Pionier-Batl. Nr. 28 | 1913 | Cüstrin | III. AK |
| Posensches Pionier-Batl. Nr. 29 | 1913 | Posen | V. AK |
| 3. Rheinisches Pionier-Batl. Nr. 30 | 1913 | Ehrenbreitstein | VIII. AK |
| **Verkehrstruppen** | | | |
| Eisenbahn-Regt. Nr. 1 | 1875 | Berlin | Garde-K. |
| Eisenbahn-Regt. Nr. 2 | 1890 | Hanau | XVIII. AK |
| Eisenbahn-Regt. Nr. 3 | 1893 | Hanau | XVIII. AK |
| Eisenbahn-Regt. Nr. 4 | 1913 | Berlin | Garde-K. |
| Telegraphen-Batl. Nr. 1 | 1899 | Berlin | Garde-K. |
| Telegraphen-Batl. Nr. 2 | 1899 | Frankfurt a. O.–Cottbus | III. AK |
| Telegraphen-Batl. Nr. 3 | 1899 | Koblenz-Darmstadt | VIII. AK |
| Telegraphen-Batl. Nr. 4 | 1907 | Karlsruhe-Freiburg | XIV. AK |
| Telegraphen-Batl. Nr. 5 | 1912 | Danzig | XVII. AK |
| Telegraphen-Batl. Nr. 6 | 1913 | Hannover | X. AK |
| Königl. Sächs. Telegraphen-Batl. Nr. 7 | 1913 | Dresden | XII. AK |
| Kriegstelegraphenschule | 1913 | Spandau | Garde-K. |
| Luftschiffer-Batl. Nr. 1 | 1884 | Berlin | Garde-K. |
| Luftschiffer-Batl. Nr. 2 | 1911 | Berlin-Dresden | Garde-K. |
| Luftschiffer-Batl. Nr. 3 | 1911 | Köln-Düsseldorf | VIII. AK |
| Luftschiffer-Batl. Nr. 4 | 1913 | Mannheim-Metz | XIV. AK |
| Luftschiffer-Batl. Nr. 5 | 1913 | Graudenz | I. AK |
| Kurzfristig bestanden die Fliegerbataillone Nr. 1–4, sie wurden im Juni/Juli 1913 errichtet, aber bereits am 1. 10. 1913 wieder aufgelöst. | | | |
| Kraftfahr-Batl. | 1911 | Berlin | Garde-K. |
| Versuchs-Abteilung des Militär-Verkehrswesens | 1890 | Berlin | Garde-K. |
| **Train** | | | |
| Garde-Train-Batl. | 1853 | Berlin | Garde-K. |
| Ostpreußisches Train-Batl. Nr. 1 | 1856 | Königsberg i. Pr. | I. AK |
| Pommersches Train-Batl. Nr. 2 | 1853 | Alt-Damm | II. AK |
| Brandenburgisches Train-Batl. Nr. 3 | 1853 | Spandau | III. AK |
| Magdeburgisches Train-Batl. Nr. 4 | 1853 | Magdeburg | IV. AK |
| Niederschlesisches Train-Batl. Nr. 5 | 1853 | Posen | V. AK |
| Schlesisches Train-Batl. Nr. 6 | 1853 | Breslau | VI. AK |
| Westfälisches Train-Batl. Nr. 7 | 1853 | Münster | VII. AK |

| Regiments-Name | Errichtungs-jahr | Standort | Armee-Korps |
|---|---|---|---|
| 1. Rheinisches Train-Batl. Nr. 8 | 1853 | Coblenz | VIII. AK |
| Schleswig-Holsteinsches Train-Batl. Nr. 9 | 1866 | Rendsburg | IX. AK |
| Hannoversches Train-Batl. Nr. 10 | 1866 | Hannover | X. AK |
| Kurhessisches Train-Batl. Nr. 11 | 1854 | Cassel | XI. AK |
| Königl. Sächs. 1. Train-Batl. Nr. 12 | 1849 | Dresden-Bischofswerda | XII. AK |
| Württemberg. Train-Batl. Nr. 13 | 1871 | Ludwigsburg | XIII. AK |
| Badisches Train-Batl. Nr. 14 | 1864 | Durlach | XIV. AK |
| Elsässisches Train-Batl. Nr. 15 | 1871 | Straßburg i. E. | XV. AK |
| Lothringisches Train-Batl. Nr. 16 | 1890 | Saarlouis | XVI. AK |
| Westpreußisches Train-Batl. Nr. 17 | 1890 | Danzig-Langfuhr | XVII. AK |
| Großherzogl. Hessisches Train-Batl. Nr. 18 | 1890 | Darmstadt | XVIII. AK |
| Königl. Sächs. 2. Train-Batl. Nr. 19 | 1899 | Leipzig | XIX. AK |
| Masurisches Train-Batl. Nr. 20 | 1912 | Marienburg | XX. AK |
| 2. Rheinisches Train-Batl. Nr. 21 | 1912 | Forbach | XXI. AK |

## Königlich Bayerische Armee

Chef der Armee: Se. Majestät König Ludwig III.

### Infanterie

Die Achselklappen der Infanterie-Regimenter in allen drei Armee-Korps waren rot, der Ärmelpatten-Vorstoß beim I. AK weiß, II. AK keinen, III. AK gelb.

| | | | |
|---|---|---|---|
| Infanterie-Leib-Regt. | 1814 | München | I. (bayer.) AK |
| 1. Infanterie-Regt. König | 1778 | München | I. AK |
| 2. Infanterie-Regt. Kronprinz | 1682 | München | I. AK |
| 3. Infanterie-Regt. Prinz Karl von Bayern | 1698 | Augsburg | I. AK |
| 4. Inf.-Regt. König Wilhelm von Württemberg | 1706 | Metz | II. AK |
| 5. Inf.-Regt. Großherzog Ernst Ludwig von Hessen | 1722 | Bamberg | II. AK |
| 6. Inf.-Regt. Kaiser Wilhelm, König von Preußen | 1725 | Amberg | III. AK |
| 7. Inf.-Regt. Prinz Leopold | 1732 | Bayreuth | III. AK |
| 8. Inf.-Regt. Großherzog Friedrich II. von Baden | 1753 | Metz | II. AK |
| 9. Inf.-Regt. Wrede | 1803 | Würzburg | II. AK |
| 10. Inf.-Regt. König (bis 1913 Prinz Ludwig) | 1682 | Ingolstadt | III. AK |
| 11. Inf.-Regt. von der Tann | 1805 | Regensburg | III. AK |
| 12. Inf.-Regt. Prinz Arnulf | 1814 | Neu-Ulm | I. AK |
| 13. Inf.-Regt. Franz Joseph I., Kaiser von Österreich und Apostolischer König von Ungarn | 1806 | Ingolstadt, III. Eichstädt | III. AK |
| 14. Inf.-Regt. Hartmann | 1814 | Nürnberg | III. AK |
| 15. Inf.-Regt. König Friedrich August von Sachsen | 1722 | Neuburg a. D. | I. AK |

| Regiments-Name | Errichtungs-jahr | Standort | Armee-Korps |
|---|---|---|---|
| 16. Inf.-Regt. Großherzog Ferdinand von Toskana | 1878 | Passau, I. Landshut | I. AK |
| 17. Inf.-Regt. Orff | 1878 | Germersheim | I. AK |
| 18. Inf.-Regt. Prinz Ludwig Ferdinand | 1881 | Landau | II. AK |
| 19. Inf.-Regt. König Viktor Emanuel III. von Italien | 1890 | Erlangen | III. AK |
| 20. Inf.-Regt. Prinz Franz | 1897 | Lindau, II. Kempten | I. AK |
| 21. Inf.-Regt. Großherzog Friedrich Franz IV. von Mecklenburg-Schwerin | 1897 | Fürth, II. Sulzbach | III. AK |
| 22. Inf.-Regt. | 1897 | Zweibrücken | II. AK |
| 23. Inf.-Regt. | 1897 | Landau, II. Saargemünd, III. Lager Lechfeld | II. AK |

**Jäger**

| | | | |
|---|---|---|---|
| 1. Jäger-Batl. König | 1815 | Freising | I. AK |
| 2. Jäger-Batl. | 1753 | Aschaffenburg | II. AK |

**MG-Abteilung**

| | | | |
|---|---|---|---|
| 1. MG-Abteilung | 1913 | Landau (zugeteilt 18. IR) | II. AK |

**Kavallerie**

| Regiments-Name | Errichtungs-jahr | Standort | Armee-Korps |
|---|---|---|---|
| 1. Schweres Reiter-Regt. Prinz Karl von Bayern | 1814 | München | I. AK |
| 2. Schweres Reiter-Regt. Erzherzog Franz Ferdinand von Österreich-Este | 1815 | Landshut | I. AK |
| 1. Ulanen-Regt. Kaiser Wilhelm II., König von Preußen | 1863 | Bamberg | II. AK |
| 2. Ulanen-Regt. König | 1863 | Ansbach | II. AK |
| 1. Chevaulegers-Regt. Kaiser Nikolaus von Rußland | 1682 | Nürnberg | III. AK |
| 2. Chevaulegers-Regt. Taxis | 1682 | Regensburg | III. AK |
| 3. Chevaulegers-Regt. Herzog Karl Theodor | 1724 | Dieuze | II. AK |
| 4. Chevaulegers-Regt. König | 1744 | Augsburg | I. AK |
| 5. Chevaulegers-Regt. Erzherzog Friedrich von Österreich | 1776 | Saargemünd | II. AK |
| 6. Chevaulegers-Regt. Prinz Albrecht von Preußen | 1803 | Bayreuth | III. AK |
| 7. Chevaulegers-Regt. Prinz Alfons | 1905 | Straubing | III. AK |
| 8. Chevaulegers-Regt. | 1909 | Dillingen | I. AK |

| Feldartillerie | | | |
|---|---|---|---|
| Regiments-Name | Errichtungs-jahr | Standort | Armee-Korps |
| 1. Feldartill.-Regt. Prinz-Regent Luitpold | 1824 | München | I. AK |
| 2. Feldartill.-Regt. Horn | 1824 | Würzburg | II. AK |
| 3. Feldartill.-Regt. Prinz Leopold | 1848 | Grafenwöhr | III. AK |
| 4. Feldartill.-Regt. König | 1859 | Augsburg | I. AK |
| 5. Feldartill.-Regt. König Alfons XIII. von Spanien | 1890 | Landau | II. AK |
| 6. Feldartill.-Regt. Prinz Ferdinand von Bourbon, Herzog von Calabrien | 1900 | Fürth | III. AK |
| 7. Feldartill.-Regt. Prinz-Regent Luitpold | 1900 | München | I. AK |
| 8. Feldartill.-Regt. Prinz Heinrich von Preußen | 1900 | Nürnberg | III. AK |
| 9. Feldartill.-Regt. | 1901 | Landsberg | I. AK |
| 10. Feldartill.-Regt. | 1901 | Erlangen | III. AK |
| 11. Feldartill.-Regt. | 1901 | Würzburg | II. AK |
| 12. Feldartill.-Regt. | 1901 | Landau (Pfalz) | II. AK |

| Fußartillerie | | | |
|---|---|---|---|
| 1. Fußartill.-Regt. vakant Bothmer | 1873 | München, I. Neu-Ulm | I. AK |
| 2. Fußartill.-Regt. | 1873 | Metz | II. AK |
| 3. Fußartill.-Regt. | 1912 | Ingolstadt | III. AK |

| Pioniere | | | |
|---|---|---|---|
| 1. Pionier-Batl. | 1900 | München | I. AK |
| 2. Pionier-Batl. | 1872 | Speyer | II. AK |
| 3. Pionier-Batl. (früher 1.) | 1872 | Ingolstadt | II. AK |
| 4. Pionier-Batl. | 1912 | Ingolstadt | III. AK |

| Verkehrstruppen | | | |
|---|---|---|---|
| Eisenbahn-Bataillon | 1873 | München | I. AK |
| 1. Telegraphen-Batl. | 1901 | München | I. AK |
| 2. Telegraphen-Batl. | 1912 | München | I. AK |
| Luft- und Kraftfahr-Batl. | 1911 | München | I. AK |
| Flieger-Batl. | 1911 | Ober-Schleißheim | I. AK |

| Train | | | |
|---|---|---|---|
| 1. Train-Bataillon | 1872 | München | I. AK |
| 2. Train-Bataillon | 1872 | Würzburg, III. Germersheim | II. AK |
| 3. Train-Bataillon | 1900 | Fürth, I. Ingolstadt | III. AK |

# Der Helm

Von alters her diente der Helm des Kriegers, des Soldaten nicht nur allein als Kopfschutz, sondern auch als Zierde und Schmuck. Er war gleichermaßen ein Respekt heischendes und imponierendes Ausrüstungsstück.
In der napoleonischen und nachnapoleonischen Zeit wurde der Helm immer mehr zum pompösen, nur noch dekorativen Zwecken dienenden Bestandteil der Uniform. Die Kriegstauglichkeit als Kopfschutz trat völlig in den Hintergrund, der Soldat hatte alle Mühe, seinen Helm auf dem Kopfe zu balancieren. Zeitgenössische Berichte und Regimentsgeschichten beklagen diesen Umstand immer wieder. Häufig wurden anstelle der Helme die bequemen Stallmützen getragen.
Im Königreich Preußen arbeitete man an einem neuen, zeitgerechten Helm. Das Ergebnis war schließlich im Jahre 1842 die »Pickelhaube«, in den damaligen Vorschriften kurz »Helm« genannt, die immerhin über 70 Jahre lang das

*2 Preußen, Kürassier-Offz.-Helm M 1809*

*3 Bayern, Kürassier-Offz.-Helm M 1814*

*4 Preußen, Infanterie-Helm 1842*

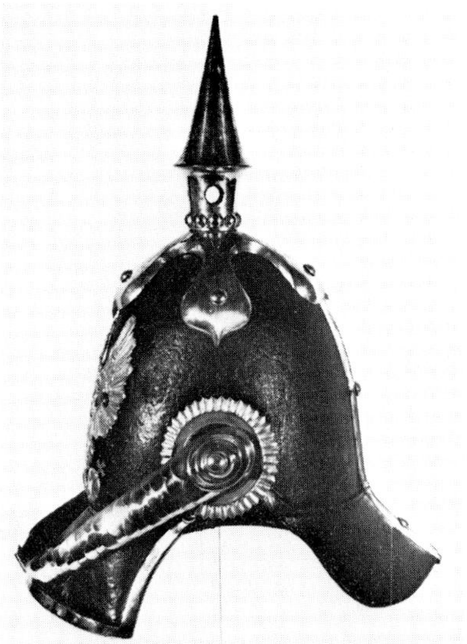

*5 Preußen, Kürassier-Offz.-Helm 1843*

äußere Erscheinungsbild des deutschen Soldaten bestimmte. Der Laie bezieht den Ausdruck »Pickelhaube« auf die diesem Helm eigentümliche Spitze, jedoch wird der Ursprung der Bezeichnung in dem Wort »Beckenhaube«, einer mittelalterlichen Blechhaube, zu suchen sein. Im Laufe der Zeit wandelte sich das Wort, das seinen Ursprung in der beckenförmigen Gestalt fand, dann zu »Beckel-, Bickel- und weiterhin Pickelhaube«. Mit der Spitze als solcher hat die Helmbezeichung demnach nichts zu tun. »Pickel« bedeutet also nur die Helmform, aber nicht die auf orientalischen Einfluß hin deutende Spitze. Man vergleiche dazu auch die persischen Helme mit vierkantiger Spitze, die dort seit dem 15. Jahrhundert getragen wurden.
Aller Wahrscheinlichkeit nach soll die »Pickelhaube« zuerst von dem russischen Zaren Nikolaus I. (1825–1855) entworfen worden sein. Eine Anekdote besagt, daß der preußische König Friedrich Wilhelm IV. (1840–1861) den Prototyp des Helmes mit Spitze auf dem Schreibtisch des Erfinders sah, die Idee seinerseits kopierte und schneller herausbrachte als die zögernden Russen. Anderen Berichten zufolge soll der Historienmaler Heinrich Stilke (1803–1860) vom preußischen König beauftragt worden sein, einen derartigen Helm zu entwerfen.
Zeitgenössiche Gutachten bescheinigen dem neuen Helm ein geringeres Gewicht, eine niedrigere Form und somit geringeres Schwanken auch bei »windiger Witterung«. Neben anderen Vorzügen wurde ihm selbst als Schmuck der Vorzug vor den alten Helmen gegeben.
Die technischen und praktischen Vorteile der neuen preußischen Helme fanden sehr schnell in Deutschland, Europa und sogar in Übersee Nachahmung; im Jahre 1843 in Oldenburg, 1845 in Bremen, Hamburg und Lübeck sowie in den Herzogtümern Sachsen-Altenburg, Sachsen-Weimar-Eisenach und Reuß.

*6 Preußen, Artillerie-Offz.-Helm 1843–44*

*7 Preußen, Offz.-Helm M 1867*

*8 Preußen, Mannschaftshelm M 1871*

*9 Preußen, Mannschaftshelm mit Helmwappen der Unteroffizier-Vorschulen, M 1887*

1846 folgte Anhalt, Sachsen-Meiningen und Hessen-Kassel, im Jahre 1848 die Großherzogtümer Mecklenburg-Schwerin und Strelitz sowie Schleswig-Holstein und schließlich 1849 das Königreich Hannover, die Großherzogtümer Nassau, Baden und Hessen-Darmstadt. Im europäischen Ausland erschien die »Pickelhaube« zunächst in Schweden (1845), Rußland (1846) Dänemark (1848), in England (1878), dann auch in Norwegen (1888), Spanien und in überseeischen Staaten wie Brasilien, Chile und Argentinien. Auch die USA und andere Staaten der »Neuen Welt« führten zumindest kurzfristig das preu-

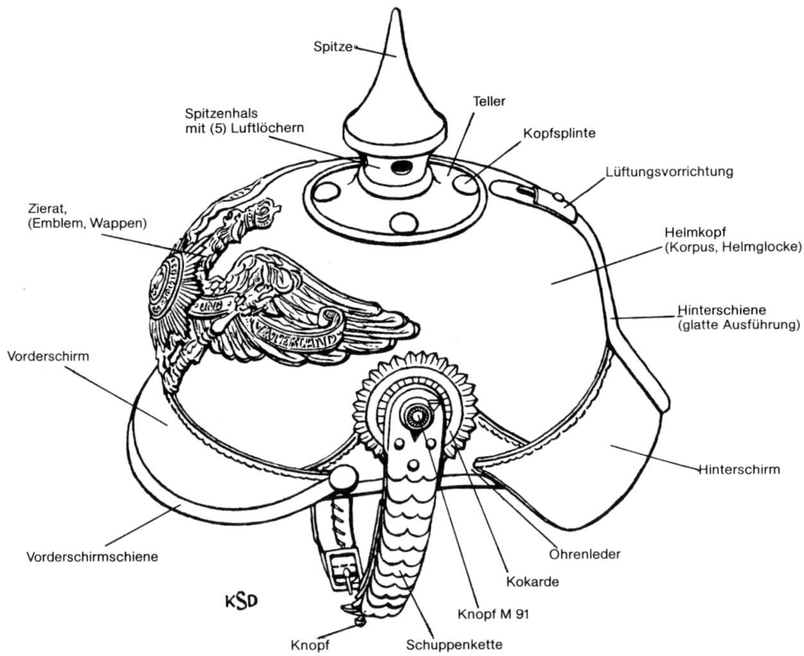


*10 Mannschaftshelm M 1881/91*

ßische Helmmodell, das später als Inbegriff des »Preußischen Militarismus« gelten sollte.

Im allgemeinen deutschen Heeresverband folgten schließlich sehr spät das Königreich Sachsen im Jahre 1867, Württemberg 1871 und als letztes Bundesland das Königreich Bayern im Jahre 1886, nach dem Tode König Ludwig II. und gegen den Widerstand des Prinzregenten Luitpold.

Obwohl die Einführung des neuen Helmes schon erhebliche Gewichtserleichterungen und weitgehende Bequemlichkeit mit sich gebracht hatte, versuchte man immer wieder die Höhe des Helmes zu verringern und mit Hilfe von Veränderungen der Art und des Metalls der Beschläge das Gewicht weiter zu vermindern. Auch die Mode machte ihren Einfluß geltend. Bereits im Jahre 1857 wurde der Helmkopf erniedrigt, die Wappenbeschläge nicht mehr gegossen, sondern wie die übrigen Teile hohl geprägt. Nach dem 4.11.1860 folgte eine abermalige Erniedrigung des Helmkopfes, 1867 die nächste Gewichtserleichterung, wobei u.a. die Hinterschiene fortfiel, weil es technisch jetzt möglich war, den ledernen Helmkopf aus einem Stück – ohne Naht im Nacken – zu fertigen. Bei den Mannschaftshelmen der Fußtruppen wurde das Kreuzblatt durch den Teller ersetzt. Bis zum deutsch-französischen Krieg 1870/71 war

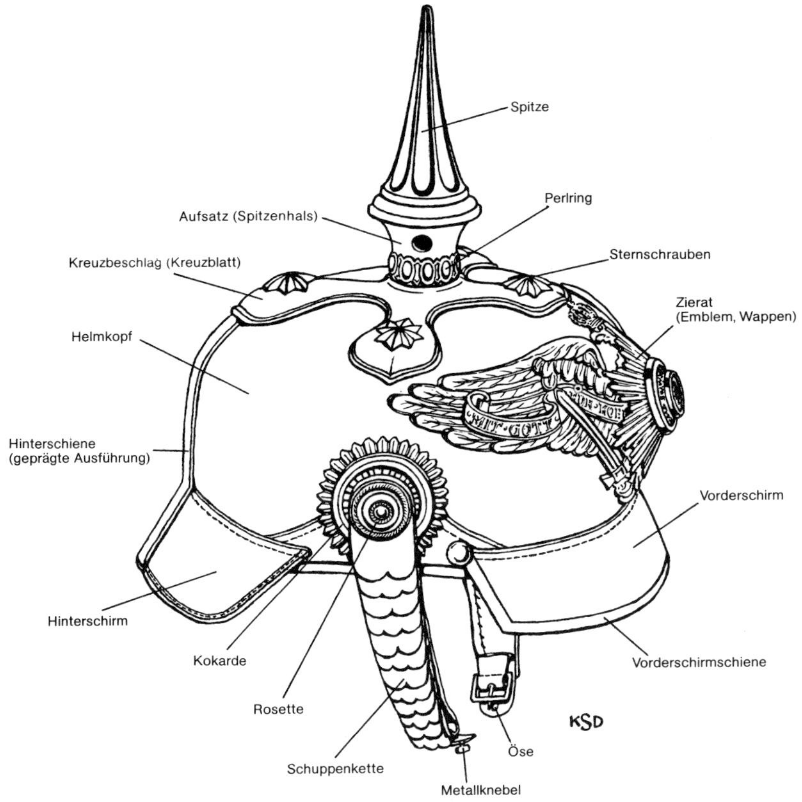


*11 Offiziershelm M 1871/97*

zwar nur ein Teil des preuß.-deutschen Heeres mit diesem neuen Helmmodell ausgerüstet, aber man hatte schon erkannt, daß dem Helm ohne die Hinterschiene eine wesentliche Stütze fehlte. Daher führte man sie bereits am 23. 11. 1871 wieder ein. Im Jahre 1887 wurde abermals experimentiert. So sollte am Vorderschirm die Einfassungsschiene wegfallen, außerdem die Schuppenkette nicht mehr mittels einer Schlitzschraube mit Rosette wie seit dem M 57, sondern mit einer Hakenbefestigung montiert werden. Der Perlrand am Spitzenhals des Mannschaftshelmes wich einem glatten Wulst, die Zahl der Lüftungslöcher am Hals wurde von 2 auf 4 erhöht. Die neue Hakenbefestigung brachte erstmals einen ledernen Kinnriemen anstelle von Schuppenketten, die von der Linie nur noch zu Paraden angelegt werden sollten. Die Garde und die späteren Grenadier-Regimenter 1–12 behielten auch zum Dienst die Schuppenketten; die Kinnriemen sollten nur im Mobilmachungsfalle angelegt werden. Da sich das Befestigungssystem nach Modell 1887 nicht bewährte, man den Helmkorpus (M 1881 benannt) aber beibehielt, folgte am 8. 1. 1891 die bis zum 1. Weltkrieg gültige neue Schuppenketten-Aufhängung am sog. Knopf M 91, dabei handelt es sich um einen Rosettenknopf am Helm mit nach hinten zeigender Nase, in den die Schuppenkette bzw. der Kinnriemen mit einer entsprechenden Aussparung vom Metall der Knopffarbe eingehängt wird. Durch AKO vom 25. 5. 1895 ließ man die bisher aus Messing gefertigten »gelben« Beschläge aus leichterer Aluminiumbronze herstellen, während die »weißen« Beschläge weiterhin aus Neusilber (Argentan) gefertigt wurden.

Die Helmbeschläge waren entsprechend der Knopffarbe aus gelbem oder weißem, bei Offizieren natürlich vergoldetem oder versilbertem Metall.

Die Offiziershelme waren von den seit 1871 unternommenen Veränderungen an den Mannschaftshelmen praktisch nicht betroffen, sie folgten nur dem Zeitgeschmack in der Erniedrigung des Helmkopfes, die Helmspitzen wurden allerdings im Laufe der Jahre immer höher.

Der Offiziershelm besaß immer Schuppenketten, die mit Einführung des Modells 1871 nicht mehr mit Schlitzschrauben, sondern durch erhaben geprägte Rosetten mit Splinten befestigt wurden. Bei dem Lederhelm M 1871 waren die Spitzen noch für alle Truppenteile auf einer Kreuzblatt-Basis befestigt. Für die preußischen Fußtruppen mit Ausnahme der Generäle und Ärzte führte man dann stattdessen im Laufe der siebziger Jahre die Tellerbasis ein. In Preußen hatten nur die Generäle sowie die Offiziere des 1. Garde-Regiments zu Fuß geriefelte Spitzen, alle anderen Truppenteile mit Lederhelm sowie alle Mannschaften der Armee glatte Spitzen. Als einziges Regiment der preußischen Armee trug das 1. Garde-Regiment weißmetallene, bei Offizieren versilberte Schuppenketten, außerdem wie das Kaiser Alexander Garde-Grenadier-Regiment zur Parade besondere Grenadiermützen friederizianischen Musters.

Der Offiziershelm der preußischen Armee wird in der Bekleidungsvorschrift Stand 1911 folgendermaßen beschrieben:

»Aus schwarzlackiertem Leder. Der Helm soll den Hinterkopf voll bedecken, ohne hinüberzufallen; unterer Rand etwa 3 cm über den Ohren. Zierat, Beschläge und Haarbuschtrichter vergoldet oder versilbert je nach Knopffarbe.

a) der Zierat (Helmbeschlag) liegt mit seinem unteren Rande dicht über dem Augenschirm auf.

Bei Gardetruppen auf dem Gardeadler der Gardestern von versilbertem Metall, im Mittelfeld der schwarze Adler auf goldenem Grunde, Schrift und Zweige des Devisenbandes »Suum Cuique« in Gold, die Zweige grün, rot und braun emailliert, der ganze Schriftreif etc. auf weiß emailliertem Grunde.

Die für einzelne Regimenter bzw. Truppenteile vorgeschriebenen Auszeichnungen (Bandeaus) tragen sämtliche Offiziere der betreffenden Regimenter; insofern derartige Auszeichungen für einzelne Kompanien (Batterien) bestehen, sind sie nur für die diesen zugeteilten Offiziere zuständig.

b) Der Aufsatz (glatte Spitze, Spitzenhals mit Teller) ist durch 4 vergoldete Sternschrauben auf dem Helmkopf befestigt, die Aufsatzspitze ist glatt, außer bei dem 1. Garde-Regiment zu Fuß, dessen Offiziere die sechskantig ausgekehlte Spitze der Generale und versilberte Sterne führen. Am Spitzenhals befindet sich seitlich je ein Lüftungsloch. Dragoner haben Kreuzbeschlag.

c) Lüftungsvorrichtung in der Hinterschiene freigestellt (kommt in der Praxis so gut wie nicht vor, Anm. d. Verf.)

d) Schuppenketten vergoldet, nur beim 1. Garde-Regiment zu Fuß versilbert, die vorderste rechte Schuppe ist mit einem Metallknebel, die vorderste linke mit einer länglichen Öse versehen. Die Schuppenketten-Befestigungsrosetten sind je nach der Knopffarbe des Waffenrocks vergoldet oder versilbert. Infanterie, Fußartillerie, Ingenieur- und Pionierkorps sowie Eisenbahntruppen haben flache Schuppenketten mit kreisförmigen Rosetten (auf denen der Grenadier-Regimenter 7 und 8 der Namenszug der Epauletten).
Dragoner, Feldartillerie und Train haben gewölbte Schuppenketten mit ovalen (der Knopffarbe entsprechenden) Rosetten. Die heraufgeschlagenen Schuppenketten müssen fest auf der Schirmnaht aufliegen.
Die heruntergeschlagenen Schuppenketten dürfen nicht bis unter die Kinnbakken reichen und müssen dabei glatt am Gesicht liegen, die Schnalle sitzt dabei in Höhe des linken Unterkiefers. Die Schuppenketten werden unter dem Kinn getragen:
1. bei Paradeaufstellungen, Vorbeimärschen und Besichtigungen von allen Offizieren, die in der Front oder als Vorgesetzte der Truppe in der Paradeaufstellung stehen;
2. von den eingetretenen Offizieren, wenn die Mannschaften bei anderen Gelegenheiten die Schuppenketten unter dem Kinn tragen;
3. von einzelnen Reitern, um das Herunterfallen der Kopfbedeckung zu verhüten.
e) Kokarden, links die betreffende Landeskokarde, rechts die deutsche (Reichskokarde). Das rote Mittelfeld der letzteren muß so groß sein, daß es bei daraufliegender Schuppenkette deutlich sichtbar bleibt.
f) Paradebusch aus weißem oder schwarzem Büffelhaar. Trichter glatt, Nadel (d. h. Befestigungsschraube für den Busch) mit verziertem Knopf. Der Busch schneidet bei den Fußtruppen mit dem oberen Rande der Helmschirme, bei berittenen Truppen mit dem unteren Schirmrande ab.«
Zu bemerken bleibt noch, daß der Augenschirm der Offiziershelme innen grün, der Nackenschirm jedoch innen rot gefüttert war. Wichtiger Bestandteil des Helmes war die Kokarde, die in den einzelnen Ländern unter der rechten Schuppenkette getragen wurde. Nachdem es bereits im Jahre 1848 infolge der Aufstände zu einer kurzfristigen Einführung einer »Bundes-Kokarde« in den Farben Schwarz-Rot-Gold gekommen war, die 1851 wieder abgelegt wurde, waren anläßlich der Reichsgründung in Versailles am 18. 1. 1871 wiederum Bestrebungen im Gange, zusätzlich zu der jeweiligen Landeskokarde eine einheitliche Reichskokarde einzuführen. Die Ansätze verliefen im Sande, und erst im Jahre 1897 erfolgte anläßlich des 100. Geburtstages Kaiser Wilhelms I. am 22. März die Einführung der »Reichskokarde« in den Farben Schwarz-Weiß-Rot, die an die rechte Seite des Helmes trat, während die Landeskokarde nunmehr unter der linken Schuppenkette getragen wurde. *s. Taf. VII*
Den Lederhelm mit Spitze trugen also alle Fußtruppen sowie die Dragoner, die schwere Kavallerie hingegen den Metallhelm mit Spitze, damals auch schlicht »Stahlhelm« genannt. Neben den Kürassieren – Gardes du Corps, Garde-Kürassier-Regiment sowie 8 Linien-Kürassier-Regimenter – haben diesen Metall-

helm auch die Stabswachen und Stabsordonnanzen, die Leibgendarmerie und die seit 1905ff. errichteten Regimenter Jäger zu Pferde getragen.
Die Helmglocke des Offiziershelms wurde je nach Regiment aus Tombak oder meist vernickeltem Stahlblech mit eckigem, zweimal gekehltem Vorderschirm und dreifach geschobenem Nackenschirm gefertigt. Die Garde-Regimenter hatten hierbei als Emblem den farbig emaillierten Gardestern mit Vaterlandsbandeau, während die Linien-Regimenter den gewöhnlichen, heraldischen Adler trugen, der bei einigen Regimentern besonders ausgestaltet war.
Die Schuppenketten waren, wie bei allen Kavallerietruppen, gewölbt und vergoldet, und durch vergoldete, kleeblattförmige Rosetten mittels Schlitzschrauben befestigt. Die Basis der sechskantigen Spitze ruhte auf einem Kleeblatt, das mit einfachen Rundkopfschrauben am Helm befestigt war. Den Spitzenhals umgab ein ringförmiger Wulst, darüber waren seitlich kreuzförmige Lüftungslöcher eingelassen. Die Spitze hatte die Farbe des Helmkörpers, während die übrigen Teile, also die Einfassungen, Nieten und die Spitzenbasis am Tombakhelm versilbert, am weißmetallenen Helm vergoldet waren. Bei den Regimentern Jäger zu Pferde waren diese Teile in der Knopffarbe gefertigt.
Die Kokarden der Metallhelme hatten einen größeren Durchmesser als diejenigen am Lederhelm. Beim Lederhelm betrugen die Maße 5,5 cm, beim Metallhelm 6,5 cm.
Die Garde-Jäger und Garde-Schützen, die Garde-Maschinengewehr-Abteilungen, Telegraphen- und Luftschifferbataillone wie auch die einfachen Jäger- und Maschinengewehrabteilungen trugen als Kopfbedeckung den Tschako.
Dieser Tschako bestand für Offiziere aus schwarzem Leder, der kreisrunde Deckel und die Schirme waren schwarz lackiert, während der Kopfteil zwischen Deckel und Bundriemen mit schwarzem, bei Maschinengewehrabteilungen mit graugrünem Tuch bezogen war. Der Deckel griff mit 1,2 cm nach unten über, der Bundriemen zwischen Kopfteil und Schirmen war 2,5 cm breit. Der Bund mußte genau waagrecht sitzen. Am Kopfteil waren knapp unter dem Deckelrand 2 mit engmaschigen Drahtsieben versehene Lüftungslöcher angebracht. Vorne befand sich unterhalb des Deckelrands ein Einsteckschlitz zur Aufnahme des Feldzeichens sowie des Parade-Haarbusches.
Der Tschako der Mannschaften erhielt nach 1895 die gleiche Form wie der Offiziers-Tschako, während er vorher noch etwas höher gefertigt wurde. Der Kopfteil war ohne Tuchbesatz, der Bundstreifen fiel für Mannschaften 1895 weg. Die Lüftungslöcher des Mannschaftstschakos waren mit schwarzlackierten Blechscheiben geschlossen, in die 7 Löcher gestanzt wurden. Die Garde-Bataillone hatten flache, gelbe Schuppenketten, die übrigen Linien-Bataillone lederne Kinnriemen. Zur Befestigung dienten bis 1892 Schlitzschrauben, danach der Knopf M 91 wie am Helm. Als Emblem trugen die Gardejäger und Gardeschützen sowie das Telegraphen-Batl. Nr. 1 und die Luftschiffer-Bataillone 1–4 den weißmetallenen, für Offiziere emaillierten Gardestern, die übrigen Truppen den Wappenadler.
Die Schuppenketten waren bei allen Bataillonen gelb, die Befestigungsknöpfe bzw. die Offiziersrosetten bei weißen Beschlägen jedoch weiß.

Der Tschako wurde immer mit dem Feldzeichen getragen, eine Landeskokarde wie am Helm gab es am Tschako nicht. Die 1897 eingeführte Reichskokarde wurde an der rechten Schuppenketten- bzw. Kinnriemenhalterung befestigt.

Die Kokarden waren anfang des 19. Jahrhunderts aus lackiertem Leder, Wolle oder – bei Offizieren – aus Seide gefertigt. Da diese Materialien nicht sehr haltbar waren, fertigte man die Kokarden ab dem 27. 10. 1846 aus entsprechend lackiertem Blech. Bei Offizieren wurden die weißen bzw. gelben Ringe stets aus versilberten bzw. vergoldeten Metallringen gefertigt und extra aufgelegt. Die Kokarden an den Mützen waren naturgemäß kleiner, aber entsprechend gearbeitet. Bei den Krätzchen, den Feldmützen der Mannschaften, nähte man die Kokarden auf und befestigte sie nicht mit Splinten.

Die Feldzeichen der Mannschaften waren aus Holz gefertigt und mit Tuch in den entsprechenden Farben überzogen, die der Offiziere dagegen mit gedrehter Silber- bzw. Goldschnur umlegt und im Zentrum mit Samt der entsprechenden Farbe gefüttert und von einer silbernen bzw. goldenen Krauskantille umgeben. Die Rückseiten waren bei Mannschaften mit schwarzem Tuch, bei Offizieren mit schwarzem Samt überzogen. Die Feldzeichen für die Tschakos der Jäger und die Pelzmützen der Husaren hatten einen geraden, aus Draht gefertigten Stiel, diejenigen der Ulanen einen der Wölbung des Tschapkahalses angepaßten Draht.

Die Husaren des deutschen Heeres trugen seit 1850 Pelzmützen. Sie bestand für Mannschaften aus einem zylindrischen, aus Bambusrohr gefertigten Gestell, das mit schwarzem Seehundfell überzogen war. Der Strich des Fells lief hierbei horizontal. Auf dem Mützendeckel wurde der Kolpak, ein je nach Regiment verschiedenfarbiger, aus Tuch genähter Beutel, der mit Draht versteift war, in 3 flachen Hakenbefestigungen eingeklemmt. Die Husaren trugen an der Pelzmütze keine Landeskokarde, sondern ein Feldzeichen, das ähnlich wie beim Tschako vorne eingesteckt wurde. 1897 kam die Reichskokarde unter die rechte Schuppenkettenhalterung.

Alle Husarenregimenter hatten gelbe, gewölbte Schuppenketten, die man bis 1891 mit Schlitzschrauben, danach am Knopf M 91 befestigte. Die Offiziersschuppenketten wurden von Rosetten gehalten. Der Mützenkörper der Offizierspelzmütze bestand meist nur aus gesteiftem Tuch, manchmal auch auf Rohrgeflecht gezogen, und war oben mit einem Deckel aus schwarzem Wachstuch versehen.

Bis 1912 bestand der Bezug aus braunem Otterfell, danach wurde graues Oppussumfell Vorschrift. Die Pelzmützen mit Otterfellbezug durften aber aufgetragen werden, da die Pelzmützen sehr kostspielig waren. Als Ausnahme hatten die Offiziere des braunschweigischen Husaren-Regts. Nr. 17 eine schwarze Bärenfellmütze, die auch nach 1912 nicht geändert wurde.

Die Farbe des Kolpaks war je nach Regiment verschieden, ebenso die Metallfarbe des Vaterland-Bandeaus. Das Leib-Garde-Husaren Regiment trug als Emblem den gelben Gardestern, bei Offizieren versilbert und emailliert, die beiden Leib-Husaren Regimenter einen weißmetallenen Totenkopf, darüber ein abweichend geformtes Vaterlands-Bandeau.

Gegen das Hinunterfallen war die Pelzmütze mit einer Fangschnur gesichert, die zu Pferde und zu Fuß, sofern die Schuppenketten herabgeschlagen getragen wurden, um den Hals getragen wurde. Bei anderen Gelegenheiten trug man die Fangschnur gerollt, an der Mütze hängend. Zur Pelzmütze gehörte immer das Feldzeichen, über das die heraufgeschlagenen Schuppenketten gehängt wurden. Beim Leib-Garde-Husaren-Regiment wurde zur Parade ein besonderer Gala-Behang an der Mütze getragen, der aus einer Doppelschnur mit 2 geflochtenen Spiegeln und 3 offenen Quasten bestand, wobei der eine Quast über den Spiegeln saß, die beiden anderen darunter. Die Fangschnüre der Mannschaften und Unteroffiziere bestanden aus weißer Wolle, letztere hatten farbige Durchzüge in den jeweiligen Landesfarben. Als Ausnahme war die Fangschnur für Mannschaften und Unteroffiziere des braunschweigischen Husaren-Regts. Nr. 17 ganz gelb. Die Offiziersfangschnüre waren aus silberner Rundschnur und hatten die Landesfarben aus Seidenfäden, in Preußen schwarz, Braunschweig blau und Sachsen grün.

Der Paradebusch wurde im Feldzeichenschlitz befestigt. Für Mannschaften war er aus weißem Roßhaar, Unteroffiziere hatten eine Wurzel am Busch in der Landesfarbe. Bis 1903 wurden die Büsche nach rechts herabfallend getragen, danach stehend. Die Trompeter trugen immer rote Büsche.

Die Paradebüsche der Offiziere bestanden bei den Leib-Garde-Husaren sowie den Regimentern 1, 2 und 7 wie auch den sächsischen Regimentern 18 und 19 und dem braunschweigischen Regiment Nr. 17 aus Reiherfedern mit Manschetten aus schwarzen bzw. grünen Straußenfedern. Beim Regt. 17 war die Manschette zunächst aus blauen, dann schwarzen Geierfedern gefertigt. Die vier preußischen Regimenter hatten für die Reiherbüsche tulpenförmige Halter mit Steckern aus versilbertem Metall.

Beim braunschweigischen Regt. war der Halter strahlenförmig und vergoldet. Für die übrigen Linien-Regimenter bestand der Offiziers-Paradestutz aus weißen Geierfedern mit einer Manschette glatter, schwarzer Federn und einem einfachen Stiel aus versilbertem Draht. Die Reiherbüsche maßen stattliche 35 cm, die Geierbüsche hingegen nur 23 cm.

Die eigenartigste Kopfbedeckung der deutschen Kavallerie war der Tschapka der Ulanen, der auf die Kopfbedeckungen der osteuropäischen Lanzenreiter zurückzuführen ist. Der Tschapka war aus Leder gefertigt und setzte sich aus dem Kopfteil sowie dem Hals mit dem quadratischen Deckel zusammen. Dieser ganze Korpus bestand entweder aus einem Stück gepreßten Leders oder aus 4 aneinandergenähten Teilen. Die Metallschiene und das Emblem waren immer je nach der Knopffarbe vergoldet oder versilbert. An der hinteren rechten Ecke saß bei Offizieren ein versilberter Haken zum Einhängen der Fangschnur, während die Mannschaften stattdessen einen hölzernen, in einer Lederschlaufe beweglichen Knebel hatten. Die Schuppenketten waren gewölbt und bei allen Regimentern gelb bzw. vergoldet.

Die preußischen Garde-Ulanen hatten den Gardeadler mit Gardestern als Emblem, während die Linie einerseits den etwas kleineren Adler der Infanterie trug, andererseits bei bestimmten Regimentern besondere Auszeichnungen am Emblem hatte.
Der Tschapka wurde immer mit dem Feldzeichen in den entsprechenden Landesfarben getragen. Das Feldzeichen wurde in einen Schlitz in der Mitte der linken Deckel-Vorderkante gesteckt. Außer in Preußen gab es noch in Bayern, Sachsen und Württemberg Ulanen, die nach dem gleichen Muster gekleidet waren, jedoch mit landeshoheitlich bedingten Abweichungen.
Auch der Tschapka hatte eine Fangschnur, die bei Mannschaften aus einer weißwollenen Kantschnur mit 3 losen und 3 festen Schiebern sowie zwei halben Spiegeln mit daran befestigten Fransen bestand. Bei Unteroffizieren war die Fangschnur entsprechend der Landesfarbe durchzogen. Das gleiche galt für die aus Silberfäden gefertigten Fangschnüre der Offiziere.
Während der Tschapka zum Dienst immer mit Feldzeichen und Fangschnur getragen wurde, kamen zu Paraden noch der Paradebusch und die Parade-Rabatte hinzu.
Der Paradebusch wurde mittels eines aus Draht gefertigten Halters mit in den Feldzeichenschlitz hineingesteckt. Der Busch war für Mannschaften aus weißen Roßhaaren, für Unteroffiziere mit einer Wurzel in den Landesfarben, für Offiziere aus Büffelhaaren und den entsprechenden Farbwurzeln gefertigt. Eine Ausnahme bildeten hierbei die sächsischen Regimenter Nr. 17, 18 und 21, die immer nur ganz weiße Büsche ohne grüne Wurzel hatten. Trompeter trugen rote Büsche.
Die aus vier Teilen genähte Rabatte wurde zur Parade um den Tschapkahals gelegt, die Farben je nach Regiment verschieden. Die vier Nähte waren mit der entsprechenden Kantschnur besetzt, bei Mannschaften und Unteroffizieren aus Wolle, bei Offizieren aus Silber. Die oberen, geraden Kanten der Rabatte hatten je nach Knopffarbe eine weiße oder gelbe, bei Offizieren eine silberne oder goldene Einfassung. Die Kantschnur bildete an der rechten hinteren Ecke, unter dem Fangschnurhaken, eine Öse, durch die die Fangschnur gezogen wurde.
Als besondere Auszeichnung war die Rabatte beim preußischen Ulanen-Regt. 3 unten durch eine 3,8 cm breite, goldene, gemusterte Tresse verlängert, die den oberen Kopfteil des Tschapkas zusätzlich bedeckte.
Der Tschapka wurde immer schief nach rechts getragen, so daß der Augenschirm die rechte Augenbraue bedeckte. Diese Trageweise sollte den erheblichen Zug nach links, den der Tschapka durch das Gewicht des Paradebusches hatte, ausgleichen.

## Die Grenadier-(Füsilier-)Parademütze des 1. Garde-Regiments zu Fuß

Dieses Regiment hatte bereits seit 1824 Grenadier-Mützen nach russischem Vorbild getragen, die am 9.2.1894 an das Kaiser-Alexander-Garde-Grenadier-Regiment abgegeben wurden (Beschreibung siehe dort). Daher bekam das 1. Garde-Regt. z. F. neue Mützen, die denjenigen der einst unter Friedrich dem Großen vom Regiment Garde getragenen nachgebildet waren.
Der Mützenbeutel bestand für das I. und II. Bataillon aus ponceaurotem und beim III. (= Füsilier-)Bataillon aus zitronengelbem Tuch. Vorne befand sich ein nach oben spitz auslaufendes Metallschild aus Silberblech mit mattsilberner Prägung: in der Mitte der fliegende friederizianische Adler und darüber für die beiden Grenadier-Bataillone das Devisenband mit der Inschrift »SEMPER TALIS«. Für das Füsilier-Bataillon lautete das Motto: »PRO GLORIA ET PATRIA«. Unterhalb der Spitze befand sich die Königskrone, am unteren Rande in der Mitte der königliche Namenszug »FR«. Das ganze Blech war mit Kriegstrophäen und Rokokodekor reich verziert.
Der Kopfteil bestand an den Seiten und hinten ebenfalls aus geprägtem versilbertem Blech und drei dreiflammigen Granaten auf Netzwerk-Kartuschen. Über diesem ca. 10 cm hohen Kopfteil begann 3passig der Bortenbesatz zur Mützenspitze. Diese Borten waren bei Mannschaften aus weißer Wolle, bei Offizieren aus zweimal schwarz durchzogener Silbertresse wie beim Schieber der Epauletten.
Das Innenfuttter entsprach für Mannschaften und Offiziere dem vom Helm her bekannten Muster.
Da die Mützen zunächst ohne Schuppenketten getragen wurden und deshalb leicht vom Kopfe stürzten, erfolgte 1896 die Einführung von flachen versilberten Schuppenketten, die am Knopf M 91 befestigt wurden. Dabei ist interessant zu bemerken, daß die Mannschaftsmützen ohne Schuppenketten auf Kammer standen, da bei Paraden die Schuppenkette vom Lederhelm verwendet wurde. Es ist also nicht weiter verwunderlich, wenn heute die Mützen meistens keine Schuppenketten mehr haben.
Die Mannschaftsmützen hatten beim I. und II. Bataillon weißwollene Puschel mit roter, beim III. Bataillon mit gelber Füllung. Für Musiker waren die Puschel ganz rot. Das sog. Feldzeichen der Offiziere war für alle Bataillone einheitlich birnenförmig und bestand aus einem Holzkern, der mit einer silbernen Krauskantille umlegt war. Zur Befestigung der Puschel diente eine Drahtgabel zum Einstecken. Die Mützen waren ohne Puschel 28 cm hoch.

# Die Grenadier-(Füsilier-)Mützen des Kaiser-Alexander-Garde-Grenadier-Regiments

Wie schon erwähnt, wurden die Grenadiermützen des alten Modells 1894 an das Kaiser-Alexander-Garde-Grenadier-Regiment abgegeben. Dabei fiel das auf dem Mützenblech ursprünglich befindliche »SEMPER-TALIS«-Band fort, da diese Devise dem 1. Garde-Regiment vorbehalten war. Daher findet man immer wieder Mützen, die oberhalb des Emblems 2 Löcher im Stirnblech aufweisen. Hierbei handelt es sich also um Stücke der älteren Fertigung.
Die Mütze entsprach im allgemeinen formmäßig der oben beschriebenen, hatte jedoch folgende Abweichungen:
Der Kopfteil, bei allen 3 Bataillonen aus ponceaurotem Tuch gefertigt, war innen mit Pappe zusätzlich versteift. Das Stirnschild bestand aus gelbem Messingblech, in das der Gardestern und darüber die Königskrone geprägt war. Bei Offizieren war das Blech vergoldet, und der Stern sowie die Krone aus mattversilbertem Blech extra aufgelegt, das Mittelstück des Gardesternes bunt emailliert. Die Seiten und der hintere Kopfteil waren mit weißem Tuch besetzt, und oben rundum mit weißer Borte eingefaßt, so auch die Beutelnähte. Bei Offizieren bestand diese Borte aus silberner Epaulettschiebertresse.
Auf den Seiten und hinten befand sich jeweils eine einflammige Granate, beim Füsilierbataillon jedoch jeweils der Wappenadler. Die Schuppenketten waren gewölbt und aus gelbem bzw. vergoldeten Metall gefertigt und bei den Mützen des I. und II. Bataillons mittels der seitlichen Granaten, beim III. Bataillon mit besonderen Schrauben unterhalb des Wappenadlers befestigt.
Der Puschel der Mannschaften und Unteroffiziere bestand aus weißer, innen schwarz gefüllter Wolle, das »Feldzeichen« der Offiziere war ein oben mit schwarzer Samtfüllung geschlossener Quast aus silberner Kantillenschnur mit beketteltem Stengel. Zur Befestigung diente ein Drahtstecker.
Die Mützen der beiden Grenadierbataillone waren 30 cm hoch, die Mützen des Füsilierbataillons maßen nur 26 cm.
Das Innenfutter entsprach dem jeweils üblichen, vom Helm her bekannten Muster. An allen Grenadiermützen wurden niemals Kokarden getragen.

Wie schon erwähnt, hatten die deutschen Länder bei der Gründung des Deutschen Reiches 1871 allgemein den Helm mit Spitze eingeführt. Eine Ausnahme bildete die Kgl. Bayer. Armee, in der immer noch der Raupenhelm in seinem letzten elegantesten Modell von 1868 getragen wurde. Erst nach dem Tode König Ludwigs II. (13. 6. 1886) wurde in Bayern ebenfalls der Helm mit Spitze eingeführt, jedoch hatte hier zunächst für alle Offiziere und Mannschaften aller Truppenteile der Helm mit eckigem Augenschirm und gekehlter Spitze auf Kreuzblatt-Basis Geltung. Erst mit Einführung eines neuen Modells für die Mannschaften der Fußtruppen im Jahre 1896 bekam der Mannschaftshelm den runden Augenschirm und die kürzere, glatte Spitze auf einem Teller als Basis. Der Offiziershelm wie auch die Helme der übrigen Truppenteile blieben unverändert.

Die bayerischen Infanterie-Regimenter, einschließlich des Infanterie-Leib-Regiments, hatten keine Haarbüsche. Die Cheveaulegers (leichte Kavallerie) und die Schweren Reiter legten zur Parade weiße Haarbüsche an, während bei den Train-Bataillonen schwarze und bei der Feld-Artillerie rote Haarbüsche getragen wurden.
Die bayerischen Ulanen waren entsprechend dem preußischen Muster uniformiert, Husaren gab es seit 1821 nicht mehr, auch die Kürassierwaffe wurde 1879 endgültig aufgelöst.
Die Truppen des Königreichs Württemberg behielten sich gewisse Eigenheiten am Helm vor. So trugen hier die Fußtruppen-Offiziere die glatte Spitze auf einer Kreuzblattbasis, den Helm mit eckigem Augenschirm, während die Mannschaften seit 1871 den Helm nach preußischer Vorschrift, nur mit dem württembergischen Wappen, trugen.
Das Großherzogtum Baden hatte sich bereits 1866 vollständig der preußischen Militärhoheit unterstellt, seine Regimenter in der preußischen Numerierung als großherzogl. Badisches Kontingent integriert und ihre Helmausstattung derjenigen der preußischen Truppenteile vollständig angeglichen, nur trugen sie als Helmwappen den badischen Greif, sowie eine Landeskokarde.
Das großherzogl. Hessische Kontingent war ebenfalls seit 1866 der preußischen Armee angegliedert und wurde in der preußischen Rangliste geführt. Die Helme der hessischen Truppen wiesen etliche Eigenheiten auf: Alle Truppenteile, auch die Offiziere, trugen einen Helm mit rundem Vorderschirm, Mannschaften und Offiziere Kreuzblattbeschlag mit gekehlter Spitze besonderer Form. Beim Offiziershelm war am Spitzenhals keine Perlschnur, sondern ein glatter Wulst wie bei den Mannschaften angebracht. Mit Ausnahme des Leib-Garde-Inf.-Regts. Nr. 115 hatten die Offiziere das Kreuzblatt nicht mit Sternschrauben, sondern mit Rundkopfschrauben befestigt. Zu bemerken ist, daß der Kreuzblattbeschlag ohne Randbördelung gefertigt war. Einige Regimenter trugen Paradebüsche, wobei die Infanterie und Kavallerie jeweils leicht unterschiedliche Trichter für die Büsche benutzten. Am Helm seit 1897 die Reichskokarde sowie eine eigene Landeskokarde.
Die Truppen der sächsischen bzw. thüringischen Kleinstaaten trugen den preußischen Helm, z. T. mit eigenen Landeskokarden. Bei bestimmten thüringischen Regimentern war auf dem preußischen Adler das »Fuerst«-Bandeau und ein besonderer Wappenstern angebracht.
Das Königreich Sachsen stellte den drittgrößten Anteil des deutschen Heeres. Nach 1871 glich sich die Uniformierung nach und nach dem preußischen Muster an, jedoch galten auch hier gewisse Eigenheiten.
Der Augenschirm der Offiziershelme war zwar aufgrund der Vorschrift rund, jedoch entwickelte sich im Laufe der Zeit eine ganz typische sächsische Augenschirmform, ein Mittelding zwischen rund und eckig. Die Garde-Reiter und die Karabiniers, beides Schwere Regimenter, hatten seit 1867 bis 1875 den Bügelhelm mit Webpelzraupe und erhielten dann den Kürassierhelm preußischen Musters aus Tombak. Seit 1907 trug der Garde-Reiter zur Parade einen besonderen, aufgeschraubten versilberten Löwen, während die Karabiniers den

*Preußen, Mannschaftshelm der Leibgendarmerie,*
*Modell 1889/94, mit Paradeadler (Sammlung W. Schulze v. Mertschinsky, Frankfurt/Main)*

Haarbusch zur Parade beibehielten. Der sächsische Wappenstern hatte als Helmemblem keine Devise, auch das Reservekreuz wies keinen Wahlspruch auf.

Die Unteroffiziere und Mannschaften des deutschen Heeres erhielten ihre Bekleidungs- und Ausrüstungsstücke vom Staat gestellt. Sie waren gestempelt und wurden von den Beschaffungsämtern ausgegeben. Diese Kammerstempel wiesen meistens die Angabe des Beschaffungsamts, z. B. »BAG« = »Beschaffungs-Amt Garde«, die Jahreszahl, die das Fertigungsjahr des Bekleidungsstücks angab sowie den Truppenteilstempel auf. Daneben wurde in römischen Ziffern die »Garnitur« angegeben. »I« Garnitur waren diejenigen Stücke, die nur zur Parade getragen werden durften. Die »IV« oder »V« Garnitur war nur noch zum täglichen Dienst gedacht. Im Gegensatz zur vorgeschriebenen Tragezeit war die Haltbarkeit der Bekleidungsstücke teilweise außerordentlich hoch. Die Stoffqualität derjenigen Waffenröcke, die sich bis heute erhalten haben, beweist das. Der Waffenrock – vorgeschriebene Tragezeit als I. Garnitur bei der Infanterie 2 Jahre – war unten einfach abgeschnitten. Man brauchte ihn aufgrund der guten Qualität nicht zu säumen. Lederhelme hatten eine Tragezeit von 8 Jahren, Metallhelme der Kürassiere von zunächst 40 Jahren, die jedoch später auf 20 Jahre reduziert wurde. Der neusilberne Paradeadler der Gardes du Corps und der Gardekürassiere sollte 96 Jahre halten, da er nur höchstens 5–6 mal im Jahr getragen wurde.

Neben diesen sogenannten »Kammerstücken« hatten die Mannschaften, Unteroffiziere und natürlich die Fähnriche die Erlaubnis, aus eigenen Mitteln Bekleidungsstücke zu erwerben, die von besserer Qualität als die Kammerstücke sein durften. Es war jedoch nur außerhalb des Dienstes gestattet, diese eigenen Monturstücke zu tragen. Dazu ein Beispiel aus dem Preiskatalog für Einjährig-Freiwillige, Unteroffiziere etc. sämtlicher Truppenteile der Fa. Wilhelm Voigt, Magdeburg, von 1908 auf S. 51.

Die Eigentumsstücke der Unteroffiziere, Mannschaften und Einjährig-Freiwilligen wichen oft erheblich von den genehmigten Mustern ab. Da der Mann bzw. der Einjährig-Freiwillige oder auch schon der Fähnrich voller Stolz auf seinen Stand versuchte, sein Äußeres der Offiziersbekleidung weitgehend anzupassen, finden sich immer wieder Helme, deren Material leichtes, feines Lackleder ist, die Beschläge vergoldet, die Krone auf dem Adler wie bei Offizieren durchbrochen gearbeitet und der Spitzenhals mit Perlschnur versehen. Die Helmspitzen waren oft höher als diejenigen der Offiziere, manchmal nicht mehr glatt, sondern schon mit der ringförmig gravierten Verzierung der Offiziersspitzen versehen. Ebenso entsprachen die Kokarden oft denjenigen der Offiziere. Der Teller war schon mit Sternschrauben befestigt, die Schuppenketten wurden nicht mehr mit dem Knopf M 91, sondern schon mit den Offiziersrosetten festgehalten. Auch das Innenfutter wurde gerne wie bei den Offizieren aus Seide getragen, die Vorderschirme grün und die Hinterschirme rot gefuttert. Bei aller Freizügigkeit wurde bei den Eigentumsstücken ein Detail immer nach Vorschrift für Mannschaften gefertigt. Das war meist anstelle von

Sternschrauben am Teller die Rundkopf- oder »Buckelschrauben« oder auch ein glatter Wulst am Spitzenhals statt des Perlrings usw.

Bei Fähnrichen ist außerdem zu bedenken, daß sie Offiziersanwärter waren, also bald mit ihrem Patent rechnen konnten. Aus Kostengründen wählte man daher einen eigenen Helm, den man ohne große Veränderungen zu einem reinen Offiziershelm »umbauen« konnte.

Alle Offiziere des deutschen Heeres mußten sich ihre Bekleidungs- und Ausrüstungsstücke selber beschaffen. Da die Finanzkraft der einzelnen Offiziere ihrer sozialen Herkunft entsprechend mehr oder minder stark war, gab es die einzelnen Uniformstücke usw. in verschiedenen Qualitäten. So konnte man den normalen preußischen Infanterie-Offiziershelm in 3 Qualitäten (II, I und Ia genannt) erwerben. Der Preis schwankte entsprechend zwischen 17,50 Mark und 23,50 Mark.

Der bekannte Spruch »Schulden wie ein Major« hat seinen berechtigten Ursprung in der reicher ausgestatteten Uniform der Stabsoffiziere, deren niedrigster Rang der Major war. Mit Erreichen dieses Dienstgrads mußten neue, teure Epauletten und Achselstücke angeschafft werden. Die komplette Bekleidung

*s. Taf. VIII*

und Ausrüstung eines Stabsoffizieres des braunschweigischen Husaren-Regts. Nr. 17 belief sich immerhin auf rd. 1200,– Goldmark. An dieser ungeheuren Summe hatte ein durchschnittlich bemittelter Offizier einige Jahre zu zahlen. Nicht umsonst gewährten die damaligen Hersteller bei Barzahlung innerhalb von 30 Tagen bis zu 12% und bei Bezahlung innerhalb von 3 Monaten immerhin noch 5% Rabatt.

Die Silber- und Goldstickereien der damaligen Uniformen waren sehr teuer, auch bestand schon das Problem des Nachdunkelns. In alten Preiskatalogen wird deshalb ganz besonders auf die »Wiederherstellung getragener, unansehnlich gewordener Gold- und Silberwaren wie Achselbänder, Geflechte, Achselstücke, Schärpen, Fangschnüre, Bandeliere, Tressen, Stickereien, Attilabesätze usw.« hingewiesen. Diese damals »durch Versilberung bzw. Vergoldung« erfolgte Auffrischung gedunkelter Stücke muß inzwischen zu einer verschollenen Kunstfertigkeit des Gewerbes gehören. Heute sehen sich entsprechende Firmen offensichtlich außerstande, derartige Arbeiten noch auszuführen, sehr zum Leidwesen der Sammler, die die guten Stücke möglichst in den Glanz originaler Schönheit zurückverwandelt sehen möchten.

Auch heute findet man manchmal noch Schärpen oder Epauletten mit losen oder starren Kantillen, die wie neu glänzen, weil man sie in den letzten 60 Jahren im Originalkarton, verpackt in dem damals verwendeten »chlorfreien Seidenpapier« oder auch Stanniol (Zinnfolie), beließ. Man tut gut daran, diese gut erhaltenen Stücke möglichst im Karton zu lassen, da sie sonst in kürzester Zeit nachdunkeln.

| Lfd. Nr. | | PREISE Brutto Mk. | Pf. | nach Abzug von 12 % Netto Mk. | Pf. |
|---|---|---|---|---|---|
| 189 | **Reithose** v. Diensttuch m. Kalblederbes. | 27 | — | **23** | **76** |
| 190 | v. schwarz. Trikot m. Kalblederbes. | 43 | — | **37** | **84** |
| 191 | „ „ „ „ Wildlederbes. | 49 | — | **43** | **12** |
| 192 | **Dienst-Drellrock** . . . . . . . . | 10 | 75 | **9** | **46** |
| 193 | „ **-Drellhose** . . . . . . . . | 9 | — | **7** | **92** |
| 194 | „ **-Dreljacke** . . . . . . . . | 6 | 75 | **5** | **94** |
| | C. **Extra-Ausrüstungs-stücke.** | | | | |
| 195 | **Helm,** vergoldet mit seidenem Futter | 21 | 50 | **18** | **92** |
| 196 | stark vergoldet mit seidenem Futter | 26 | 50 | **23** | **32** |
| 197 | für Gardeadler **mehr** . . . . | 2 | 50 | **2** | **20** |
| 198 | **Rosshaarbusch,** schwarz . . . . | 3 | 50 | **3** | **08** |
| 199 | weiss . . . . . . . . . . . | 4 | 50 | **3** | **96** |
| 200 | **echter Büffelbusch,** schwarz . . . | 18 | — | **15** | **84** |
| 201 | weiss . . . . . . . . . . . | 22 | 50 | **19** | **80** |
| 202 | **Buschaufsatz,** vergoldet . . . . . | 3 | 50 | **3** | **08** |
| 203 | **Mütze,** mit Seide gefüttert . . . . | 6 | — | **5** | **28** |
| | bis | 6 | 50 | **5** | **72** |
| 204 | **Stahlkorbsäbel,** fein vernickelt mit | 18 | — | **15** | **84** |
| 205 | damaszierter Klinge, je nach Breite | 21 | — | **18** | **48** |
| 206 | und Ausführung . . . . . . . | 23 | — | **20** | **24** |
| 207 | mit einfachem Scharnier **mehr** . | 2 | — | **1** | **76** |
| 208 | „ doppeltem Scharnier **mehr** . | 3 | — | **2** | **64** |
| 209 | **Löwenkopfsäbel** mit vergold. Gefäss, | 22 | — | **19** | **36** |
| 210 | vernick. Klinge und Scheide, je | 24 | — | **21** | **12** |
| 211 | nach Breite . . . . . . . . | 27 | — | **23** | **76** |
| 212 | **Parderkopfsäbel** mit vergold. Gefäss, | 35 | — | **30** | **80** |
| 213 | vernick. Klinge und Scheide, je | 40 | — | **35** | **20** |
| 214 | nach Ausführung . . . . . . | 45 | — | **39** | **60** |

*12 Faksimile Ausstattungsliste Fa. Voigt, Magdeburg*

*13 Preußen, Generalshelm nach 1897. Mit weiß-schwarzem Hahnenfeder-Paradebusch, sämtliche Beschläge vergoldet, Gardestern jedoch versilbert. Schuppenketten bei Generalen immer gewölbt, auch bei denjenigen der Fußtruppen. Die Generale des badischen Kontingents sowie derjenigen Kontingentstruppen, die im Helmadler das »*FUERST*«-Bandeau trugen, führten dieses Bandeau auch auf dem Generals-Adler.*

## Die Generalität

Die Generale des deutschen Heeres besaßen sowohl eine besondere Uniform als auch eine eigene Kopfbedeckung. Im allgemeinen war das der Helm mit Spitze, im Königreich Bayern jedoch bis 1902 der Hut (Zweispitz).
Die preußischen Generale sowie die Generale des badischen Kontingents trugen den Generalshelm des Modells 1871 – vergoldete Beschläge, Gardeadler mit emailliertem Gardestern, eckiger Vorderschirm, konvexe Schuppenketten – zum Dienst mit 6fach gekehlter Spitze, zur Parade mit weißem, innen schwarzem Hahnenfederbusch.
Federbüsche gab es in verschiedenen Qualitäten, als beste den Federbusch aus echten Kapaunenfedern.
Die Generale des Großherzogtums Mecklenburg-Schwerin hatten den Helm mit silbernen Beschlägen und gewölbten Schuppenketten, das Kreuzblatt mit vergoldeten Sternschrauben befestigt. Als Emblem die vergoldete Sonne mit dem silbernen, bunt emaillierten Stern des Ordens der Wendischen Krone. Zur Parade ein Federbusch aus weißen, innen blauen Hahnenfedern.
Die Generale des Großherzogtums Baden tragen den normalen preußischen Generalshelm, das Vaterlandsbandeau mit »Fuerst«, zur Parade weißen, innen schwarzen Federbusch preußischen Musters. Die Großherzöge und die Prinzen von Zähringen hatten einen besonderen Generalshelm, der in der Form dem Offiziershelm des Leib-Grenadier-Reg. Nr. 109 entsprach, jedoch mit vergoldeten Beschlägen und vergoldeten gewölbten Schuppenketten. Zur Parade wurde ein weißer, innen rot und gelb gefüllter Federbusch getragen.
Die Generale des Großherzogtums Hessen hatten den Helm mit rundem Vorderschirm, der im übrigen auch dem Offiziershelm des Leib-Garde-Infanterie-Regt. Nr. 115 entsprach, Beschläge durchweg vergoldet, Schuppen-

*14 Königreich Sachsen, General in Paradeuniform, ca. 1900*

*15 Württemberg, Generalshelm in der Form ab 1897*

*16 Bayern, Generalshelm M 1914, Dienst*

ketten gewölbt. Zum Paradeanzug gehörte ein Busch aus weißen, innen roten Hahnenfedern.

Die kgl. sächsischen Generale trugen den Helm in Form des Inf.-Offiziershelms mit rundem Teller, aber sechsfach gekehlter Spitze und gewölbten Schuppenketten. Als Emblem den etwas größeren goldenen Stern, darauf den silbernen Stern des Hausordens der Rautenkrone mit dem emaillierten Reversmedaillon des Militär-St.-Heinrichs-Ordens, sowie einen weißen Paradebusch aus Geierfedern.

Für die kgl. württembergischen Generale entsprach der Helm formmäßig demjenigen der Inf.-Offiziere, jedoch mit sechsfach gekehlter Spitze und gewölbten Schuppenketten. Auf dem Emblem saß der silberne, bunt emaillierte Stern des württembergischen Kronenordens. Zur Parade wurde ein weißer, innen schwarz-roter Federbusch getragen.

Die Generale der kgl. bayerischen Armee hatten bis 1902 als Kopfbedeckung den Zweispitz, der zur Parade mit einem weiß-blauen Federbusch getragen wurde. Die Sternschleife auf dem Hut war dabei für Generale silbern, für Generaladjudanten golden.

*s. Taf. II*

Im Jahre 1902 wurde der Helm mit Spitze für Generale eingeführt. Er entsprach in allen Teilen dem Kavallerieoffiziershelm wie er z. B. bei den Chevaulegers-Regimentern getragen wurde, ließ sich also im Dienst nicht unterscheiden. Zur Parade wurde ein weißer, innen blauer Federbusch getragen. Erst im Februar 1914 erfolgte die Einführung des farbig emaillierten Mittelstücks. Helmbeschläge bei Generalen durchweg versilbert, bei Generalstab und Generaladjutanten vergoldet.

*17 Preußen, Mannschaftsmütze der Schloßgarde-Kompanie bis 1896*

*18 Bayern, Hartschier-Helm mit Löwen zum Großgala-Anzug*

## Leibgarden

Bis 1889 war der Helm der Leibgendarmerie vom normalen Kürassierhelm nur durch den neusilbernen Gardestern zu unterscheiden. Das neue Modell besaß spitz zulaufend geformte Schirme. Zum gewöhnlichen Dienst wurde die Spitze getragen, die zu Paraden mit einem vergoldeten, schreitenden Adler vertauscht wurde. Bis 1894 waren die Schuppenketten mit Schlitzschrauben, danach am Knopf M 94 befestigt.
Die Schloßgarde-Kompanie trug zur Parade bis 1896 Grenadiermützen wie das Kaiser Alexander Garde-Grenadier-Regt., wobei jedoch alle Metallteile wie Schild, Emblem, Schuppenketten und Granaten weiß waren. Ab 1896 erhielt die Schloßgarde-Kompanie neue Mützen, die denjenigen des Füsilier-Bataillons des 1. Garde-Regts. entsprachen, also gelbe statt vorher rote Beutel hatten.
Der Metallhelm der kgl. bayerischen Leibgarde der Hartschiere wurde 1852 eingeführt und blieb bis 1919 unverändert. Den Löwen trug man nur zum Großgala-Anzug, ansonsten wurde ein weißer Roßhaarbusch aufgeschraubt. Der Helm der Offiziere unterschied sich nicht von dem der Mannschaften. Die vergoldeten Teile waren lediglich von feinerer Qualität, die Büsche der Offiziere aus Büffelhaar. Jeder Mannschaftshelm trug im Inneren eine Nummer.

*19 Grenadiermütze des I. u. II. Batl. des 1. Garde-Regts. zu Fuß*

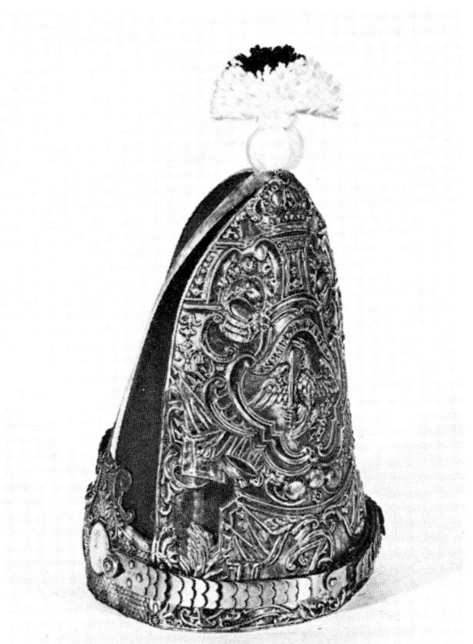

*20 Grenadier-Offiziersmütze I. oder II. Batl./1. GRzF*

*21 Offiziershelm Stab u. I. Batl./ 1. GRzF (ab 1893)*

## Garde-Infanterie

Die preußische Garde-Inf. trug den Helm mit Gardeadler und aufgelegtem, weißmetallenem, bei Offizieren versilbertem und emailliertem Gardestern. Das 1. Garde-Reg. zu Fuß hatte durchweg weiße Helmbeschläge, als einziges preußisches Regiment auch weiße Schuppenketten. Die Garde-Reg. 2–4 und die Garde-Grenadier-Regimenter trugen Helme mit gelben Beschlägen, das

*22 Offiziershelm der Garde-Infanterie*

*23 Reserve-Offiziershelm der Garde-Inf., mit Paradebusch. Helmadler dabei ohne Vaterlandsbandeau, Reservekreuz unterhalb des Sterns.*

*24 Mannschaftshelm der Garde-Inf., mit Paradebusch. Form des Buschtrichters, der sog. »Nadel« ab 1895. Vorher hatten auch die Mannschaften den Buschtrichter in der gleichen Form wie die Offiziere.*

5. Garde-Regt. zu Fuß sowie das Garde-Füsilier Regt. wieder weiße Beschläge, jedoch mit gelben Schuppenketten.
Alle Garde-Infanterie Reg. hatten Paradebüsche, die beim I. und II. Bataillon weiß, beim Füsilier-Bataillon (so wurden die III. Bataillone bei der Garde genannt) schwarz waren. Für das Garde-Füsilier Regiment waren die Büsche aller 3 Bataillone schwarz.
Reserve-Offiziere der Garde-Inf. trugen den Adler ohne Vaterlandsbandeau,

*25 Kaiser Alexander Garde-Grenadier-Regt., Mannschafts-Grenadiermütze des alten Modells 1824, mit 1894 entferntem Bandeau, an den verbliebenen Löchern zu erkennen.*

*26 Mannschaftsmütze des KAGGR neuer Fertigung. Ausführung für das Füsilier-Batl. Zu beachten ist hierbei die abweichende Pyramidenform des Beutels sowie der abgeplattete Gipfel. Deutlich zu sehen sind außerdem die Adler am Bund.*

*27 Offiziersmütze des I. u. II. Batl. KAGGR. Das »Feldzeichen« bestand aus Silberbouillons, oben mit schwarzsamtener Füllung. Der Gardestern war bunt emailliert.*

dazu das Reservekreuz immer in der gegensätzlichen Metallfarbe unterhalb des Gardesterns. Die Garde-Landwehr-Offiziere legten den emaillierten Gardestern ab und bekamen einen einfachen, geprägten Metallstern mit darauf aufgelegtem Kreuz. Emblem und Kreuz hatten hierbei immer die gleiche Metallfarbe, während der Stern die konträre Metallfarbe aufwies.
Das Vaterlandsbandeau, das auf dem Adler fortfiel, wurde auf dem Reservekreuz eingeprägt.

*28 Offiziershelm des 1. Garde-Landwehr Regts. (gekehlte Spitze!)*

*29 Offiziershelm der übrigen Garde-Landwehr-Regter.*

## Grenadiere

Die 12 ältesten Regimenter der preußischen Linien-Inf. erhielten 1860 die Bezeichnung »Grenadier-Regimenter« und durften zur Parade schwarze Haarbüsche führen. Außerdem wurden einzelne Regimenter durch Auszeichnungsbandeaus bzw. Jahreszahlen am Helmadler ausgezeichnet. Ab 1897 erfolgte schrittweise die Einführung eines besonderen Grenadier-Adlers, d.h. eines Garde-Adlers ohne Stern. Hierbei ist zu beachten, daß das Schwert des Garde-Adlers der Garde-Inf. eine eckige Parierstange hatte, während die Parierstange beim Schwert des neuen Grenadier-Adlers eine geschwungene Form aufwies. Alle Grenadier-Reg. hatten durchwegs vergoldete Beschläge und – wie die übrige Infanterie – flache Schuppenketten.

Schon bei der Einführung der »Pickelhaube« im Jahre 1842 bekamen alle 12 Linien-Grenadier-Reg. den heraldischen Adler mit dem besonderen Medaillon »FWR« auf der Brust, wie er zuletzt noch beim Grenadier-Regt. Nr. 11 (bis 28. 8. 1913) getragen wurde.

Das Grenadier-Reg. Kronprinz (1. Ostpreußisches) Nr. 1 hatte ursprünglich ein Helmband mit der Jahreszahl »1819«, die im Jahre 1888 gegen die richtiggestellte Jahreszahl »1655« ausgetauscht wurde.

Das Grenadier-Reg. König Friedrich der Große (3. Ostpreußisches) Nr. 4 erhielt 1888 ein Jahreszahl-Bandeau »1626«.

Das Grenadier-Reg. König Wilhelm I. (2. Westpreußisches) Nr. 7 hatte seit 1875 den Namenszug »WR« auf den Schuppenketten-Rosetten und bekam zum

*30 Offiziershelm der Linien-Grenadier-Regter., mit Reichskokarde rechts, seit 1897*

*31 Reserve-Offiziershelm Gren.-Regt. 1, Parade (Adler ab 1900)*

*32 Mannschaftshelm GR 4, Parade, mit neuem Grenadier-Adler und Bandeau (seit 1911)*

*33 Reserve-Offiziershelm GR 4, mit altem Grenadier-Adler und Bandeau*

*35 Offiziershelm GR 7, Seitenansicht mit Darstellung der Rosetten*

*34 Reserve-Offiziershelm GR 7. Man beachte am Bandeau rechts die Lorbeer-, links die Eichenblätter*

*36 Offiziershelm LGR 8, mit dem neuen Grenadier-Adler (seit 1898) und den besonderen Rosetten »FWR«*

100. Geburtstag des 1. Deutschen Kaisers das Jahreszahlenbandeau: »22. März 1797«.

Das Leib-Grenadier-Reg. König Friedrich Wilhelm III. (1. Brandenburgisches) Nr. 8 hatte schon seit 1824 den Namenszug »FWR« auf den Rosetten der Offiziers-Schuppenkette, beim I. und II. Batl. saß hier ein 5strahliger Stern, beim Füsilier-Batl. ein Horn (für Mannschaften des Regts.)

Die übrigen Regimenter hatten nur den besonderen Grenadier-Adler.

*37 Offiziershelm GR 9, mit Adler bis 1913*

*38 Mannschaftshelm GR 9, mit Adler ab 1913*

## Linien-Infanterie

Die Linien-Inf. und Linien-Füsilier-Reg. trugen den preußischen Infanteriehelm mit durchweg gelbem Beschlag und dem heraldischen Adler mit dem Brustmedaillon »FR«. Dieses »FR« bezieht sich nicht wie gemeinhin angenommen auf Friedrich den Großen, sondern auf Friedrich I., den ersten Preußenkönig (gekrönt 27. 1. 1701). Bestimmte Regimenter erhielten mit der Zeit besondere Auszeichnungsbandeaus oder auch Haarbüsche. Normalerweise trug die Linie keine Paradebüsche. Die Truppenteile der Bundesstaaten, die in das preußische Heer als Kontingent aufgenommen wurden, zeigten ihre Nationalität einerseits durch eine eigene Landeskokarde, andererseits durch einen besonderen Helmstern mit dem jeweiligen Landeswappen. *s. Taf. VII*

Das Füsilier-Regt. Generalfeldmarschall Prinz Albrecht von Preußen (Hannoversches) Nr. 73 hatte am Helmadler seit 1899 ein Auszeichnungsband »PENINSULA-WATERLOO«, ebenso erhielten im gleichen Jahre die Inf.-Reg. Nr. 74, 77, 78, 164 und 165 das besondere Auszeichnungsband »WATERLOO«.

Das Füsilier-Regt. Königin (Schlweswig-Holsteinisches) Nr. 86 trug zur Parade schwarze, für Spielleute rote Haarbüsche.

Das 1. Nassauische Inf.-Regt. Nr. 87 hatte auf dem Helmadler seit 1899 das Auszeichnungsband »La Belle Alliance«.

Das 2. Nassauische Inf.-Regt. Nr. 88 erhielt ebenfalls im Jahre 1899 zur Erinnerung an glorreiche Tage das Auszeichnungsband »MESA DE IBOR – LA BELLE ALLIANCE – MEDELLIN«.

Das Königs-Inf.-Regt. (6. Lothringisches) Nr. 145 bekam 1895 den neuen Grenadieradler wie die Grenadier-Regimenter sowie zur Parade schwarze, bei Spielleuten rote Haarbüsche.

Das Inf.-Regt. von Lützow (1. Rheinisches) Nr. 25, Standort Aachen, durfte seit 1913 zur Parade schwarze, für Spielleute und Hoboisten rote Haarbüsche tragen.

*40 Linien-Inf.-Mannschaftshelm, Eigentumsstück mit Kinnriemen.*

*39 Linien-Inf.-Offiziershelm, Modell nach 1897*

*41 Res.-Offiziershelm aus dem Füsilier-Regt. Königin Viktoria von Schweden (Pommersches) Nr. 34. Dieses Regiment führte seit 1860 ein Auszeichnungsband. Seit 1865 durfte außerdem noch die 5. u. 6. Kompanie des Füsilier-Regts. Graf Roon (Ostpreußisches) Nr. 33 dasselbe Auszeichnungsband am Helm führen.*

Das III. Bataillon des Inf.-Regts. Graf Bülow von Dennewitz (6. Westfälisches) Nr. 55 hatte als ehemaliges fürstlich Lippisches Hausregiment die besondere lippische Kokarde. Die sonstigen Abzeichen waren durchweg preußisch. *s. Taf. VII*

Das I. Bataillon des 3. Thüringischen Inf.-Regts. Nr. 71 wurde aus den ehemaligen fürstlich Schwarzburg-Sondershausenschen Truppen formiert und trug die allgemeinen preußischen Abzeichen, jedoch eine besondere Kokarde.

*42 Mannschaftshelm FR 73*

*43 Offiziershelm für die Inf.-Regter. 74, 77, 78, 164 und 165, nach 1899*

*44 Offiziershelm Inf.-Regt. 87, ab 1899*

*44a Offiziershelm Inf.-Regt. 88 ab 1899*

Die Hansestädte Bremen, Hamburg und Lübeck stellten mit den Inf.-Regimentern Nr. 75, 76 und 162 ihr Truppenkontingent innerhalb der preußischen Armee; diese hanseatischen Regimenter trugen die allgemeine preußische Uniform, hatten jedoch am Helm die besondere hanseatische Kokarde.
Das Fürstentum Waldeck-Pyrmont bewahrte seine Truppen-Tradition innerhalb des III. Bataillons des Inf.-Regts. von Wittich (3. Kurhessisches) Nr. 83 und durfte eine eigene Landeskokarde führen.

*Bayern, Generalshelm, Modell 1902/14, mit Paradebusch*

*45 Mannschaftshelm IR 91, M 1881, hier mit Schuppenketten an Schlitzschraubenbefestigung, so getragen bis 1891.*

*46 Mannschaftshelm IR 92 ab 1886 (I. u. II. Batl.)*

Das Großherzogtum Oldenburg durfte beim Hausregiment, dem Oldenburgischen Inf.-Regt. Nr. 91, auf dem preußischen Linienadler einen besonderen oldenburgischen Wappenstern und eine eigene Landeskokarde führen.
Das Herzogtum Braunschweig hatte als Fußtruppen-Hausregiment das Braunschweigische Inf.-Regt. Nr. 92. Dieses Regiment trug bis 1886 einen Tschako, der beim I. und II. Bataillon als Emblem den Stern des Hausordens, beim III. Bataillon den Totenkopf mit »PENINSULA«-Bandeau hatte. Vgl. dazu Abbildung des Mannschaftshelms IR 92 (Abb. 49).
Ab 1886 erhielt das Regiment den Helm nach preußischem Muster. Braunschweig führte das Bandeau »Mit Gott für Fuerst und Vaterland«, der Helmbeschlag war gelb. Als Besonderheit wurde auf dem Adler der (bei Offizieren) emaillierte Stern des Hausordens getragen. Ab 1889 trug das III. Bataillon des Regiments wie zuvor am Tschako den Totenkopf, der schließlich ab 1912 für das ganze Regiment befohlen wurde. Zur Parade wurden seit 1886 schwarze, für Spielleute rote Haarbüsche getragen.
Das Anhaltische Inf.-Regt. Nr. 93 bewahrte die Tradition der ehemaligen herzoglich-anhaltischen Truppen und führte den Helm preußischen Musters mit »Fuerst«-Bandeau und besonderem Wappenstern sowie eigener Landeskokarde.
Das Großherzogtum Sachsen-Weimar stellte das 5. Thüringische Inf.-Regt. Nr. 94 (Großherzog von Sachsen), die Herzogtümer Sachsen-Coburg-Gotha und Sachsen-Meiningen gemeinsam das 6. Thüringische Inf.-Regt. Nr. 95. Chef des I. und III. Bataillons war Herzog von Sachsen-Coburg-Gotha, des II. der Herzog von Sachsen-Meiningen.
Das Herzogtum Sachsen-Altenburg repräsentierte innerhalb der kgl. preußischen Armee das 8. Thüringische Inf.-Regt. Nr. 153.

*47 Offiziers-tschako I. u. II. IR 92*

*48 Offiziershelm IR 92, I. u. II. Batl. (ab 1886)*

*49 Mannschaftshelm IR 92, bis 1912 nur III. Batl., ab 1912 für das ganze Regiment befohlen. Hier mit Reservekreuz.*

Alle diese Regimenter hatten gemeinsam den Helm preußischen Musters mit dem herzoglich-sächsischen Wappenstern, die Landeskokarden waren für Sachsen-Weimar Grün-Gelb-Schwarz, für die anderen Herzogtümer Grün-Weiß-Grün. Siehe auch die Kokardentafel.

Das 7. Thüringische Inf.-Regt. Nr. 96 hatte ebenfalls 2 Regiments-Chefs: Chef des I. und II. Bataillons war der regierende Fürst des Hauses REUSS, Chef des III. Bataillons der Fürst zu Schwarzburg-Rudolstadt. Beide Fürstentümer hat-

*51 Offiziershelm für Inf.-Regter. 94, 95 und 153. Vaterlandsbandeau mit »Fuerst« anstelle von »Koenig«*

*50 Offiziershelm IR 93, Anhalt, nach 1897. Auf der Abbildung nicht korrekte, gewölbte Schuppenkette anstelle der vorschriftsmäßigen flachen Kette.*

*52 Wappenstern I. und II. Batl. IR 96, Reuß*

*54 Offz.-Helm Schwarzburg, III. Batl. IR 96 (Doppeladler auf dem Wappenstern)*

*53 Derselbe Wappenstern von der Seite zur Veranschaulichung des »hochgewölbten« Sternes*

*55 Mecklenburg-Schwerin, Mannschaftshelm (Eigentumsstück) aus dem GR 89 bzw. FR 90 mit der Spitze alter Art*

*56 Mecklenburg-Schwerin, Offiziershelm mit Spitze, Muster nach 1897*

*57 Mecklenburg-Strelitz, Offiziershelm Feld-Art.-Regt. Nr. 24, 3. Battr. Denselben Beschlag führte auch das II. Batl. des GR 89. Muster nach 1897.*

ten jeweils eigene Landeskokarden und durften den preußischen Adler mit »FUERST«-Bandeau sowie eigenem Wappenstern führen.

Die Großherzogtümer Mecklenburg-Schwerin und -Strelitz repräsentierten innerhalb der preußischen Armee das Grenadier-Regt. Nr. 89 sowie das Füsilier-Regt. Nr. 90 Kaiser Wilhelm.

Das I. und II. Batl. des Grenadier-Regts. Nr. 89 hatte als mecklenburgisch-schwerinsches Kontingent ebenso wie das Füsilier-Regt. Nr. 90 als Emblem

*58 Baden, Offiziershelm LGR 109, Form nach 1897*

*59 Mannschaftshelm der badischen Linien-Infanterie, nach 1897*

eine gelbe »Sonne« mit aufliegendem weißmetallenem, gekröntem mecklenburgischem Wappen in ovaler Form. Die »Sonne« schnitt hierbei mit der Augenschirmnaht glatt ab. Dieses mecklenburgisch-schwerinsche Truppenkontingent hatte immer eine sechsfach ausgekehlte Helmspitze, die zunächst derjenigen (bis zuletzt übrigens) bei der preußischen Polizei getragenen entsprach. Die kleine Kugel ließ sich hierbei abdrehen, um einen Paradebusch aufschrauben zu können. Die Paradebüsche waren schwarz, die der Musiker rot. Seit Mitte der 90er Jahre entspricht die gekehlte Spitze derjenigen des bayerischen Musters.

Das II. Batl. des Grenadier-Regts. Nr. 90 führte als mecklenburgisch-strelitzsches Kontingent einen achtstrahligen, gelben Stern mit weißmetallenem, rundem mecklenburgischem Wappen und eine glatte Helmspitze. Zur Parade trug das II. Bataillon einen weißen, für die Musiker roten Busch.

Das Großherzogtum Baden hatte an Infanterie ein Leib-Grenadier-Regt. Nr. 109 sowie 8 Linien-Inf.-Regimenter.

Das Leib-Grenadier-Regt. trug weißmetallene Helmbeschläge: den Greif mit breiten Schwingen sowie gelbe Schuppenketten und bei Offizieren vergoldete Sternschrauben. Auf dem Greif saß der bei Mannschaften weißmetallen geprägte, bei Offizieren bunt emaillierte Stern des Hausordens der Treue. Das I. und II. Batl. hatte zur Parade weiße, das III. schwarze, die Musiker rote Haarbüsche.

Ebensolche Haarbüsche durfte zur Parade das 2. Badische Grenadier-Regt. Nr. 110 führen.

Das Großherzoglich-Hessische Kontingent hatte ein Leib-Garde-Inf.-Regt. (1. Großherzoglich-Hessisches) Nr. 115 sowie 4 Linien-Inf.-Regt. Der Helm-

*60 Offiziershelm mit Paradebusch aus dem LGIR 115. Der Buschtrichter hatte die Form der Helmspitze sowie einen trichterförmigen Aufsatz.*

*61 Offiziershelm der Linien-Infanterie. Der Helm der Artillerie, des Trains sowie der Dragoner entsprach im wesentlichen diesem Modell, nur hatte die Artillerie einen Kugelaufsatz anstelle der Spitze, sowie beim FAR 25 auf dem Emblem den Stern wie die Offiziere des LGIR 115, jedoch mit Schwertern.*

beschlag war beim LGIR 115 durchweg weiß, auf dem Emblem saß hier der weißmetallene, bei Offizieren bunt emaillierte Stern des Ludwig-Ordens, darüber das Auszeichnungsband mit der Jahreszahl »1621« (übrigens das älteste Regiment des deutschen Heeres!). Offiziere wie Mannschaften des Regt. 115 haben *flache* weiße Schuppenketten, letztere tragen diese am Knopf M 91. Die übrigen Inf.-Regter. haben gelbe Helmbeschläge, wobei die Mannschaften hier flache, gelbe Schuppenketten, die Offiziere jedoch *gewölbte*, vergoldete Schuppenketten tragen. Mannschaften wie Offiziere aller Regimenter haben Kreuzblattbeschlag mit gekehlter Spitze besonderer Form: der Aufsatz weist im unteren, halsartigen Teil 5 Lüftungslöcher auf, die Spitze ist einmal waagrecht und sechsmal senkrecht gekehlt, bei den Regimentern mit Paradebüschen (115, 116 u. 117) abschraubbar. Der Kreuzblattbeschlag selbst ist auch bei Offizieren nur mit einem Wulst am Spitzenhals versehen, Mannschaften wie Offiziere haben zur Befestigung Rundkopfschrauben, nur die Offiziere des Regt. 115 haben Sternschrauben. Es ist darauf hinzuweisen, daß am Mannschaftshelm der Fußtruppen, sofern Paradebüsche getragen wurden, nur der senkrecht gekehlte Teil der Helmspitzen abschraubbar war, während bei den Mannschaftshelmen der berittenen Truppen die Spitze mit dem waagrecht gekehlten Teil in einem Stück abgeschraubt werden konnte. Demzufolge waren auch die Buschtrichter für Fußtruppen und Kavallerie von verschiedener Form bzw. Höhe.

Das Inf.Leib-Regt. Großherzogin Nr. 117 führte am gelben Emblem ein zusätzliches Auszeichnungsband mit den Jahreszahlen »1697« und »1897«, die 9. Kompanie dieses Regiments außerdem ein weißmetallenes Abzeichen, das

*62 Sächs. Inf.-Offiziershelm. Gut zu erkennen der eigentümliche Augenschirm.*

*63 Inf.-Reserveoffiziershelm. Das Landwehrkreuz wurde bei den kgl. sächs. Truppen unter dem Landeswappen getragen. Ein »Vaterlandsbandeau« hatten die sächsischen Truppen nicht.*

über der Kranzschleife des Emblems saß und aus einem Anker, einem Beil und einer Kreuzhaue bestand.
Die Regimenter 115–117 hatten zur Parade schwarze, für Spielleute rote Büsche.
Die Kgl. Sächsische Armee bildete innerhalb der Numerierung der Kgl. Preußischen Armee das XII. und XIX. Armee-Korps und war im allgemeinen dem preußischen Muster entsprechend uniformiert. Jedoch hatten die Kgl. Sächsischen Truppen ein eigenes Helmemblem sowie eine eigene Landeskokarde.
Die Kgl. Sächsische Armee hatte ein Garde-Inf.-Regt., nämlich das 1. (Kgl. Sächs.) Leib-Grenadier-Regt. Nr. 100. Dieses trug einen Helm mit weißmetallenen Beschlägen, nur das sächsische Wappen auf dem Stern war gelb. Zur Parade wurden schwarze, bei Musikern rote Büsche getragen.
Die übrige Infanterie trug Helme mit gelbmetallenen Beschlägen und weißmetallenem Wappen auf dem Helmstern. Das 2. (Kgl. Sächs.) Grenadier-Regt. Nr. 101 besaß Paradebüsche wie das LGR 100.
Das Königreich Württemberg führte 1871 den Helm preußischen Musters ein, jedoch mit dem württembergischen Wappen als Beschlag und eigener Kokarde. Die Form der Landeskokarde war die gleiche wie im Großherzogtum Baden.
Abweichend vom preußischen Inf.-Offiziershelm hatte der württembergische Offiziershelm einen Kreuzblattbeschlag. Nur die Mannschaften hatten Tellerbeschlag. Ebenso war der Vorderschirm am Offiziershelm nicht wie sonst rund, sondern eckig. Als Garde-Inf.-Regter galten das Grenadier-Regt. Königin Olga (1. Württ.) Nr. 119 in Stuttgart und das Grenadier-Regt. König Karl

*64 Offiziershelm, nach 1897. Die württembergische Armee hatte als Devisenband »Furchtlos und Trew« (= Treu).*

*65 Reserve-Offiziershelm Inf.-Regt. 120 mit Paradebusch. Deutlich erkennbar das auf dem Wappen aufgelegte Landwehrkreuz, das ohne Devise getragen wurde. Das Devisenband am Wappenbeschlag wurde weitergetragen.*

(5. Württ.) Nr. 123 in Ulm. Beide Regimenter hatten weiße Helmbeschläge mit gelben Schuppenketten. Das Grenadier-Regt. 119 trug zur Parade weiße, für Musiker rote Haarbüsche. Beim Inf.-Regt. Kaiser Wilhelm, König von Preußen (2. Württembergisches) Nr. 120 und beim Grenadier-Regt. Nr. 123 wurden zur Parade schwarze, für Spielleute rote Haarbüsche getragen.
Das Königreich Bayern hatte zunächst 1867 mit dem damaligen Norddeutschen Bund ein »Schutz- und Trutzbündnis« abgeschlossen und seine Armee in ihrer Organisation der preußischen angeglichen. Nachdem 1870 der Bündnisvertrag mit Preußen geschlossen war, blieb es trotzdem dem König von Bayern als Kontingentsherrn vorbehalten, weiterhin die Bewaffnung, Bekleidung und Ausrüstung zu bestimmen.
Die kennzeichnende Kopfbedeckung der Kgl. Bayerischen Armee blieb also bis 1886 der Raupenhelm, der 1800 in Bayern als »Kaskett« eingeführt wurde und im Laufe der Zeit immer leichter und niedriger wurde. Erst nach dem Tode König Ludwig II. 1886 wurde in Bayern der Helm preußischen Musters eingeführt.
Der bayerische Helm mit Spitze M 1886 hatte für Mannschaften und Offiziere gleiches Aussehen: sechsfach gekehlte Spitze auf Kreuzblatt, eckiger Augenschirm. 1896 wurde für die Mannschaften der Fußtruppen das allgemein im deutschen Heer übliche Modell mit Tellerbeschlag und rundem Augenschirm eingeführt. Als Devise führte die bayerische Armee die Worte »In Treue fest«. Das Reservekreuz wurde auf das ovale Wappenschild des Emblems aufgelegt und hatte immer die konträre Metallfarbe des Beschlags.

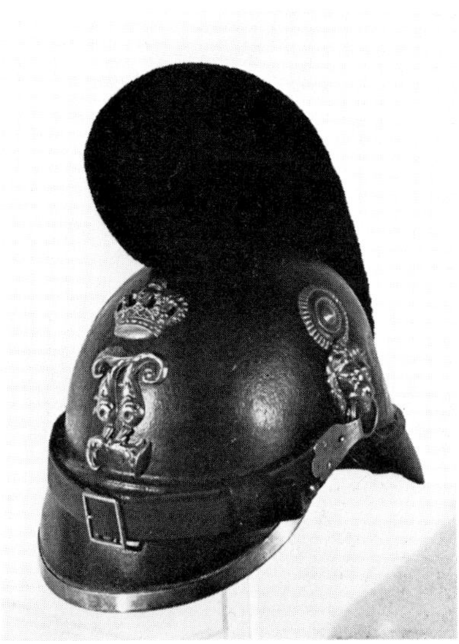

*67 Inf.-Mannschaftshelm M 1868. Die Raupe bestand beim Mannschaftshelm aus schwarzem Webpelz (Wolle). Die Kokarde war schlichter gehalten, die Sturmbandhalter glatt und der Lederkorpus derber.*

*66 Inf.-Offiziershelm, Modell 1868, bis 1886 getragen. Die Offiziershelme hatten im allgemeinen Raupen aus Bärenfell. Als Emblem das gekrönte »L« für Ludwig II.*

*68 Inf.-Mannschaftshelm M 1886, mit Schuppenketten an Knopf M 91 und bereits mit Reichskokarde nach 1897.*

Auf den Abbildungen bayerischer Helme erkennt man im Wappenbeschlag manchmal zwischen Devisenband und Wappen einen geknoteten Lorbeerzweig, eine reine Zutat, wohl der Mode entsprechend. Die alten Mannschaftshelme M 1886 bis 1896 wiesen den Zweig immer auf, bei Offizieren war er nach 1896 nicht immer vorhanden. Eine Zuordnung zu bestimmten Truppenteilen ist nach dem gründlichen Studium von Originalfotos nicht möglich,

*69 Reserve-Offiziershelm, Inf.-Leib-Regt., nach 1897*

*70 Inf.-Mannschaftshelm, M 1896, mit Kokarden ab 1897.*

ebenso erwähnen die Bekleidungsvorschriften den Zweig mit keinem Wort. Das bayer. Inf.-Leib-Regt., München, hatte als einziges Inf.-Regt. weiße Helmbeschläge, mit weißen Schuppenketten. Die übrigen Inf.-Regter. hatten gelbe Helmbeschläge. In der bayerischen Armee trugen die Mannschaften bis zum 20. 2. 1914 immer Schuppenketten, dann wurden zum Dienst Kinnriemen befohlen, während zur Parade die Schuppenketten beibehalten wurden.

## Jäger und Schützen

Zur Infantrie zählten die Jäger- und Schützenbataillone. Diese Truppen wurden unter Friedrich dem Großen geschaffen und sollten möglichst aus Leuten bestehen, die durch ihre Vorbildung, eben Jäger, besonders mit dem Gelände vertraut waren, und gute Schützen sein sollten.
In der preußischen Armee gab es im Gardekorps ein Garde-Jäger-Bataillon sowie ein Garde-Schützen-Bataillon. Beide Bataillone trugen denselben Tschako, der zunächst, beim älteren Modell 1860, noch etwas höher war. Die eleganteste Form erhielt der Tschako für Mannschaften und Offiziere ab 1895. Auch am Tschako wurde die Hakenbefestigung wie am Helm eingeführt, jedoch 1892 mit dem Knopf M 91 und Kinnriemen vertauscht. Vorher war am Mannschaftstschako ein Riemen mit Dornschnalle mit geschwärzten Schlitzschrauben befestigt. Die Offizierstschakos hatten glatte gelbe Schuppenketten an Rosetten.
Alle Jäger-Bataillone trugen zur Parade schwarze Büsche, die Hornisten jedoch rote. Der Mannschafts-Buschtrichter war glatt, derjenige der Offiziere geriefelt.

*72 Offiziers-Tschako der Garde-Jäger bzw. Garde-Schützen, Trageweise ab 1897. Gardesterne weiß, übrige Beschläge gelb.*

*71 Jägertschako (JB 7), mit Hakenbefestigung und Riemen, so getragen vorschriftsmäßig von 1887–92. Hier jedoch noch nach 1897 (mit Reichskokarde) weiterverwendet. Mit Feldzeichen des Jäger-Batl. 7 (Lippe)*

*73 Unteroffiziers-Tschako, mit Kinnriemen am Knopf M 91 (seit 1892). Deutlich sichtbar die Ventilation. Die »alten« Jäger-Bataillone Nr. 1, 2, 5 und 6 hatten den Adler mit »FWR«-Mittelstück, die Beschläge waren immer gelb. Auch bei den übrigen Bataillonen war der Linienadler gelb.*

Die Kgl. Sächsischen Jäger-Bataillone Nr. 12 und 13 sowie das Schützen (Füs.)-Regt. Nr. 108 trugen einen vom preußischen Muster abweichenden Tschako. Die Form war gedrungener, der Tschako ohne Nackenschirm. Der Kopfteil war auch bei Mannschaften mit schwarzem Tuch bezogen. Emblem war der sächsische Wappenstern mit einem Jägerhorn. Auch die Offiziere hatten Kinnriemen. Der schwarze Busch war oben mit einem einfachen Draht stecker befestigt und wurde nach links getragen, wobei er mit einem schwarzen

*74 Offiziers-Tschako aus dem Hannoverschen Jäger-Batl. Nr. 10. Dieses Batl. trug seit 1899 das Auszeichnungsbandeau »Waterloo-Peninsula-Venta del Pozo«*

*75 Offiziers-Tschako aus dem Großherzoglich Mecklenburgischen Jäger-Batl. Nr. 14. Dieses Bataillon trug das mecklenburgische Emblem. Das Feldzeichen war außen weiß, innen blau-gelb-rot.*

*76 Die Reserve-Offiziere hatten das Reserve-Kreuz wie die Infanterie. Dabei fiel auch beim Gardestern das Vaterlandsbandeau fort; hier wurde das Kreuz oberhalb des Sterns befestigt.*

Hutgummi gehalten wurde. Die sächsischen Jäger führten kein Feldzeichen, sondern Kokarden.

In der Kgl. Bayerischen Armee gab es 2 Jäger-Bataillone, die den Tschako preußischen Modells trugen. Vorher wurde der allgemeine Raupenhelm mit grüner Huppe über der Kokarde getragen, jedoch 1886 abgelegt. Die Mannschaften hatten das Emblem der Infanterie, bei den Offizieren befand sich unterhalb des »Treue«-Bandeaus eine angeprägte Verzierung. Die bayerischen Jäger hatten Feldzeichen. Zur Parade wurden keine Büsche getragen.

*77 Offiziers-Tschako JB 12 und 13 sowie Schützen-Regt. 108. Form ab 1897. Der Busch war kein Paradebusch, sondern wurde immer getragen. Der Kinnriemen der Offiziere war mit Rosetten befestigt, die eine sternförmige Verzierung aufgeprägt hatten. (Bei Jägern vergoldet, beim Regt. 108 versilbert)*

*78 Mannschafts-Tschako JB 12 und 13 sowie Regt. 108. Mit Kinnriemen am Knopf M 91. Die Kokarden hatten nur einen Durchmesser von 3,3 cm.*

*79 Jäger-Offizierstschako, Trageweise ab 1897*

Die Maschinengewehr-Abteilungen des deutschen Heeres trugen den gleichen Tschako wie die Jäger, jedoch waren die Lederteile in Preußen und Sachsen braun lackiert und der Kopfteil mit graugrünem Tuch bezogen. Auch der Kinnriemen der Mannschaften war braun. Die Offiziere, auch die der sächsischen MG-Abteilung Nr. 19 hatten vergoldete Schuppenketten. Es gab zwei Garde-MG-Abteilungen, die den preußischen Gardestern wie bei den Garde-Jägern trugen. Die übrigen Abteilungen Nr. 1–11 führten den Linienadler mit »FR«-Medaillon, die Sachsen hatten den Wappenstern ohne Jagdhorn.

*80 Preußen, Mannschafts-Tschako in der Form ab 1897, MG-Abtlg. 1–11*

Zur Parade wurden bei der Garde weiße, bei der Linie schwarze Büsche getragen.
Die sächsische MG-Abteilung Nr. 19 trug ein Feldzeichen nach preußischem Muster in sächsischer Farbgebung.
Die bayerischen MG-Abteilungen trugen den Tschako der bayerischen Jäger ohne Abänderungen.

## Kavallerie

### Kürassiere

In Preußen gab es 10 Kürassier-Regimenter, darunter 2 Garde- und 8 Linien-Regimenter.
Der Helm des Regiments der Gardes du Corps und des Garde-Kürassier-Regiments war aus Tombak, die Nieten und Randeinfassungen aus weißem Metall, als Emblem wurde der Gardestern getragen. Die Schuppenketten der Mannschaften – bei der Garde aus Tombak, bei der Linie aus Messing – saßen bis 1894 an einer Schlitzschraubenbefestigung, dann wurde ein Knopf M 94, ähnlich dem M 91 der Infanterie eingeführt. Die Offiziersschuppenketten hatten immer Kleeblattrosetten-Halterung und waren vergoldet. Zur Parade wurde bei den beiden Garde-Regimentern die Spitze abgenommen und der Parade-Adler aufgeschraubt. Die Basis des Adlers war bei Mannschaften und Unteroffizieren ellipsenförmig, bei Offizieren in der Form eines vierblätterigen Kreuzblattbeschlages. Die Krone des Adlers war bei Mannschaften und Unteroffizieren silbern, bei Offizieren golden. Fähnriche trugen den Mannschafts-Paradeadler mit vergoldeter Krone.

*81 Offiziershelm Regt. Gardes du Corps bzw. Garde-Kürassier-Regt., Parade, Form ab 1897*

*82 Offiziershelm GdC oder GKR, Dienstausführung, Modell 1889, Kokarden ab 1897*

*83 Die Trompeter der Garde-Kür.-Regter. trugen zur Parade zunächst einen roten Haarbusch, erst seit 1894 den Adler.*

Das Leib-Kür.-Regt. führte bis 1902 den normalen Linienadler und bekam dann einen besonderen ›fliegenden‹ Adler friderizianischen Musters. Die Offiziere dieses Regts. hatten besonders geformte Schuppenketten.
Das Kürassier-Regt. Königin (Pommersches) Nr. 2 führte den normalen Adler mit dem besonderen Auszeichnungsband »Hohenfriedberg 4. Juni 1745«, das es bereits 1845 als Erinnerung an die glorreich gewonnene Schlacht erhalten hatte.

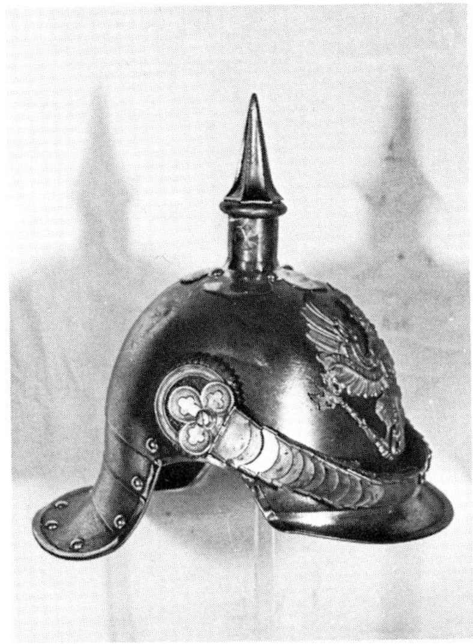

*84 GdC- und GKR-Mannschaftshelm M 1889, Parade. Mit diesem Modell erhielt der Mannschaftshelm einen runden Augenschirm.*

*85 Offiziershelm M 1867 aus dem Leib-Kürassier-Regt. Großer Kurfürst (Schlesisches) Nr. 1, mit Linien-Adler (bis 1902)*

*86 Schuppenkette Offz.-Kür.-Regt. 1 in Großaufnahme*

*87 Fähnrichs-Eigentumshelm in äußerst vorschriftswidriger Zusammenstellung. Der friderizianische Adler mit dem Bandeau »Pro Gloria et Patria« wurde 1902 eingeführt.*

Das Kürassier-Regt. Kaiser Nikolaus I. von Rußland (Brandenburgisches) Nr. 6 trug, wie die Garde, den Helm aus Tombak, jedoch mit weißmetallenem Linienadler.

Die übrigen Kürassier-Regter. 3, 4, 5, 7 und 8 hatten den Linien-Helm, bei Mannschaften aus poliertem Stahl mit gelben Nieten und Randeinfassungen sowie gelbem Linienadler. Die Spitzenbasis war ebenfalls gelb, die Spitze selbst wieder aus Stahl. Der Helm der Offiziere war vernickelt, alle Beschlagteile fein vergoldet. Die Spitze bei Mannschaften glatt, bei Offizieren sechsfach ausge-

*Preußen, Grenadier-Offiziersmütze, Modell 1894, 1. Garde-Regiment zu Fuß*

*88 Offiziershelm M 1889, Form ab 1897 aus dem Kür.-Regt. 2*

*89 Mannschaftshelm M 1867, Kür.-Regt. 6. So getragen bis 1889. Der Augenschirm des Mannschaftshelmes war beim M 1867 noch gekehlt.*

*90 Mannschaftshelm, Linie, M 1889/97*

*91 Offiziershelm, Linie, M 1889/97*

kehlt. Bis auf die genannten Abweichungen entsprachen auch die Helme der Regimenter 1 und 2 diesem Muster.

In der Kgl. Sächsischen Armee bestanden 2 Kürassier-Regter.: das Garde-Reiter-Regt. sowie das Karabinier-Regt. Beide Regimenter hatten den Kürass bereits Anfang des 19. Jahrhunderts abgelegt und wurden nur noch »Schwere Regimenter« genannt. 1875 wurde der Kürassierhelm preußischen Musters eingeführt. Er entsprach in der Ausführung demjenigen der preußischen Garde (Tombak), jedoch mit sächsischem Wappenstern.

*92 Mannschaftshelm 1867, getragen bis 1875*

*93 Offiziershelm der Garde-Reiter, Parade. 1907 erhielt das Garde-Reiter-Regt. zur Parade einen silbernen Löwen, der anstelle der Spitze aufgeschraubt wurde. Bis 1907 wurde zur Parade ein weißer Haarbusch getragen. Das Karabiner-Regt. behielt den Busch zur Parade.*

Im Königreich Bayern bestanden bis 1879 zwei Kürassier-Regter., die bereits 1876 den Kürass abgelegt hatten. 1879 erfolgte die Umbenennung in »Schwere-Reiter-Regimenter«, der metallene Kürassierhelm wurde mit einem Lederhelm vertauscht. Dieser Helm M 1879 entsprach im Prinzip dem Raupenhelm der Infanterie, statt der Wollraupe wurde jedoch eine Spitze auf Kreuzblatt getragen. Die Beschläge waren gelb. Die »Pickelhaube« tauchte nun zum erstenmal in der bayerischen Armee auf. Bei der Landwehr wurde eine ähnliche Kopfbedeckung bereits 1856 eingeführt.
Im Jahre 1886 erfolgte mit allgemeiner Einführung der Pickelhaube in der bayerischen Armee eine Neu-Uniformierung der Schweren Reiter, die derjenigen der preußischen Dragoner glich. Die Waffe blieb jedoch weiterhin der schwere Pallasch der Kürassiere.
Der neue Helm M 1886 entsprach demjenigen der bayerischen Infanterie, hatte jedoch gewölbte Schuppenketten. Zur Parade wurden weiße Büsche getragen.

## Dragoner

Die preußische Armee umfaßte 2 Garde-Dragoner, sowie 26 Linien-Dragoner-Regt., die Kontingentstruppen eingerechnet.
Die Dragoner trugen seit 1843 den Lederhelm mit Spitze, der sich zunächst von dem der Infanterie kaum unterschied. Im Laufe der Zeit ergaben sich jedoch einige Abweichungen, die im weiteren dargestellt werden sollen.
Der Helm der Dragoner hatte einen eckigen Vorderschirm, Kreuzblattbeschlag mit glatter Spitze und Helmadler nach der Knopffarbe. Die Schuppen-

*94 Kürassierhelm M 1842, Trageweise 1864–1879*

*95 Offiziershelm für Schwere Reiter, M 1886, Form ab 1897. Das 1. Regiment hatte weiße, das 2. Regiment gelbe Beschläge.*

*96 Mannschaftshelm M 1886 der Schweren Reiter. Das Bild zeigt den Paradebusch in der vorschriftsmäßigen Form, er mußte »gleichmäßig nach allen Seiten herabfallen«.*

ketten waren immer gelb bzw. bei Offizieren vergoldet. Bei weißem Helmbeschlag waren auch die Knöpfe M91 bzw. die Rosetten der Offiziersschuppenketten aus weißem Metall.
Beim Mannschaftshelm war die Hinterschiene mit zwei von außen durchgesteckten Kopfsplinten bzw. Kopfschrauben befestigt, während bei den Helmen der übrigen Truppen die Hinterschiene immer mit zwei von innen angeloteten Splinten bzw. Schrauben befestigt war.

*97 (oben links) Offiziershelm aus dem 2. Garde-Drag.-Regt. Form ab 1897. Während das 1. Garde-Drag.-Regt. gelbe Beschläge hatte, waren sie hier weiß.*

*98 (oben rechts) Offiziershelm der Garde-Landwehr-Kavallerie, Form ab 1897.*

*99 (unten links) Mannschaftshelm der Garde-Dragoner, Trageweise ab 1897*

*100 Offiziershelm aus dem 1. Brandenburgischen Drag.-Regt. Nr. 2, ab 1913. In diesem Jahr erhielten Mannschaften ein neusilbernes, Offiziere ein versilbertes und blau emailliertes ovales Schild mit Szepter, darüber der weiß-rot emaillierte brandenburgische Kurhut.*

*101 Reserve-Offiziershelm aus dem Grenadier-Regt. zu Pferde Freiherr v. Derfflinger Nr. 3*

Alle Dragoner-Regt. hatten Büsche zur Parade, deren Farben im allgemeinen schwarz, für Trompeter rot waren. Nur bei den beiden preußischen Garde-Dragoner-Regt. sowie den drei badischen Regimentern waren die Büsche weiß, für Trompeter rot.

Als Helmbeschlag führten die Dragoner der Linie einen besonderen, sogenannten Dragoneradler, die beiden Garde-Regt. den Garde-Adler mit Gardestern. Als besondere Auszeichnung hatte das Drag.-Regt. Prinz Albrecht v. Preußen (Littauisches) Nr. 1 seit 1844 den Gardeadler ohne Stern.

Das einzige Regiment »Grenadiers zu Pferde«, das Preußen je besessen hatte, verdankt seinen eigenwilligen Namen dem preußischen König Friedrich Wilhelm I. Dieser zeichnet im Jahre 1814 das von einem Sohne des bekannten General-Feldmarschalls 1704 errichtete Dragoner-Regt. Freiherr v. Derfflinger, »weil es so viel anhero distinction, gezeigt habe«, dadurch aus, daß er es zu einem Regiment »Grenadiers zu Pferde« erhob. Der Name »Grenadier« galt seit alters her als eine besondere Auszeichnung, da die ursprüngliche Bedeutung des Wortes *Granatschleuderer* besonders mutige und zuverlässige Leute erforderte. Dem preußischen Dragoner-Regt. Nr. 3, das aus jenem Regiment hervorgegangen war, verlieh Kaiser Wilhelm II. am 22. 3. 1897 (dem Geburtstag seines Großvaters) den alten Ehrennamen. Am selben Tag erhielt das Regiment auch den besonderen Grenadier-Adler. Die Helmbeschläge waren versilbert, die Schuppenketten der Offiziere wurden mit Granaten anstelle der Rosetten befestigt. Bei den Mannschaftshelmen deckte die Granate den üblichen Knopf M91 und war auf der Aussparung der Schuppenkette befestigt.

Die Regimenter Nr. 4–8 sowie die Regimenter 10–15 trugen den Linien-Dragonerhelm, dessen Beschlagfarbe sich nach der Knopffarbe des Waffenrocks richtete.

*102 Linien-Dragoner-Mannschaftshelm, Form seit 1897*

*103 Linien-Dragoner-Offiziershelm mit Paradebusch*

*104 Dragoner-Reserveoffiziershelm, nach 1897. Im Gegensatz zum Infanterie-Reserveoffizier wurde das Reservekreuz direkt auf der Brust des Adlers getragen.*

**Chevaulegers**

In der Kgl. Bayerischen Armee gab es keine Dragoner, dafür aber eine entsprechende Truppe, »Chevaulegers« genannt. Es bestanden zunächst 6, nach der letzten Heeresvermehrung 1909 8 Regimenter.
Bis zur Einführung der »Pickelhaube« im Jahre 1886 trugen die Chevaulegers den Raupenhelm mit je zwei Hiebspangen seitlich am Helmkopf. Zur Parade weiße, in der Messingtülle unter der Kokarde eingesteckte Hängebüsche, für

*105 Offiziershelm mit Paradebusch aus dem Drag.-Regt. König Carl I. v. Rumänien (1. Hannoversches) Nr. 9. Dieses Regiment führte seit 1899 die Auszeichnungsbänder »*PENINSULA-WATERLOO-GÖHRDE*«. Der Beschlag war gelb.*

*106 Eigentumshelm aus dem 2. Hannoverschen Drag.-Regt. Nr. 16. Dieses Regiment hatte seit 1899 das Auszeichnungsband »*WATERLOO*«. Beschlag weiß.*

*107 Reserve-Offiziershelm aus dem 1. Großherzogl. Mecklenburgischen Drag.-Regt. Nr. 17. Die mecklenburgischen Regimenter Nr. 17 und 18 führten einen eigenen Helmbeschlag und gekehlte Spitzen. Beim Regiment 17 waren Beschlag und Schuppenketten gelb, beim Regiment 18 jedoch durchweg weiß.*

Mannschaften aus Roßhaar, für Offiziere aus Büffelhaar. Die Beschläge am Raupenhelm waren für alle 8 Regimenter, unabhängig von der Knopffarbe, gelb.

Beim neuen Helm M 86, der bis auf die gewölbten Schuppenketten dem Infanteriehelm entsprach, wurden die Helmbeschläge den Knopffarben der Waffenröcke entsprechend befohlen. So hatten die Regimenter 1, 3, 5 und 7 gelbe, die Regimenter 2, 4, 6 und 8 weiße Beschläge. Zur Parade wurden von allen Regimentern weiße Haarbüsche getragen, auch von den Trompetern.

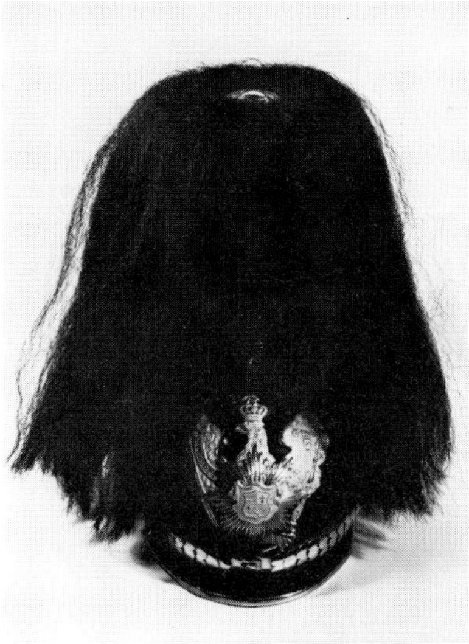

*108 Offiziershelm mit Paradebusch aus dem Oldenburgischen Drag.-Regt. Nr. 19. Das oldenburgische Kontingent durfte seit 1870 auf dem preußischen Adler einen gelben Stern mit weißmetallenem Landeswappen tragen. Die Mannschaften führten bis 1897 eine oldenburgische Landeskokarde, danach die preußische. Offiziere hatten immer die preußische Kokarde.*

*109 Das Großherzogtum Baden stellte die 3 Dragoner-Regimenter Nr. 20–22. Der Helm hatte ein eigenes Emblem sowie die badische Landeskokarde. Alle 3 Regimenter hatten weiße Knöpfe, folglich auch weiße Helmbeschläge und gelbe Schuppenketten. Das Bild zeigt einen Dragoner-Reserve-Offz.-Helm nach 1897.*

*110 Das Großherzogtum Hessen stellte das Garde-Drag.-Regt. Nr. 23 sowie das Leib-Drag.-Regt. Nr. 24. Die Helmbeschläge und Schuppenketten waren durchweg weiß. Das Bild zeigt einen Offiziershelm mit Paradebusch, Drag.-Regt. 23 bzw. 24.*

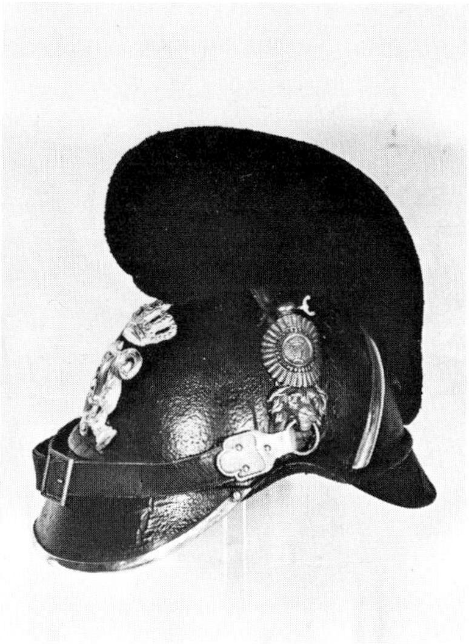

*112 Chevauleger-Offiziershelm M 1868, getragen bis 1886.*

*111 Das Königreich Württemberg errichtete im Jahre 1871 2 Drag.-Regimenter: das Drag.-Regt. Königin Olga (1. Württembergisches) Nr. 25 sowie das Drag.-Regt. König (2. Württembergisches) Nr. 26. Während das Drag.-Regt. Nr. 25 einen dem allgemeinen Muster entsprechenden Helm mit württembergischen Wappen und eigener Landeskokarde trug, war das Drag.-Regt. Nr. 26 mit einem besonderen Helmbeschlag ausgezeichnet: auf dem württembergischen Wappen saß der für Mannschaften neusilberne, für Offiziere versilberte und emaillierte Stern des Ordens der württembergischen Krone. Die Helme beider Regimenter hatten weiße Beschläge sowie gelbe Schuppenketten an weißer Halterung. Das Drag.-Regt. Nr. 25 trug zur Parade weiße, das Drag.-Regt. Nr. 26 schwarze Büsche, Trompeter immer rot.*

*113 Chevauleger-Offiziershelm mit Paradebusch, versilberte Beschläge, Helmanfertigung um 1914*

*114 Chevauleger-Mannschaftshelm mit Spitze (Dienstausführung), Form nach 1897*

## Husaren

Die preußische Armee hatte ein Leib-Garde-Husaren-Regt. (bis 1888 nur »Garde-Husaren« genannt), 2 Leib-Husaren- und 14 Linien-Husaren-Regt. Das braunschweigische Husaren-Regt. Nr. 17 sowie die drei Kgl. Sächsischen Husaren-Regimenter Nr. 18–20 vervollständigten diese Truppengattung.

*115 Unteroffiziers-Pelzmütze der Leib-Garde-Husaren, nach 1903, mit Paradebehang. Gardestern der Mannschaften gelb, bei Offizieren jedoch versilbert und emailliert.*

*117 Offizierspelzmütze mit Paradebusch aus dem 1. Leib-Husaren-Regt. Aus Opossumfell gefertigt, also nach 1912. Beim Regt. 1 war der Kolpak rot, beim Regt. 2 weiß.*

*116 Mannsch.-Pelzmütze aus dem Husaren-Regt. König Wilhelm I. (1. Rheinisches) Nr. 7. Dieses Regiment führte seit 1861 den Namenszug seines Inhabers, dem 1888 noch die »I« hinzugefügt wurde, als Wilhelm II. den Thron bestieg.*

*118 Eigentums-Pelzmütze der Linien-Regter. Während bei den Leib-Husaren-Regtern. das Vaterlandsbandeau halbkreisförmig gebogen war, hatte dieses bei den 14 Linien-Regtern. die hier deutlich sichtbare »durchgebogene« Form. Die Pelzmütze ist mit dem Paradebusch vor 1903 abgebildet.*

*119 Linien-Offizierspelzmütze, mit Geierfeder-Paradestutz, Mütze aus Opossumfell, also nach 1912*

Die Farben der Kolpaks sowie die Metallfarbe des Vaterlandsbandeaus waren folgende:

| | Kolpak | Bandeau |
|---|---|---|
| Leib-Garde HR | rot | -- Gardestern gelb |
| 1. Leib-HR 1 | rot | weiß + Totenkopf |
| 2. Leib-HR 2 | weiß | weiß + Totenkopf |
| HR 3 | rot | weiß |
| HR 4 | gelb | gelb |
| HR 5 | krapprot | weiß |
| HR 6 | rot | gelb |
| HR 7 | rot | gelb + Namenszug |
| HR 8 | hellblau | weiß |
| HR 9 | kornblumenblau | gelb |
| HR 10 | pompadourrot | gelb |
| HR 11 | rot | weiß |
| HR 12 | weiß | weiß |
| HR 13 | rot | weiß |
| HR 14 | rot | weiß |
| HR 15 | gelb | weiß + Ausz.-Band |
| HR 16 | gelb | weiß |
| HR 17 | rot | gelb + weißer Totenkopf |
| HR 18 | rot | } Stern gelb, aufgelegtes Wappen weiß |
| HR 19 | purpurrot | |
| HR 20 | hellblau | |

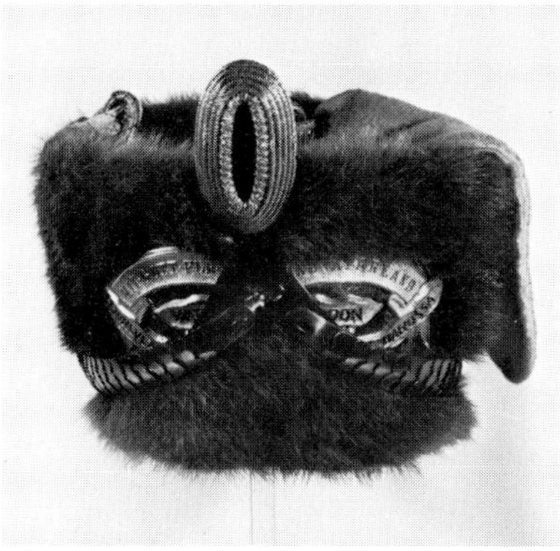

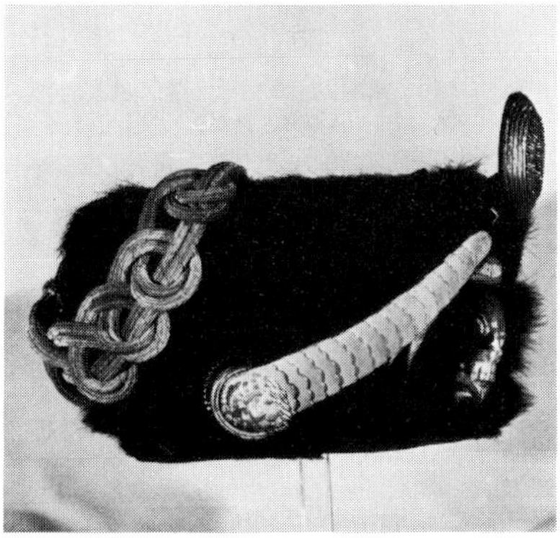

*120 Offizierspelzmütze aus Otterfell von Husaren-Regt. Königin Wilhelmina der Niederlande (Hannoversches) Nr. 15. Dieses Regt. trug seit 1899 das Auszeichnungsbandeau: »Peninsula – Waterloo – El Bodon – Barossa«*

*121 Offizierspelzmütze aus dem braunschweigischen Husaren-Regt. Nr. 17, nach 1897. Deutlich zu sehen die im Dienst gerollte Fangschnur, sowie die besonderen Schuppenketten.*

*122 Mannschafts-Pelzmütze aus dem Kgl. Sächs. 1. Husaren-Regt. Nr. 18, nach 1903. Die sächsischen Husaren hatten kein Vaterlandsbandeau. Der Stern war gelb, das aufgelegte Wappen weiß.*

## Ulanen

Preussen besaß 3 Garde-Ulanen-Regter. sowie 16 Linien-Regter., dazu kamen als sächsisches Kontingent die UR 17, 18 und 21 sowie die württembergischen Regter. Nr. 19 und 20. Die bayerischen Ulanen hatten eine eigene Numerierung mit Regt. 1 und 2.

Die sächsischen Ulanen-Regter. Nr. 17 und 18 waren 1867, das Ulanen-Regt. Nr. 21 erst 1905 aufgestellt worden. Zunächst wurde ein dem alten bayerischen Muster 1864 ähnlicher Tschapka getragen, 1875 dann das preußische Muster eingeführt. Der Wappenstern war beim Regt. 17 und 18 gelb mit weißem Landeswappen, beim Regt. 21 weiß mit gelbem Wappen.

Die württembergischen Ulanen-Regter. Nr. 19 und 20 wurden 1871 errichtet. Beide Regter. hatten den gleichen Tschapka mit weißen Beschlägen und gelber Schuppenkette. Der Offiziersbusch war weiß mit schwarz-roter Wurzel, die Paraderabatten beim Regt. 19 rot, beim Regt. 21 gelb.

*123 Offiziers-Tschapka der Garde-Ulanen. Die GUR 1 und 3 hatten weiße Gardeadler, das GUR 2 gelbe Gardeadler. Tschapka in Dienstausführung, mit Reichskokarde nach 1897.*

*124 (oben rechts) Tschapka für Wachtmeister der 3 Garde-Ulanen-Regimenter. Die Garde-Wachtmeister hatten eine besondere Fangschnur aus weißer, mit schwarzen und silbernen Fäden durchzogener Rundschnur. Spiegel, Quasten und Schieber waren silbern-schwarz.*

*125 Offiziers-Tschapka mit angelegter Parade-Rabatte aus dem UR 1 oder 2. Der zur Parade ebenfalls vorschriftsmäßige Busch sowie die Fangschnur sind hier weggelassen. Die UR 1–3 führten den »alten Grenadieradler« mit »FWR«-Medaillon. Das UR 3 hatte zusätzlich als besondere Auszeichnung am unteren Ende der Rabatte eine breite, auf dem Kopfteil des Tschapkas aufliegende goldene Tresse nach russischem Muster. Der Beschlag war bei allen 3 Regimentern gelb.*

*126 Mannschafts-Eigentumstschapka der Linien-Regter. Nr. 4–6, 8–12, 15 und 16. Diese Regimenter führten den normalen Adler der Infanterie, jedoch etwas kleiner. Die unterschiedlichen Rabatten- und Beschlagfarben sind in der Tabelle genannt.*

*127 Das Ulanen-Regt. Großherz. Friedrich v. Baden (Rheinisches) Nr. 7 hatte bis 1913 ebenfalls den normalen Adler und bekam dann den Gardeadler ohne Stern, bzw. neuen Grenadieradler.*

*128 Mannschafts-Tschapka in Parade-Ausführung aus dem Königs-Ulanen Regt. (1. Hannov.) Nr. 13. Dieses Regt., dessen Chef der Kaiser war, erhielt 1899 den weißen Gardeadler mit Stern und zusätzlich das Auszeichnungsband: »Peninsula – Waterloo – Garzia Hernandez«. Dasselbe Auszeichnungsband wurde im gleichen Jahre dem 2. Hannoverschen Ulanen-Regt. Nr. 14 verliehen. Hier war das Band um den Linienadler herumgelegt, ähnlich wie beim Jäger-Batl. 10.*

*130 Offiziers-tschapka, UR 17 oder 18. Hier ein Fertigungsmodell, dessen Kopfteil nicht gepreßt, sondern aus 4 Teilen zusammengenäht ist. Die Nähte liegen diagonal zu den Deckelkanten.*

*129 Offizierstschapka, UR 21, Parade. Form nach 1897. Der Offiziersbusch der sächsischen Ulanen war ganz weiß.*

*131 Offizierstschapka aus dem UR 19, mit Paraderabatte. Der Busch wurde hier zur Verdeutlichung weggelassen.*

Die bayerischen Ulanen-Regter. Nr. 1 und 2 wurden 1864 wiedererrichtet und trugen ein 1873 leicht verändertes Tschapkamodell, bis 1886 der Tschapka preußischen Modells zur Einführung kam.
Beim Modell 1864/73 waren alle Metallbeschläge weiß. Das rote fest eingenähte »Kouvert« des Tschapkas konnte also nicht wie die Rabatte der späteren Modelle entfernt werden. Bis 1873 wurde keine Fangschnur getragen.
Nach dem Ableben Ludwig II. 1886 wurde zwar offiziell das preußische Tschapkamodell eingeführt, jedoch versah man aus Sparsamkeitsgründen zu-

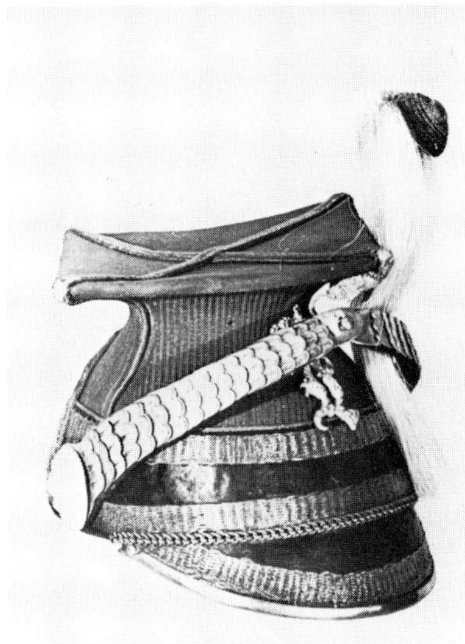

*132 Ulanen-Mannschaftstschapka M 1873, Parade. Der Paradebusch bestand aus weißen Roßhaaren und hatte eine weiß-blaue Metallkokarde, daher wurde das Feldzeichen zum Paradebusch nicht getragen.*

*133 Offizierstschapka M 1864, Parade. Beim Modell 1873 wurde der Haken, der bislang vorne die Schuppenkette hielt, an die rechte Ecke zum Einhängen der Fangschnur versetzt. Den Deckel hatte man zum besseren Schutz gegen Nässe mit schwarzem Leder bezogen. Dieselben Änderungen wurden an dem Mannsch.-Tschapka M 64 vorgenommen.*

nächst die alten roten Tschapkas mit dem Löwenwappen. Dazu mußten neue Löcher in die Tschapkas gebohrt werden. Nach erfolgter Einführung der neuen durften die Mannschaften die alten Tschapkas behalten und haben sie aus Königstreue meist wieder mit dem alten »L«-Beschlag montiert. Daher haben die meisten roten Tschapkas zusätzliche Löcher neben dem »L«-Emblem.

Ähnlich wie bei den Helmen mit Spitze gab es Tschapkas, deren Emblem mit und ohne Lorbeerzweig über dem Treue-Bandeau gefertigt war. Auch hier läßt sich nichts Genaueres feststellen.

Nachfolgende Tabelle gibt eine Übersicht über die Farben der Beschläge sowie die Farben der Paraderabatten.

Hierbei ist zu beachten, daß die Vorderschirm-Einfassungsschiene immer die Metallfarbe des Emblems hat. Die Einfassungsborte der Rabatte ist dann weiß oder gelb (bzw. bei Offizieren aus silberner oder goldner Tresse). Der Durchzug der Kantschnur an der Rabatte war bei preußischen Regter. schwarz, bei sächsischen grün, bei den württembergischen schwarz-rot und bei den bayerischen blau.

*134 Offizierstschapka M 86, Parade (auf dem Bild ohne Busch). Die Beschläge waren beim Regt. 1 durchweg gelb, beim Regt. 2 weiß, auch die Schuppenketten. Die Rabatten hatten bei beiden Regimentern dieselbe karmoisinrote Farbe, die Bortenbesätze dabei nach der Knopffarbe.*

*135 Mannschaftstschapka M 86, Dienstausführung. Zunächst trugen die Mannschaften das gleiche große Wappen wie die Offiziere, bekamen jedoch nach 1904 den Beschlag in kleinerer Form.*

| | Regt. | Emblem | Schuppenkette | Rabatte |
|---|---|---|---|---|
| | GUR 1 | w | g | weiß |
| | GUR 2 | g | g | rot |
| | GUR 3 | w | g | gelb |
| | UR 1 | g | g | weiß |
| | UR 2 | g | g | rot |
| | UR 3 | g | g | gelb |
| | UR 4 | g | g | hellblau |
| | UR 5 | w | g | weiß |
| | UR 6 | w | g | rot |
| Preußen | UR 7 | w | g | gelb |
| | UR 8 | w | g | hellblau |
| | UR 9 | g | g | weiß |
| | UR 10 | g | g | karmoisin |
| | UR 11 | g | g | gelb |
| | UR 12 | g | g | hellblau |
| | UR 13 | w | g | weiß |
| | UR 14 | w | g | karmoisin |
| | UR 15 | w | g | gelb |
| | UR 16 | w | g | hellblau |
| | UR 17 | Stern g, Wappen w. | g | weiß |
| Sachsen | UR 18 | Stern g, Wappen w. | g | purpurrot |
| | UR 21 | Stern w, Wappen g. | w | kornblumenblau |
| Württemberg | UR 19 | w | g | rot |
| | UR 20 | w | g | gelb |
| Bayern | UR 1 | g | g | karmoisin |
| | UR 2 | w | w | karmoisin |

# Jäger zu Pferde

Die Regter. Jäger zu Pferde bildeten die jüngste Truppenformation innerhalb des Reichsheeres. Seit 1895 bestanden »Meldereiter-Detachements« bzw. ab 1897 »Detachements Jäger zu Pferde«, aus denen schließlich 1905 die »Jäger-Regter. zu Pferde« gebildet wurden. Bis 1913 wurden insgesamt 13 Regter. errichtet, von denen jedoch nur die Regter. 1–7 Metallhelme trugen, während die 1913 aufgestellten Regter. 8–13 lederne Dragonerhelme hatten. Nur die Offiziere letzterer Regter. besaßen Metallhelme.

*136 Mannschaftshelm f. JzPf., M 1905. Die formmäßigen Abweichungen gegenüber dem Helm der Kürassiere sind deutlich zu sehen: Spitze u. Spitzenhals wie Infanterie, jedoch auf Kreuzblattbasis, Nackenschirm eckig, Augenschirm stark abgewinkelt. Der Mannschaftshelm war schwarz brüniert, die Beschläge beim Regt. 1–6 weiß, beim Regt. 7 gelb. Die Schuppenketten der Regimenter 5 und 6 waren geschwärzt.*

*137 Offiziershelm Regt. JzPf. 1–6. Helmglocke vernickelt, alle Beschläge bis auf die vergoldeten Schuppenketten versilbert.*

*138 Reserve-Offiziershelm Regt. JzPf. 7–13. Geschwärztes Stahlblech, alle Beschläge vergoldet, natürlich mit Ausnahme des Reservekreuzes. Es gab jedoch Embleme, bei denen das Reservekreuz in der gleichen Metallfarbe montiert wurde, um es »unauffälliger« zu machen.*

## Artillerie

Der Helm der Artillerie war im allgemeinen derjenige der Infanterie, jedoch mit Kugelaufsatz anstelle der Spitze sowie gewölbten Schuppenketten bei der Feldartillerie.

Die für die Artillerie typische Kugel wurde im September 1844 eingeführt und war zunächst nicht rund, sondern oval. *s. Abb. 6*

Sämtliche Regter. hatten durchweg gelbe Beschläge.

*139 Offiziers-Helm für Garde-Feldartill. Regter. 1–4 sowie Feldartillerie-Schießschule. Form nach 1897. Die Garde trug zur Parade weiße, bei Trompetern rote Haarbüsche.*

*140 Offiziers-Helm der Garde-Fußartillerie sowie Fußartillerie-Schießschule. Zur Parade Büsche wie Garde-Feldartillerie. Die Schuppenketten waren bei der Fußartillerie flach, die Mannschaften der Linie trugen hier nur Kinnriemen. Die 4. Kompanie des Garde-Fußartillerie-Regts. hatte das Auszeichnungsband »Colberg 1807«.*

*141 Offiziers-Helm der Garde-Landwehr-Artillerie, Form nach 1897. Die 4 Garde-Feld-artill.-Regter. sowie die Feldartill.-Schießschule stellten jeweils ein 1. und 2. Aufgebot an Garde-Landwehr-Artillerie-Offizieren.*

*143 (oben rechts) Offiziershelm der Linien-FAR-Regter. Die Mannschaften aller Feld-Art.-Regter. trugen gewölbte Schuppenketten am Knopf M 91 (hier jedoch erst 1894 eingeführt).*

*142 (oben links) Offiziershelm aus dem Feld-Art.-Regt. Nr. 2, 1. Batterie sowie FAR 3, 6. Batterie. Hier wurde seit 1861 bzw. 1899 am Helm der Adler mit »FWR«-Medaillon sowie dem Auszeichnungsband »Colberg 1807« getragen. Die übrigen Offiziere und Mannschaften dieser Regimenter wie auch der Regimenter 1 und 6 hatten den Adler mit »FWR«-Medaillon, jedoch ohne Auszeichnungsband.*

*144 Mannschaftshelm der Fuß-Artill. Die Mannschaften trugen nur Kinnriemen, nach 1897.*

*146 Mannschaftshelm der 3. Batterie des FAR 62. Diese Batterie führte als oldenburgisches Kontingent den besonderen Wappenstern.*

*145 Offiziershelm aus dem FAR Nr. 10 oder FAR 46, 1., 4., 5. und 6. Batterie. Das Auszeichnungsband »PENINSULA-WATERLOO-GÖHRDE« wurde 1899 verliehen. Die 2. fahr. Batterie des Regts. 46 sowie die 1. Batterie des Regts. 35 führte außerdem dazu das »Colberg 1807«-Band an.*
*Ebenso trug die 2. Batterie des FAR 26 und die 2. u. 4. Batterie des FAR 35 seit 1890 den normalen Adler mit »FR«-Medaillon, jedoch mit Colberg-Band.*

*147 Mannschafts-Eigentumshelm der Feld-Artillerie. Die Büsche der reitenden Abteilungen reichten bis an den unteren Schirmrand, die der Fuß-Abteilungen nur bis an den oberen Helmrand. Folgende Regimenter der preußischen Feld-Artillerie und der Kontingentstruppen hatten Paradebüsche: Garde weiß, Trompeter rot, bei der Linie die Regimenter 1–3, 5, 7, 8, 10, 11, 14, 15, 34, 35, 42 und 74 schwarze, bei Trompetern rote Haarbüsche.*

*148 Mannschaftshelm der Feld-Artillerie-Regter. Nr. 14, 30, 50, 66 und 76, die das badische Kontingent stellten. Hier die Schuppenketten noch an der bis 1894 getragenen Schlitzschraubenbefestigung. Nur das FAR 14 hatte schwarze, bei Trompetern rote Haarbüsche.*

*149 Mannschaftshelm der sächsischen Feld-Artillerie. Das Königreich Sachsen stellte die Feld-Art. Regter. Nr. 12, 28, 32, 48, 64, 68, 77 und 78. Der Helm entsprach dem preußischen Muster, hatte jedoch ein eigenes Landeswappen. Zur Parade trugen alle Regimenter schwarze, für Trompeter rote Haarbüsche.*

Die Fußartillerie-Regter. Nr. 1, 2, 3 und 6 trugen am Helm den alten Grenadier-Adler mit »FWR«-Medaillon sowie zur Parade weiße, bei Spielleuten rote Büsche. Die übrigen Regter. Nr. 4, 5, 7–11, 13 und 15 hatten den normalen, heraldischen Adler mit »FR«-Medaillon. Das Regt. Nr. 3 trug als Ausnahme schwarze, für Spielleute rote Haarbüsche zur Parade.
Das Großherzogtum Hessen hatte als eigenes Kontingent die Feld-Artillerie-Regter. Nr. 25 und 61. Diese Regter. trugen den Helm wie die hessische Infanterie, jedoch mit Kugel. Die Beschläge und Schuppenketten waren gelb, der Spitzenhals der Offiziere mit Perlring. Im Jahre 1915 bekam das FAR 25 als besondere Auszeichnung den Stern des Ludwigs-Ordens, mit Schwertern. Beide Regter. hatten zur Parade schwarze, bei Trompetern rote Haarbüsche.
Das Großherzogtum Mecklenburg-Schwerin stellte das FAR Nr. 60, das den Helm preußischen Musters, jedoch mit dem mecklenburgisch-schwerinschen

*150 Mannschaftshelm der bayerischen Feld-Art. Die Kgl. Bayerische Armee stellte 12 Feld-Artillerie- sowie 3 Fußartillerie-Regimenter. Die bayerische Artillerie trug den Helm der Infanterie, also mit Spitze. Bei der Feldartillerie waren die Schuppenketten gewölbt, bei der Fußartillerie flach. Zur Parade hatten alle Feld-Art.-Regter. rote Haarbüsche, die Fußartillerie trug keine.*

*151 Offiziershelm der Fuß-Artillerie nach M 1916. In diesem Jahre wurden neue Uniform-Vorschriften für die »künftige Friedensuniform« erlassen, wonach die bayerische Artillerie nach dem allgemeinen Muster die Kugel anstelle der Spitze tragen sollte. Es kamen hierbei für Mannschaften nur wenige Exemplare in feldgrauer Ausführung zur Ausgabe. Nur wenige Offiziere glichen ihren Helm dieser neuen Vorschrift an.*

Wappen, trug. Für Mecklenburg-Strelitz hielt die 3. Batterie des FAR Nr. 24 die Tradition aufrecht und trug das mecklenburgisch-strelitz'sche Wappen am Helm. Büsche wurden bei diesen Regtern. nicht geführt.
Die württembergischen Feld-Artillerie-Regter. Nr. 13, 29, 49 und 65 hatten den Helm preußischen Musters, jedoch mit württembergischen Landeswappen. Die Beschläge waren gelb, die Schuppenketten der Mannschaften gewölbt. Die Regter. Nr. 13 sowie Nr. 29 hatten zur Parade weiße, die Trompeter rote Haarbüsche.

## Pioniere

Preußen hatte 1 Garde-Pionier-Bataillon sowie 30 Linien-Pionier-Bataillone, die Pionier-Bataillone der Kontingents-Truppen eingerechnet. Bayern besaß 4 Pionier-Bataillone.

Die Pioniere trugen allgemein den Helm der Infanterie, die Beschläge waren weiß. Die Mannschaften des preußischen Garde-Pionier-Bataillons hatten

*152 Offiziershelm des preußischen Garde-Pionier-Bataillons, nach 1897. Der Helm ließ sich nicht von demjenigen des preußischen 5. Garde-Regts. zu Fuß und dem des Garde-Füsilier-Regts. unterscheiden. Zur Parade trug das Garde-Pionier-Bataillon (wie auch die Garde-Füsiliere) schwarze, das 5. Garde-Regt. zu Fuß jedoch weiße Haarbüsche. Zur Parade hatten die Spielleute wie immer rote Büsche.*

*153 Mannschaftshelm aus dem Pionier-Bataillon Nr. 1 oder 3, Form nach 1897. Diese beiden Bataillone führten den alten Grenadier-Adler mit »FWR«-Medaillon. Das 3. Bataillon bekam 1913 schwarze, für Spielleute rote Paradebüsche. Die übrigen Bataillone trugen den normalen Adler mit »FR«-Medaillon, alle Beschläge durchweg weiß.*

gelbe Schuppenketten, die übrigen Regter. Kinnriemen mit weißmetallenen Beschlägen. Die Sternschrauben sowie die Schuppenketten der Offiziere waren vergoldet.
Das Königreich Sachsen stellte die Pionier-Bataillone Nr. 12 und Nr. 22, die den Helm preußischen Modells, jedoch mit weißem Stern und gelbem sächsischen Wappen trugen. Die Schuppenketten waren ebenfalls weiß. Zur Parade schwarze, für Spielleute rote Haarbüsche.

*154 Offiziershelm aus dem hannoverschen Pionier-Bataillon Nr. 10. Das Auszeichnungsbandeau* »PENINSULA-WATERLOO« *wurde 1899 verliehen.*

*155 Die 4 Pionier-Bataillone der bayerischen Armee trugen den Helm nach preußischem Muster mit dem bayerischen Landeswappen. Die Mannschaften hatten Kinnriemen, Paradebüsche wurden nicht getragen.*

Das württembergische Pionier-Bataillon Nr. 13 trug den Helm preußischen Musters, mit weißmetallenem württembergischen Landeswappen. Die Mannschaften hatten Kinnriemen mit weißmetallenen Montierungen; Paradebüsche gab es nicht.

Das Großherzogtum Baden stellte das Bad. Pionier-Bataillon Nr. 14. Hier wurde ebenfalls der Helm nach preußischem Muster, jedoch mit weißmetallenem Greif getragen. Die Mannschaften hatten den üblichen Kinnriemen.

Zu den Pionier-Truppen zählten auch die preußischen Eisenbahn-Regter. 1–4 sowie das bayerische Eisenbahn-Bataillon München. Die preußischen Regter. trugen hierbei den Helm der Garde-Pioniere, die bayerischen Eisenbahner den Helm wie die bayerischen Pioniere.

Zu den sogenannten Verkehrstruppen zählten neben den Eisenbahn-Regtern. die Telegraphen-Bataillone, die Festungs-Fernsprech-Kompagnien, die Luftschiffer-Bataillone sowie das Flieger- und das Kraftfahr-Bataillon.

Hierbei wurde im allgemeinen der für Jäger vorgeschriebene Tschako getragen, jedoch mit weißmetallenen Beschlägen, wobei die Offiziere allgemein vergoldete Schuppenketten, die Mannschaften Kinnriemen mit weißmetallenen Beschlägen trugen. Nur Offiziere der bayerischen Truppenteile hatten versilberte Schuppenketten.

In Preußen zählte das 1. Telegraphen-Bataillon und das 1. und 2. Luftschiffer- sowie die 4 Flieger-Bataillone zur Garde und trugen deshalb den Gardestern, bei Offizieren emailliert. Die übrigen preußischen Verkehrstruppen hatten den heraldischen Adler. Die 3. Kompanie des Telegraphen-Bataillons Nr. 4 trug als württembergischer Truppenteil das württembergische Wappen mit dem bei Offizieren emaillierten Stern des württembergischen Kronenordens. Das Telegraphen-Bataillon Nr. 7 sowie die 3. Kompanie des 2. Luftschiffer-Bataillons war sächsisch und führte daher den silbernen Stern mit gelbem sächsischen Wappen.

Schwarze Paradebüsche wurden nur von denjenigen preußischen Bataillonen getragen, die als Emblem den Gardestern führten. Auch hier hatten die Musiker (Hautboisten u. Spielleute) rote Büsche.

## Train

Preußen besaß ein Garde-Train-Bataillon. Der preußische Garde-Train trug den Helm der Garde-Infanterie mit gelben Beschlägen und gewölbten Schuppenketten. Der Train war beritten. Offiziere hatten den Gardestern wie üblich emailliert.

Die übrigen preußischen Train-Bataillone trugen den Helm der Linien-Infanterie, jedoch mit gewölbten Schuppenketten, auch die Mannschaften. Zur Parade hatten alle Linien Train-Bataillone schwarze, für Trompeter rote Haarbüsche.

*156 Offiziershelm des Garde-Trains ab 1897. Zur Parade weiße, für Trompeter rote Büsche.*

Das Kgr. Sachsen stellte das Train-Bataillon Nr. 12 und 19. Hier wurde der Helm preußischen Musters mit dem sächsischen Wappen auf gelbem Stern getragen.
Das Königreich Württemberg besaß innerhalb des Reichsheeres das Train-Bataillon Nr. 13, ebenfalls mit Helm nach preußischem Muster, jedoch mit württembergischen Wappen, Büsche wie oben.
Das Großherzogtum Baden stellte das Bad. Train-Bataillon Nr. 14, Helm wie üblich, jedoch mit badischem Greif, Paradebüsche wie oben.
Das Großherzogtum Hessen hatte das Train-Bataillon Nr. 18. Der Helm war derjenige der Infanterie mit gewölbten Schuppenketten und eigenem Landeswappen. Büsche schwarz, bei Trompetern rot. Die bayerischen Train-Bataillone Nr. 1 und Nr. 2 trugen den Helm der Infanterie mit eckigem Vorderschirm und gewölbten Ketten. Auch hier alle Beschläge gelb, zur Parade schwarze und dem allgemeinen Muster entsprechend, für Trompeter rote Büsche.

# Die Uniform

## Infanterie

Die Infanterie trug, wie auch die übrigen Fußtruppen, den im Jahre 1842 in Preußen eingeführten Waffenrock, der das bis dahin getragene Kollet, einen kurzen Uniformrock mit Frackschößen, ablöste. Der Waffenrock war aus dunkelblauem Tuch gefertigt, der Kragen bei der Garde eckig, bei der Linie rund. Die »brandenburgischen« Aufschläge und die Vorstöße (Kanteneinfassungen) waren im allgemeinen bei der Infanterie rot, das sogenannte »ponceaurot«.

Die Farbe der Achselklappen gab zusammen mit der Farbe des Vorstoßes um die Ärmelpatte die Zugehörigkeit zu einem Armeekorps an. Die Farben waren dem Farbschema der Alten Armee entsprechend weiß, rot, gelb, hellblau oder grün. Bei roten Achselklappen war die Regimentsnummer bzw. der Namenszug gelb, bei den übrigen rot eingestickt.

Vorne wurde der Waffenrock mit 8 Knöpfen geschlossen, auf den Schoßtaschenleisten und den Ärmelpatten saßen je drei, meist gelbe Metallknöpfe. Auf den Knöpfen, die die Achselklappen hielten, war die Kompanie-Nummer aufgeprägt.

Zu bestimmten Gelegenheiten wurde statt des Helmes die Mütze getragen. Sie bestand aus demselben Tuch wie der Waffenrock und hatte einen roten Bund (Besatzstreifen), sowie einen roten Vorstoß am Deckelrand. Auf dem Bund saß die jeweilige Landeskokarde, darüber seit 1897 die Reichskokarde. Einen Schirm hatte nur die Dienstmütze der Unteroffiziere sowie die seit 1873 erlaubte eigene Ausgehmütze, die sich in der Tuch- und Anfertigungsqualität meist nicht von der Offiziersmütze unterschied. Lediglich an den Kokarden war der Unterschied noch erkennbar.

Die Hose war seit 1870 aus schwarzem Tuch mit einem roten Vorstoß an der Hosennaht. Bei Paraden wurden stattdessen im Sommerhalbjahr weißleinene Hosen getragen. In Bayern und Württemberg galten hier eigene Vorschriften. So wurden auch zu Paraden die Tuchhosen getragen und nur bei besonderen Anlässen die weißen befohlen. Während alle Fußregimenter der preußischen Armee und der Kontingentstruppen schwarze Hosen trugen, hatten die Mannschaften, Unteroffiziere und Offiziere der bayerischen Fußtruppen die Hose

*157 Preuß. Inf.-Offz. 1908*

*158 Einjähr-Freiwill. der Inf. in Ausgeh-uniform.*

aus dem gleichen blauen Tuch wie den Waffenrock, der in der bayerischen Armee von etwas hellerem Blau war, ebenfalls mit roten Biesen.
Die Mäntel der Mannschaften waren bis 1894 bei allen Fußtruppen aus schwarzem, danach aus hellgrauem Tuch und hatten farbige Kragenpatten (»Spiegel«) und farbige Achselklappen wie am Waffenrock. Vorne war der Mantel mit sechs Knöpfen (Farbe wie am Waffenrock) geschlossen, der Taillengurt hatte einen Knopf. Auch auf den Knöpfen der Achselklappen am Mantel war die Kompanie-Nr. aufgeprägt. Wenn der Mantel nicht angezogen war, trug man ihn zusammengerollt um den Rand des Tornisters geschnallt.
Die Stiefel der Mannschaften hatten halbhohe Schäfte und waren aus geschwärztem Leder gefertigt, die Sohlen genagelt. Seit 1869 trug man aus praktischen Erwägungen die Hosen in den Stiefeln.

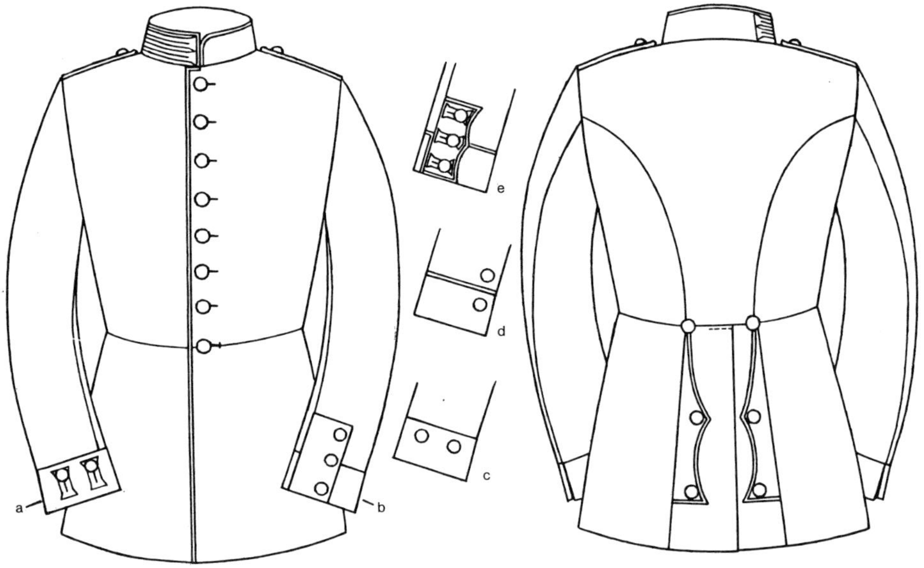


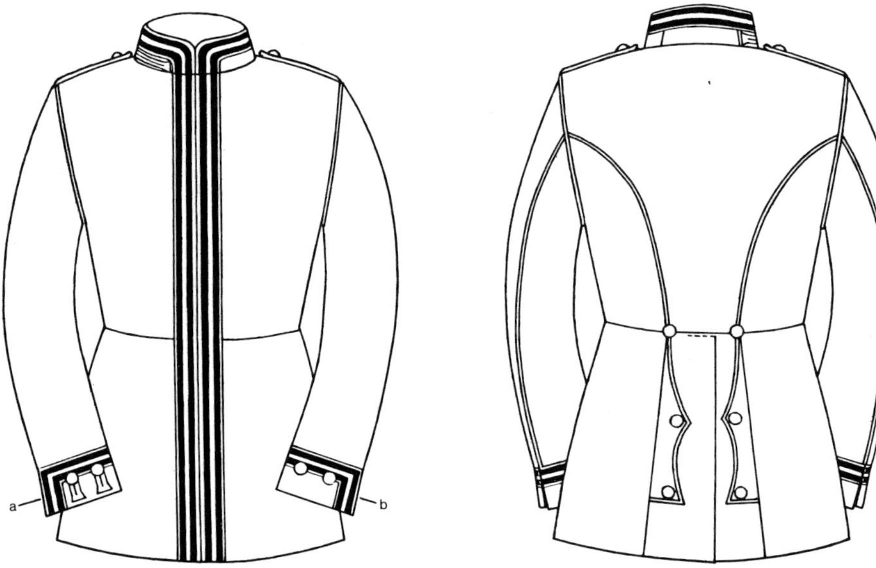


*159 (oben) Waffenrock für Infanterie*
*a) Garde / b) Linie (»Brandenburgischer« Aufschlag) / c) Aufschlag für Jäger, Dragoner, Feldartillerie, Pioniere, Train und Verkehrstruppen (Fußartillerie wie Infanterie) / d) Aufschlag für sächsische Truppenteile / e) Aufschlag der preußischen Garde-Jäger u. Garde-Schützen (»Neufchâteler« Aufschlag)*

*160 (unten) Koller für Kürassiere und Jäger zu Pferde*
*a) Garde (»Schwedischer« Aufschlag) / b) Linie*

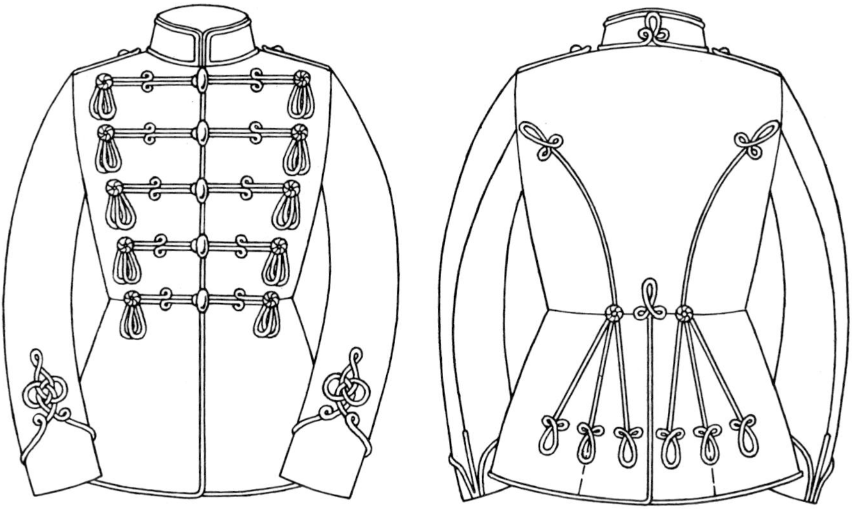

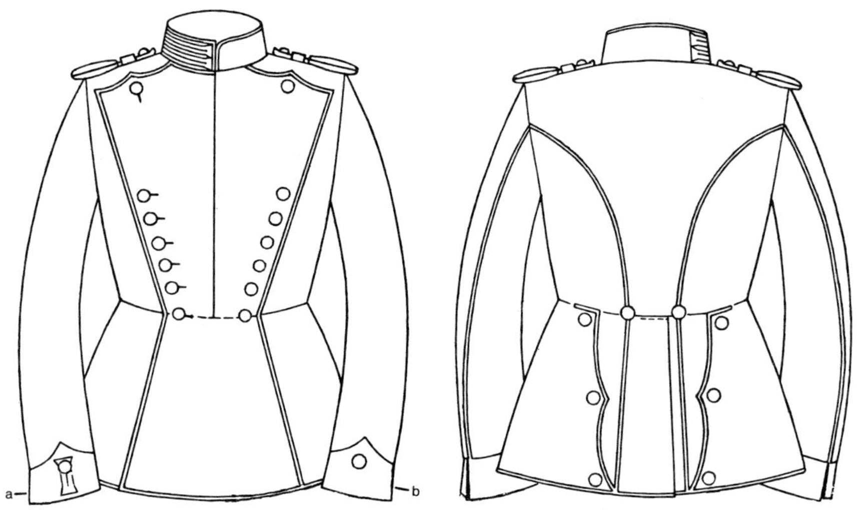


*161 (oben) Attila der Husaren*

*162 (unten) Ulanka der Ulanen*
*a) Garde (»Polnischer« Aufschlag)*
*b) Linie*
*Gardelitzen werden immer an Aufschlägen und Kragen getragen*
*(Zeichnungen K. D. Schack)*

Zum Waffenrock gehörte der Leibriemen (Koppel), aus geschwärztem Leder mit einem Kastenschloß aus Messing oder Neusilber, je nach der Knopffarbe. Eingeführt wurde dieser Leibriemen 1847. Zunächst war er 5 cm, nach 1871 nur noch 4,5 cm breit. Die einzelnen Bundesstaaten führten am Schloß ihre eigenen Namenszüge bzw. Abzeichen. So hatte die preußische Infanterie ein rundes, weißmetallenes Schild mit Königskrone und umlaufender Schrift »GOTT MIT UNS«, die bayerische Armee ein ähnliches mit der Devise »IN TREUE FEST«. In Sachsen lautete die Umschrift der Linie »PROVIDENTIAE MEMOR«, nur beim Regt. 107 und Regt. 108 ohne Umschrift, dafür beim ersteren der Namenszug »JG« (= Johann Georg, König v. Sachsen), beim letzteren Regt. ein gedoppeltes »G« für König Georg. Bei den württembergischen Truppen trug das Kastenschloß das Landeswappen mit der Umschrift: »FURCHTLOS UND TREW«. Die hessischen Truppen hatten das Schloß mit aufgelegter Krone ohne Wahlspruch. Die mecklenburgischen Einheiten trugen am Schloß ihr Landeswappen. Andere Besonderheiten mögen hier unerwähnt bleiben.

Zur Ausrüstung des Infanteristen gehörte außerdem das Seitengewehr mit Seitengewehrtasche (seit 1898 das SG M 98 lang), die Patronentaschen und der Tornister, der schon seit 1718 mit braunem Kalbfell bezogen war. An der Seitengewehrtasche trug der Mann die sogenannte Troddel. Das Band war weiß, die Troddel selbst hatte 3 Teile, die nach dem üblichen Farbschema verschieden eingefärbt waren und so die Kompaniezugehörigkeit auswiesen. Die Troddel bestand aus einem offenen Quast an gedrehten, 3–3,5 cm langen Wollfäden (Fransen) mit einem Kranz aus farbiger Wolle. Über dem Kranz befand sich die sogenannte Eichel (Stengel) und darüber ein runder, beweglicher Schieber. Eichel und Schieber waren mit Wolle übersponnen.

Die Farben der 12 Kompanien waren folgende:

| Komp. | 1 | 2 | 3 | 4 | 5 | 6 | 7 | 8 | 9 | 10 | 11 | 12 |
|---|---|---|---|---|---|---|---|---|---|---|---|---|
| Schieber | weiß | rot | gelb | hblau | weiß | rot | gelb | hblau | weiß | rot | gelb | hblau |
| Eichel | weiß | weiß | weiß | weiß | rot | rot | rot | rot | gelb | gelb | gelb | gelb |
| Kranz | weiß | rot | gelb | hblau | weiß | rot | gelb | hblau | weiß | rot | gelb | hblau |

Troddeln der später eingeführten Maschinengewehr-Abteilungen (13. Kompanie) sowie die Festungs-MG-Abteilungen (14. Kompanie):

| Komp. | 13 | 14 |
|---|---|---|
| Schieber | weiß | rot |
| Eichel | hblau | hblau |
| Kranz | weiß | rot |

Die Dienstgradabzeichen der Gefreiten und Unteroffiziere waren folgende:

Der *Gefreite* trug am Kragen des Waffenrocks seitlich jeweils einen kleinen Knopf mit entsprechendem Landeswappen. *Obergefreite.* Sie hatten einen

großen Wappenknopf. Preußen und seine Kontingente trugen den Knopf mit dem heraldischen Adler. Eigene Wappenknöpfe hatten Bayern, Sachsen, Württemberg, Hessen, Mecklenburg-Schwerin (Wappen), und Mecklenburg-Strelitz (nur Krone). Am Mantel trugen die Gefreiten kein Abzeichen.
*Der Unteroffizier* trug am Kragen vorn und oben herum sowie um die Ärmelaufschläge jeweils eine glatte goldene Tresse, auf der Kragenplatte des Mantels war eine weiße Wollborte mit einem schwarzen Mittelstreifen befestigt. Die Unteroffiziere hatten eine besondere U-Troddel, die nicht mehr die Kompaniefarben zeigte, sondern in allen Teilen mit den jeweiligen Landesfarben durchzogen war.
*Der Sergeant* trug die Abzeichen am Waffenrock wie der Unteroffizier, zusätzlich am Kragen den großen Wappenknopf seines Landes. Mantel und Troddel wie bei Unteroffizieren.
*Der Fähnrich* trug die Abzeichen des Unteroffiziers, jedoch am Seitengewehr schon das Offiziersportepee (siehe dieses); sowie an der Kopfbedeckung die für Offiziere vorgeschriebenen Kokarden. Nach bestandenem Offiziersexamen durfte der Fähnrich bereits den Offiziersdegen am Unterschnallkoppel tragen.
*Der Vizefeldwebel* trug die Abzeichen des Sergeanten, dazu jedoch den Offiziersdegen am Leibriemen (Koppel) mit geschwärztem Trageriemen, also über dem Waffenrock. Am Degen führte er das Offiziersportepee, an der Kopfbedeckung die Offizierskokarden.
*Der Feldwebel* hatte die Uniformabzeichen wie der Vizefeldwebel, dazu seit 1889 am Aufschlag jeweils eine zweite goldene Tresse, ebenso seit 1895 auf der Kragenpatte des Mantels eine zweite Borte. Der Feldwebel trug den Offiziersdegen mit Offiziersportepee sowie Offizierskokarden.
Die Spielleute und Hoboisten trugen besondere Abzeichen am Waffenrock, sogenannte Schwalbennester aus rotem Tuch, die bei Spielleuten mit acht senkrechten (bei berittenen Truppen schräglaufenden) Borten und einer unten abschließenden waagrechten Borte besetzt waren. Bei Hoboisten, Regiments- und Bataillonstambouren bestanden diese Borten aus goldener Unteroffizierstresse. Bei den Schwalbennestern der Regiments- und Bataillonstamboure waren zusätzlich lange goldene Fransen angebracht.
Die Einjährig-Freiwilligen mußten nur ein Jahr anstelle der üblichen 2 Jahre dienen, und daher für ihre Bekleidung etc. selbst aufkommen. Ihre Stellung war an einer um die Achselklappen geführten Wollschnur in den jeweiligen Landesfarben zu erkennen.
Für Kapitulanten sowie für erfolgte Abkommandierungen zu Unteroffizierschulen usw. gab es weitere besondere Abzeichen.
Die Fahnenträger der einzelnen Regter. hatten seit 1898 am rechten Oberärmel ein besonderes gesticktes Abzeichen, dazu den Ringkragen mit landeshoheitlich eigenen Abzeichen. Die Fahne wurde bei preußischen Regtern. im Fahnenbandolier getragen, das aus Leder bestand und über die linke Schulter zur rechten Hüfte getragen wurde. Das Bandolier war mit Samt in der Farbe des Kragens sowie mit Tressen in der Knopffarbe besetzt. Bayerische Regter. hat-

*163 Fahnenträgerringkragen (Bayern). Epoche König Ludwig III. (ab 1913)*

ten keine Fahnenbandoliere. Bei den mecklenburgischen Truppenteilen waren die Fahnenträgerabzeichen nicht gestickt, sondern aus gelbem Metall geprägt.

Für besondere Schießleistungen der Mannschaften gab es seit 1894 eine Schützenschnur, die in 10 Klassen verliehen wurde. Sie war schwarz-weiß-rot gemustert und geflochten. (In Bayern war sie weiß-blau), und bestand für die 1.–3. Klasse nur aus Wolle, für die 5.–10. Klasse aus Silberfäden mit farbigen Durchzügen, oben mit einer aus demselben Material gefertigten, geflochtenen Rosette. Auf dieser Rosette saß bei der 5.–10. Klasse ein metallenes Schild, für Preußen und die angegliederten Truppen der gekrönte Namenszug »W«, im Königreich Württemberg das besondere, gekrönte »W« König Wilhelms, in Bayern das gekrönte Rautenwappen. Die einzelnen Klassen wurden zusätzlich durch entsprechend farblich gemusterte Eicheln dargestellt:

1. Klasse: eine wollene Eichel
2. Klasse: zwei wollene Eicheln
3. Klasse: drei wollene Eicheln
4. Klasse: keine Eichel (Schnur aus Wolle)
5. Klasse: keine Eichel, (Schnur schon aus Silberfäden)
6. Klasse: eine silberne Eichel,
7. Klasse: zwei silberne Eicheln,
8. Klasse: drei silberne Eicheln,
9. Klasse: eine goldene Eichel mit 2 gold. Schiebern,
10. Klasse: zwei goldene Eicheln mit 2 gold. Schiebern.

Für die Artillerie galten dieselben Auszeichnungsschnüre, jedoch anstelle der Eicheln entsprechende Metall-Granaten.

Zusätzlich zu diesen Auszeichnungschnüren wurden ab 1895 für beste Schießleistungen der Kompanien Ärmelschilder (sogenannte Kaiserpreis-Abzeichen) verliehen. Diese Schilder waren aus gelbem Metall geprägt, in Preußen und den Kontingentsstaaten bestanden sie aus einem ovalen gewundenen Eichenlaub-

*164 Bayer. Major der Inf. im Überrock.*

kranz, darüber die Kaiserkrone, in Bayern abweichend die Königskrone. Auf dem Eichenlaubkranz saßen bei der Infanterie gekreuzte Gewehre, bei MG-Truppen das »W II«, bei der Artillerie gekreuzte Kanonenrohre. Die Jahreszahl der Verleihung war unten auf der Schleife, bei wiederholten Verleihungen auf in den Kranz eingeprägten Bandeaus angebracht. Jäger und Schützen besaßen ein besonderes Abzeichen in Form eines gekrönten Geweihs. Die Kaiser- bzw. Königsabzeichen wurden am rechten Oberarm getragen.
Die Uniform der Offiziere entsprach im allgemeinen derjenigen der Mannschaften, war jedoch aus besserem Tuch gefertigt und hatte meist weit höhere Kragen als es die Vorschrift (4 cm) zuließ. Außerdem wichen die Farbtöne mehr oder minder von der Vorschrift ab.
Die Schirmmütze erreichte kurz vor Kriegsausbruch ihre höchste und eleganteste Form.

Der Waffenrock der Offiziere hatte versilberte bzw. vergoldete Knöpfe, auf den Schultern wurden zum Dienst Achselstücke aus Silbergespinst getragen, zu Paraden waren stattdessen Epauletten vorgeschrieben, die durch die Passanten gezogen und mit den Knöpfen der Achselstücke befestigt wurden. Die Passanten bestanden aus einer Silbertresse mit dem Durchzug in den Landesfarben und waren mit dem Tuch des Kragens bzw. der Aufschläge unterfüttert. Zum normalen Dienst erfreute sich der offiziell bereits 1843 abgeschaffte »Überrock« größter Beliebtheit. Er bestand aus dem Tuch des Waffenrocks, war jedoch knielang und hatte den Kragen des Waffenrocks, Ärmelaufschläge aus blauem Tuch, rot vorgestoßen, Schoßtaschenleisten nicht geschweift, sondern gerade und folglich nur mit je 2 Knöpfen. Vorne war der Überrock mit 2 Reihen von je 6 vergoldeten bzw. versilberten Knöpfen besetzt; in der bayerischen Armee waren es je 7 Knöpfe! Man knöpfte den Überrock rechts und trug bis 1896 die 2 Knopfreihen in V-förmiger Form, danach parallel, etwa in Höhe der Achselstück-Knöpfe. Die Brustklappen waren in der Farbe des Kragens gefüttert. Die Achselstücke wurden seit 1888 eingenäht, da ab diesem Zeitpunkt die Epauletten wie die nunmehr unnötigen Passanten am Überrock fortfielen.
Der Offiziersmantel, Paletot genannt, war bis 1893 schwarz, danach aus hellgrauem Tuch gefertigt. Der Kragen hatte innen die Farbe des Waffenrocks, außen die Abzeichenfarbe. Geschlossen wurde der Mantel mit je 2 Reihen aus 6 versilberten bzw. vergoldeten Knöpfen. Schoßtaschenleisten wie am Waffenrock geschweift und mit je 3 Knöpfen besetzt, am Taillengurt 1 Knopf. Berittene Offiziere trugen seit 1870, die unberittenen Offiziere seit 1888 schwarze Schaftstiefel bis zur Kniescheibe. Seit 1888 hatten die Offiziere ab den Hauptleuten Anschlagsporen.
Die Schärpe, das Offiziersabzeichen am Paradeanzug wurde schon seit 1695 getragen und bestand aus dem silbernen, mit 2 Streifen in den Landesfarben durchwirkten Band, das in zwei offenen Quasten endigte. Die Quasten setzten sich aus einem mit Silbergeflecht bekettelten Kopf und den außen silbernen, innen je nach Landesfarben bunten Fransen zusammen. Die 2 versilberten Dornschnallen konnten je nach Bundweite des Offiziers verstellt werden. Eigene Offiziersschärpen gab es in Preussen, Bayern, Sachsen, Württemberg, Hessen und Mecklenburg. Die hessische Schärpe hatte 3 anstelle von 2 Landesfarben-Durchzügen, die mecklenburgische war abweichend aus goldenen Fäden, mit je einem blauen und einem roten Durchzug, dazu goldene Fransen mit Fäden aus blauer und roter Wolle gefertigt. Die Offiziersschärpen der Kontingente Baden, Oldenburg sowie der Inf.-Regter. Nr. 93–96 waren wie die preußische, hatten jedoch im Band in der Mitte einen roten Durchzug. Die Adjutanten trugen als Abzeichen ihrer Dienststellung breitere Schärpen, jedoch nicht um den Leib, sondern von der rechten Schulter zur linken Hüfte.
Seit 1896 wurde zum Dienstanzug, also dem Waffenrock mit Achselstücken, die Offiziers-Feldbinde getragen. Sie bestand aus Schärpenband wie oben und hatte ein rundes Schloß, das je nach Knopffarbe silbern oder golden war. Dieses Schloß hatte einen runden Lorbeerkranz und in der Mitte den jeweiligen Namenszug: in Preußen das mit der Königskrone bekrönte »W II«, für die ba-

dischen und oldenburgischen Offiziere »W II« mit *Kaiserkrone*. Die Offiziersschärpe des braunschweigischen Inf. Regts. Nr. 92 war ebenso wie die Offiziers-Feldbinde silberblau, letztere hatte seit 1896 ein vergoldetes Schloß mit silbernem Totenkopf.

Im Feldbindenschloß der Offiziere des IR 94 saß der gekrönte Namenszug »CA« (Carl Alexander), beim IR 95 der Namenszug »GE« (Georg Ernst) und beim II./IR 96 »H« (Heinrich). Das III./IR 96 hatte als Namenszug ein gedoppeltes »G« (Günther), das IR 153 den Buchstaben »E« für Herzog Ernst.

Die mecklenburgischen Regter. hatten ein der Knopffarbe entsprechendes Schloß mit dem Namenszug »FF« für Friedrich Franz IV., beim mecklenburgisch-strelitzschen Kontingent jedoch »AF« für Herzog Adolf Friedrich.

Die hessischen Offiziere hatten ein silbernes Feldbindenschloß mit dem gekrönten großherzogischen Namenszug »EL« (Ernst Ludwig).

Das Feldbindenschloß der kgl. sächsischen Truppen trug den gekrönten Namenszug »FA« (Friedrich August), das württembergische den gekrönten Namenszug »W«.

Im Feldbindenschloß der Offiziere der kgl. bayerischen Armee wurde nicht der Namenszug ihres Königs, sondern nur die bayerische Königskrone getragen.

Seit 1889 hatten die Offiziere und Unteroffiziere, die die Erlaubnis zum Tragen der Offiziers-Seitenwaffe besaßen, den sogenannten Infanterie-Offiziers-Degen (IOD) M 1889. Die preußischen Offiziere sowie die Offiziere der übrigen Kontingentstruppen trugen den IOD M 89, zum Teil mit eigenem Landeswappen im Klappkorb. Hierbei hatten die preußischen Offiziere und die Offiziere der Kontingentstruppen im Klappkorb den heraldischen preußischen Adler, die mecklenburgischen und württembergischen Offiziere ihr Landeswappen. In Bayern, Hessen, Baden und Sachsen gab es eigene Säbel-Modelle.

Das Portepee war das eigentliche Standesabzeichen des Offiziers und in den Landesfarben der einzelnen Bundesstaaten gefertigt, soweit die Staaten nicht im allgemeinen preußischen Kontingent standen und das preußische Portepee trugen. Die Farben entsprachen denjenigen der Offiziersschärpen. Als Besonderheit war beim Offiziers-Portepee der bayerischen Armee der Schieber mit dem Band mittels eines versilberten Drahtbügels verbunden, während sonst das Band direkt im Schieber endigte. Daran läßt sich z. B. das braunschweigische vom bayerischen Portepee unterscheiden, das im übrigen völlig dem bayerischen glich.

Die Offiziere trugen den Degen am Unterschnallkoppel, wobei der Gurt aus Textilband, manchmal auch aus Leder, und der Tragriemen aus rotem Leder mit aufgesetzter Silbertresse bestand. Seit 1905 waren die Scheiden geschwärzt, der 2. Trageriпg und somit der lange Schlepper am Degengehenk fiel erst 1910 fort. Bestimmte Regter. trugen am Degengefäß besondere Auszeichnungen, bzw. Namenszüge, Jahreszahlen etc. Der Offizierstornister aus schwarzem Leder, ohne Felldeckel, wurde nach 1888 nur noch von Leutnants und Oberleutnants getragen.

*165 Preußen: Paradeüberlegedecke für Stabsoffiziere der Infanterie*

Stabsoffiziere, die ja beritten waren, führten eine Paradeüberlegdecke aus dunkelblauem Tuch, mit goldenen Tressen besetzt sowie in Preussen den gekrönten Namenszug »FWR« in den hinteren Ecken.

Dienstgradabzeichen der Offiziere waren die Epauletten, die seit 1866 nur noch zum Parade- und Gesellschaftsanzug getragen wurden, sowie die stattdessen 1866 zum gewöhnlichen Dienst eingeführten (Feld-) Achselstücke. Die Halbmonde hatten die Knopffarbe, die Schiebertressen waren immer in den Landesfarben durchzogen. Das Feld bzw. das Unterfutter der Epauletten richtete sich nach der Rock- und Abzeichenfarbe der Regter. Stabsoffiziere ab Major hatten lose, herunterhängende Fransen, Generale starre silberne Kantillen.

Die Dienstgrade der Offiziere waren an den Epauletten bzw. den zum Dienst getragenen Achselstücken zu erkennen:

| | | |
|---|---|---|
| **Generalität**<br>Epauletten mit starren Kantillen | *General-Feldmarschall:* | 2 gekreuzte Marschallstäbe |
| | *General-Oberst im Range e. Gen. Feldmarsch.:* | 4 Sterne (bis 1911 3 Sterne und die gekreuzten Marschallstäbe) |
| | *General-Oberst bzw. Gen. Feldzeugmeister* (so bei der Artill. genannt): | 3 Sterne |
| | *General der Inf., Kavall. oder Artill.:* | 2 Sterne |
| | *Generalleutnant:* | 1 Stern |
| | *Generalmajor:* | – |
| **Stabsoffiziere**<br>Epauletten mit losen Kantillen | *Oberst:* | 2 Sterne |
| | *Oberstleutnant:* | 1 Stern |
| | *Major:* | – |
| **Subalternoffiziere**<br>Epauletten ohne Kantillen | *Hauptmann* (bzw. *Rittmeister* bei der Kavallerie) | 2 Sterne |
| | *Oberleutnant:* | 1 Stern |
| | *Leutnant:* | – |

*166 Epaulette eines Gen. Feldmarschalls vor 1889.*

*167 Epaulette eines Gen. Obersten im Rang eines Gen. Feldm. vor 1911. (zugleich Chef des Feld-Art.-Regts. Nr. 14)*

*168 Epaulette eines Gen. Obersten im Rang eines Gen. Feldm. nach 1911 (Zugleich Chef IR 113)*

*169 Epaulette eines Obersten*

*170 Epaulette eines Oberleutnants (IR 57)*

171 *Achselstück eines Gen. Obersten im Range eines Gen. Feldmarschalls vor 1911*

172 *Achselstück eines Generalmajors*

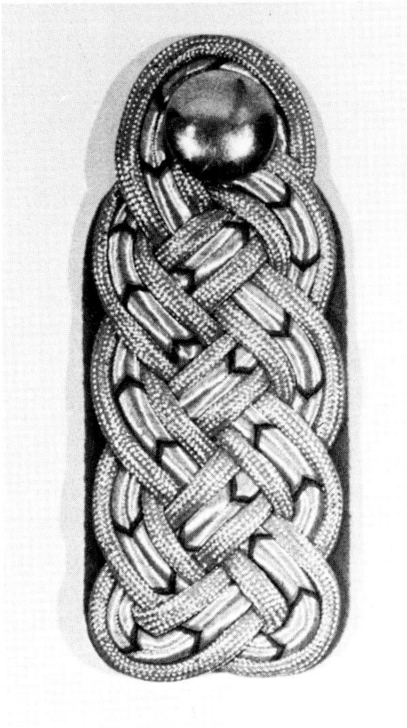

173 *Achselstück eines Majors*

174 *Achselstück eines Oberleutnants*

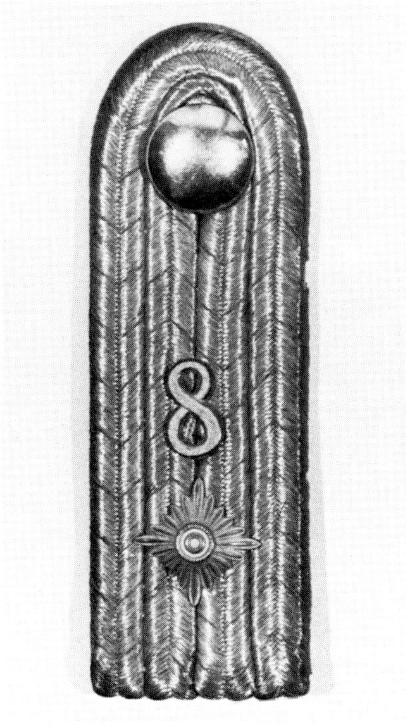

Achselstücke der Offiziere: Stäbe bzw. Rangsterne nach demselben Schema. Hierbei waren die Achselstücke der Generalität aus Gold- und Silberplattschnüren, diejenigen der Stabsoffiziere nur aus Silberplattschnüren geflochten.

Die Achselstücke der Subalternoffiziere bestanden aus 2 in Schlaufenform zusammengelegten Silberplattschnüren. Die silbernen Schnüre hatten immer einen Durchzug aus Seide in der jeweiligen Landesfarbe. Bei den Achselstükken der Generale war nur die Silberschnur mit farbigem Durchzug versehen, nicht die Goldschnur. Das Unterfutter der Achselstücke entsprach im allgemeinen dem Abzeichentuch, also dem Tuch des Uniformkragens.

Im allgemeinen waren die Regimenter numeriert, bestimmte Regimenter hatten jedoch besondere Namenszüge bzw. Zeichen, die auf den nachfolgenden Tafeln genauer dargestellt werden.

Die Generale der einzelnen Bundesstaaten trugen schon immer eine besondere Uniform mit goldenen Stickereien am Kragen, Aufschlägen und Schoßtaschenleisten, die schließlich der in Preußen im Jahre 1909 – zum gewöhnlichen Dienst bereits 1900 – eingeführten sogenannten »Alt-Larisch« Stickerei wich. In Bayern und Mecklenburg wurde nach wie vor eine eigene silberne Stickerei getragen, wobei allerdings die bayerischen Generale ab 1916 die preußische Alt-Larisch Stickerei, jedoch in silberner Ausführung, übernahmen.

Alle Generale mit Ausnahme der bayerischen hatten am Waffenrock vorne 12 anstelle von 8 Knöpfen, wobei die 4 zusätzlichen Knöpfe auf dem Vorderschoß unterhalb der Taille angebracht waren, jedoch nie zugeknöpft wurden.

Generale als Chef eines Regiments trugen den normalen Waffenrock des Regiments, dazu die entsprechenden Epauletten mit den Generalskantillen, Monde nach der Knopffarbe und anstelle des Generalshelms den beim Regiment vorgeschriebenen Helm, mit dem Federbusch der Generale zur Parade.

Die alte, bis 1900 getragene Generalsuniform hatte auf der linken Schulter eine gedrehte, goldene und mit den Landesfarben gefüllte Kantille sowie auf der rechten Schulter ein achselstückähnliches Geflecht mit daran hängenden Fangschnüren. Die Epauletten wurden zusammen mit der neuen Stickerei eingeführt. Zum normalen Dienst trugen auch die Generale Achselstücke, goldene Fangschnüre wurden zum Dienst nicht getragen.

Die General-Feldmarschälle führten bis ca. 1900 auf den Epauletten die versilberten, gekreuzten Marschallstäbe in glatter, schmuckloser Ausführung. Nach 1900 zeigten die Stäbe in feiner Prägung abwechselnd Adler und Königskrone, in Bayern das Rautenmuster. Die Rangsterne waren vergoldet, die Marschallstäbe und die Epaulett-Halbmonde versilbert, das Feld mit Silbergeflecht bezogen.

Außer den Generalen hatten auch bestimmte Regimenter am Kragen sowie den Aufschlägen Stickereien besonderer Probe, die auf den nachfolgenden Tafeln dargestellt werden. Bei den Mannschaften der Garde-Regimenter waren die Gardelitzen aus Wolle in der entsprechenden Knopffarbe, der Mittelstreifen der Litze hatte die Farbe des Kragens.

# Sämtliche, vom Verein gelieferten **Uniformstickereien** sind aus bestem Material gefertigt und haben 995/00 Feingehalt

## Preussische Generale

| | Brutto M | Netto nach Abzug v. 10 % M |
|---|---|---|

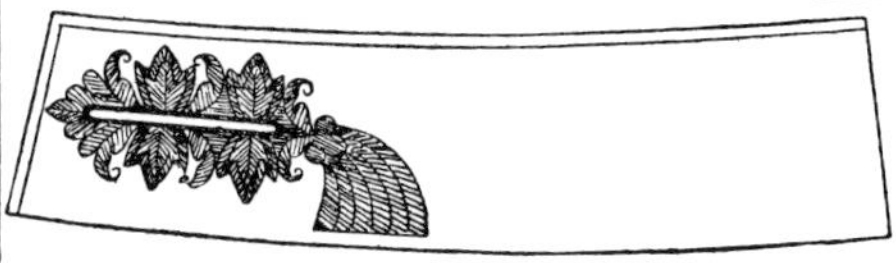

| | Brutto M | Netto nach Abzug v. 10 % M |
|---|---|---|
| Nr. 97 **Normale, echt goldene Stickerei** . . . . . . . | 34,— | 30,60 |

## Generale des Grossh. Mecklenburgischen Kontingents

| | Brutto M | Netto M |
|---|---|---|
| Nr. 98 **Normale, echt silberne Stickerei** . . . . . . . | 36,50 | 32,85 |

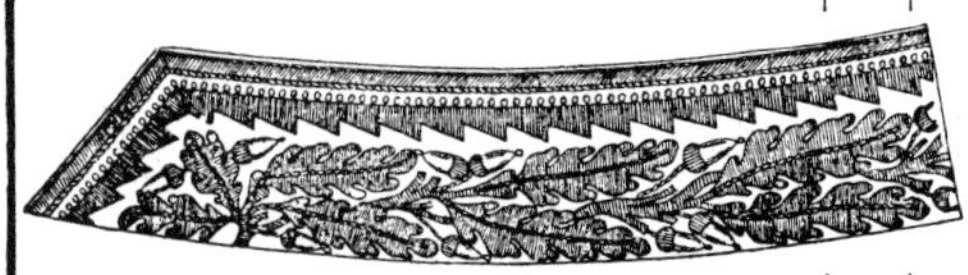

## Stickereikragen für Admirale

| | Brutto M | Netto M |
|---|---|---|
| Nr. 99 Echt Gold . . . . . . . . . . . . . . . | 70,— | 63,— |

## Bayerische Generale

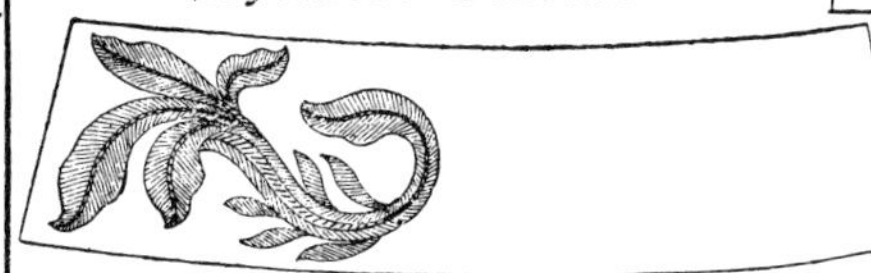

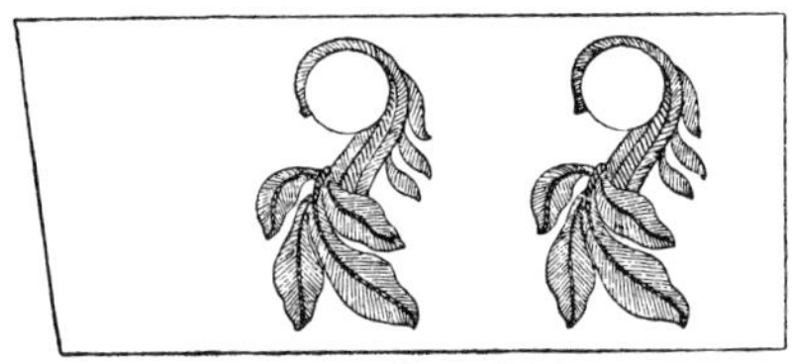

| | Brutto M | Netto nach Abzug v. 10 % M |
|---|---|---|
| . 100 **Normale, echt silberne Stickerei** . . . . . . | 35,— | 31,50 |

## Silberne Stickerei

**für Offiziere des 1. Garde-Regts. z. F., Garde-Füsilier-Regts., der Grenadier-Regtr. 100, 109, 119 u. 123, des 1. Garde-Landwehr- und Garde-Füsilier-Landwehr-Regts., des Bayerischen Infanterie-Leib-Regts., des Meckl. Jäger-Batls. 14, des 2. Garde-Dragoner-Regts. und der Dragoner-Regtr. 18, 23 und 25, der Schutztruppen, für Militär-Gerichts- und Intendantur-Beamte, sowie Beamte der technischen Institute.**

## Goldene Stickerei

**für Offiziere des 2., 3. u. 4. Garde-Regts. z. F., der Garde-Jäger, Garde-Maschinen-Gewehr-Abt. Nr. 1, des Garde-Trains, der Gendarmerie, des Reitenden Feldjägerkorps, des 2., 3. und 4. Garde-Landwehr-Regts., des Garde-Landw.-Trains u. der Garde-Landwehr-Jäger, des Grenadier-Regts. 101, des 1. Garde-Dragoner-Regts., des Dragoner-Regts. 17, des Sanitäts- und Veterinärkorps und des Sanitäts- und Veterinärkorps der Schutztruppen.**

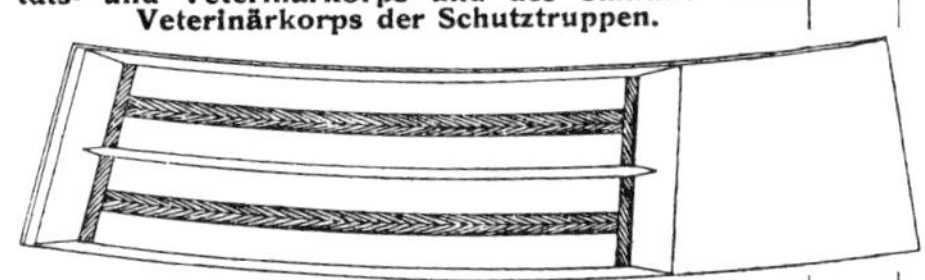

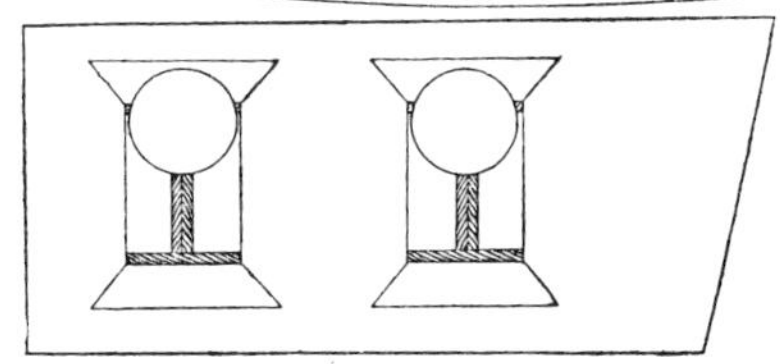

| | Brutto M | Netto M |
|---|---|---|
| Nr. 101 Normale, **echt silberne** Stickerei . . . . . . . . | 23,50 | 21,15 |
| Nr. 102 Normale, **echt goldene** Stickerei . . . . . . . . | 26,— | 23,40 |
| Nr. 103 **Echter Samtbesatz** f. Militärgerichts- u. Intendantur-Beamte, sowie Beamte der technischen Institute und Apotheker . . . . . . . . mehr M | 4,25 | 3,85 |

**DEUTSCHER OFFIZIER-VEREIN · Armeemarinehaus · BERLIN NW. 7.**

*175 Faksimile. Anmerkung zu Nr. 99: Diese Stickerei auch für preußische Generale bis 1901*

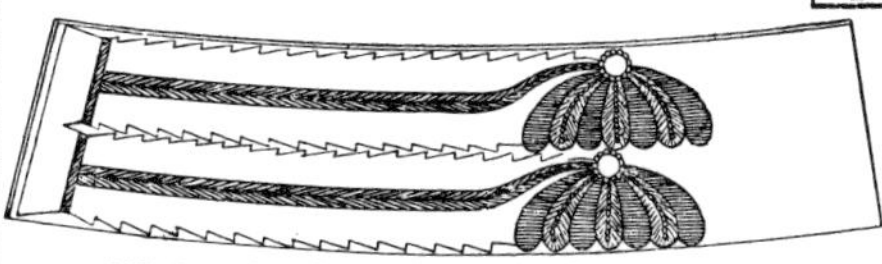

**Offiziere der Garde-Grenadier-Regtr. 1–4 sowie der Garde-Grenadier-Landwehr-Regtr. 1–4**

| Nr. | | Brutto M | Netto nach Abzug v. 10 % M |
|---|---|---|---|
| 104 | Normale, echt goldene Stickerei | 87,– | 83,30 |

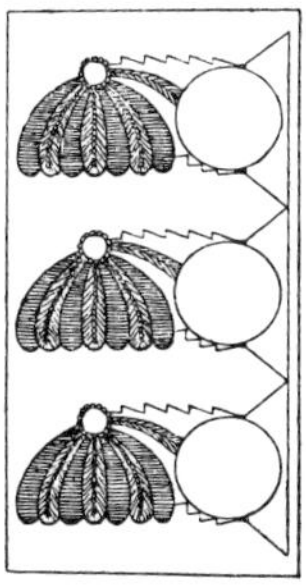

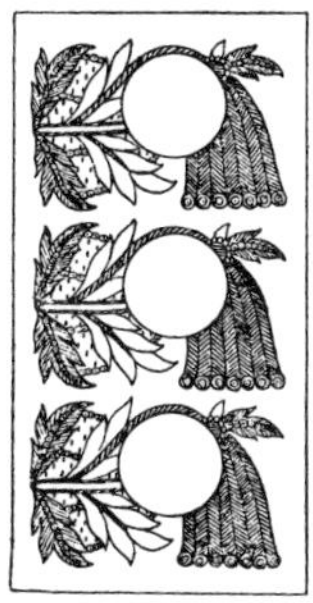

**Offiziere des 5. Garde-Regts. z. F.**

| Nr. | | Brutto M | Netto nach Abzug v. 10 % M |
|---|---|---|---|
| 105 | Normale, echt silberne Stickerei | 46,50 | 41,85 |

**Offiziere des Garde-Grenadier-Regts. 5**

| Nr. | | Brutto M | Netto nach Abzug v. 10 % M |
|---|---|---|---|
| 106 | Normale, echt goldene Stickerei | 51,– | 45,90 |

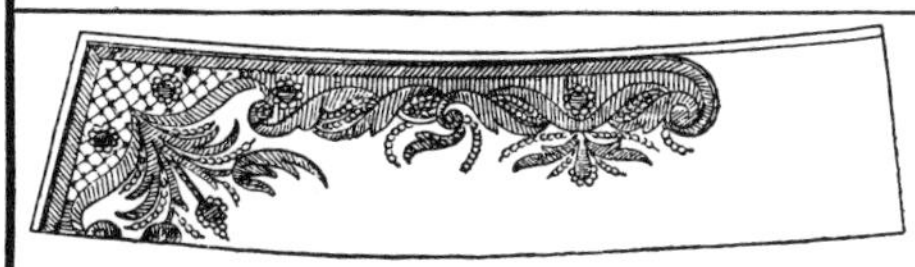

**Offiziere d. Grenadier-Regts. 1**

| Nr. | | Brutto M | Netto nach Abzug v. 10 % M |
|---|---|---|---|
| 107 | Normale, echt goldene Stickerei | 45,– | 40,50 |

Stickereien sowie Effekten werden in eigener Werkstatt vergoldet bzw. versilbert. Ebenso übernimmt die Abteilung das Aufarbeiten und Reinigen von Stickereien, Attilaschnüren und Effekten

**Offiziere des Grenadier-Regts. 2**

| Nr. | | Brutto M | Netto nach Abzug v. 10 % M |
|---|---|---|---|
| 108 | Normale, echt gold. Stickerei | 51,– | 45,90 |

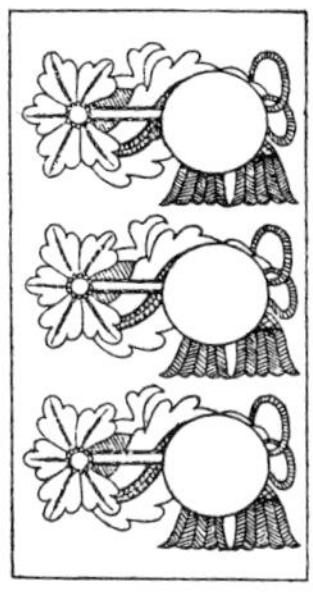

**Offiziere des Grenadier-Regts. 3**

| Nr. | | Brutto M | Netto nach Abzug v. 10 % M |
|---|---|---|---|
| 109 | Normale, echt gold. Stickerei | 55,– | 49,50 |

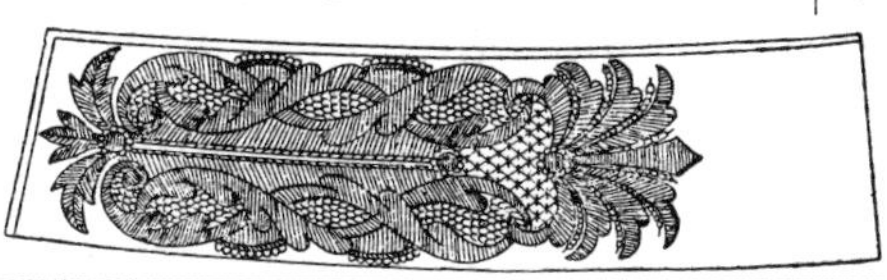

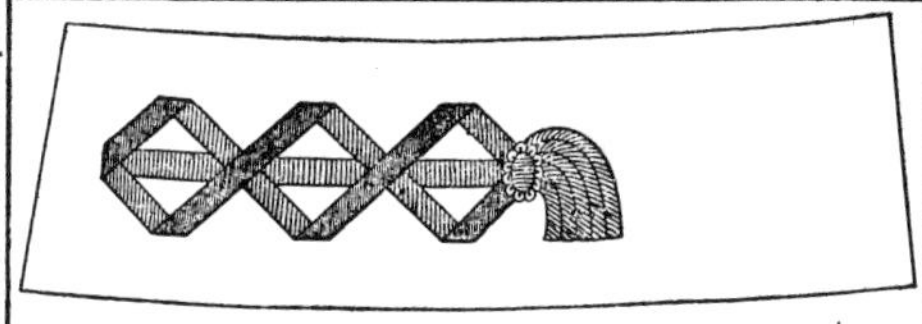

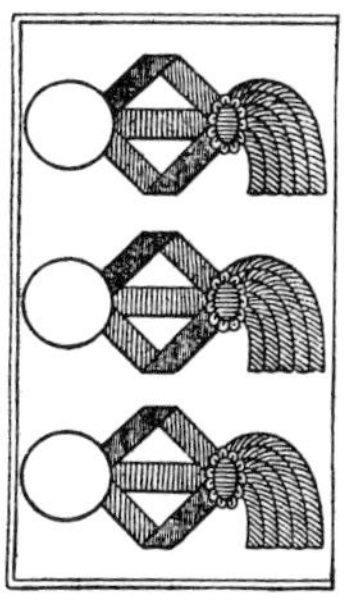

**Offiz. d. Grenadier-Regts. 4**

| Nr. | | Brutto M | Netto nach Abzug v. 10 % M |
|---|---|---|---|
| 110 | Normale, echt goldene Stickerei | 27,50 | 24,75 |
| | Reichere Ausführungen bis | 33,50 | 30,15 |

**DEUTSCHER OFFIZIER-VEREIN · Armeemarinehaus · BERLIN NW. 7.**

*176 Faksimile*

| | Brutto M | Netto nach Abzug v. 10 % M |
|---|---|---|

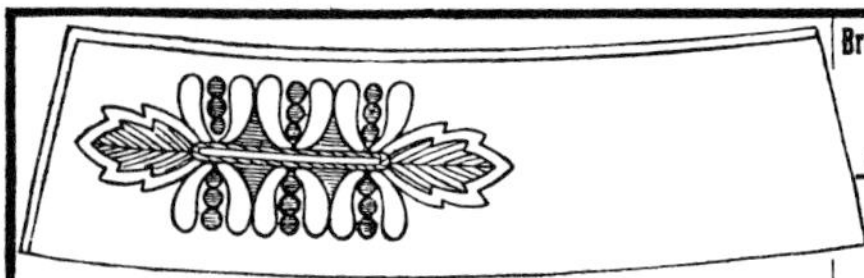

**Offiziere des Grenadier-Regts. 5**

| | Brutto M | Netto M |
|---|---|---|
| Nr. **110**a Normale, echt goldene Stickerei . . . . . . . . . | 37,50 | 33,75 |

**Offiziere des Grenadier-Regts. 8**

| | Brutto M | Netto M |
|---|---|---|
| Nr. **112** Normale, echt goldene Stickerei . . . . . . | 51,— | 45,90 |

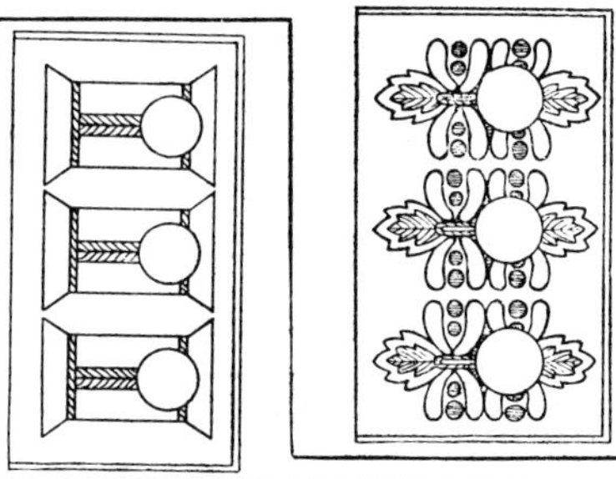

**Offiziere des Grenadier-Regts. 6 und des Grenadier-Regts. 11**

| | Brutto M | Netto M |
|---|---|---|
| Nr. **110**b Normale, echt goldene Stickerei . . . . . . . . . | 25,— | 22,50 |

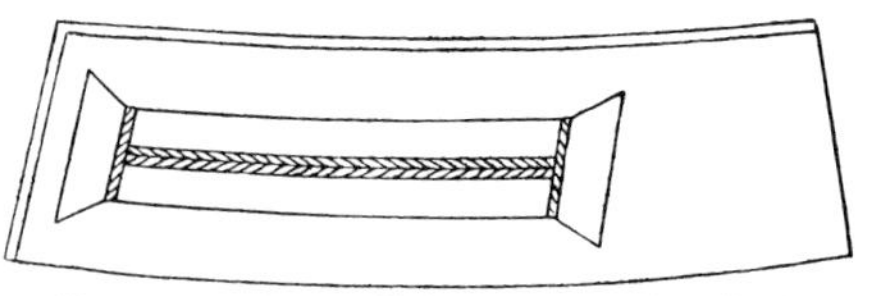

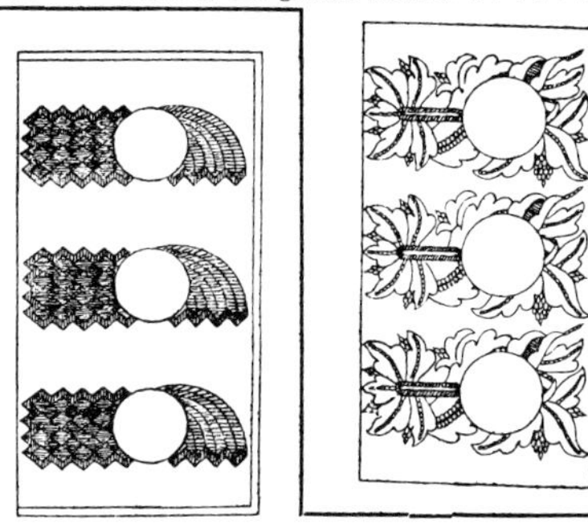

**Offiziere des Füsilier-Regts. 80**

| | Brutto M | Netto M |
|---|---|---|
| Nr. **113** Normale, echt goldene Stickerei. . . . . . . . . | 43,— | 38,70 |

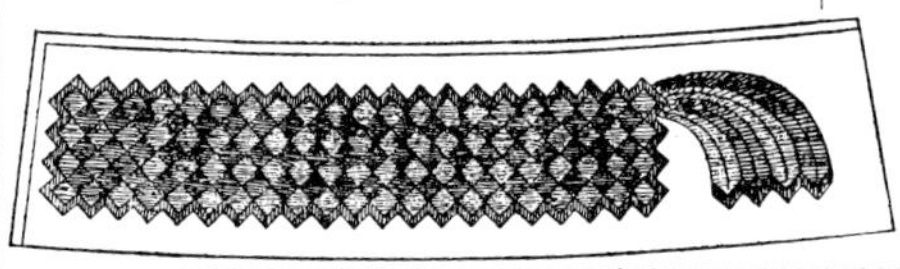

**Offiziere des Grenadier-Regts. 7**

| | Brutto M | Netto M |
|---|---|---|
| Nr. **111** Normale, echt goldene Stickerei . . . . . . . . . | 65,— | 58,50 |

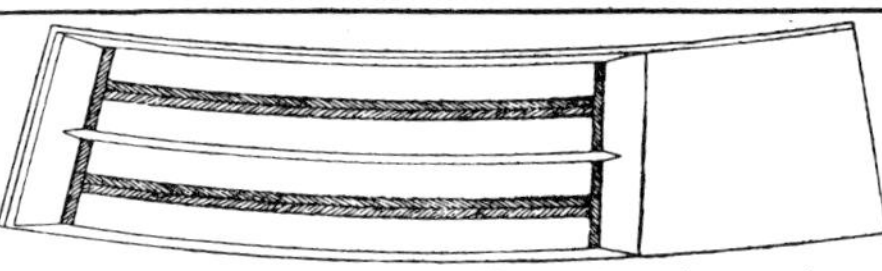

**Offiziere des Infanterie-Regts. 115 und Mecklenburg-Strelitzsche Flügel-Adjutanten**

| | Brutto M | Netto M |
|---|---|---|
| Nr. **114** Normale, echt silberne Stickerei. . . . . . . . . . | 26,50 | 23,85 |

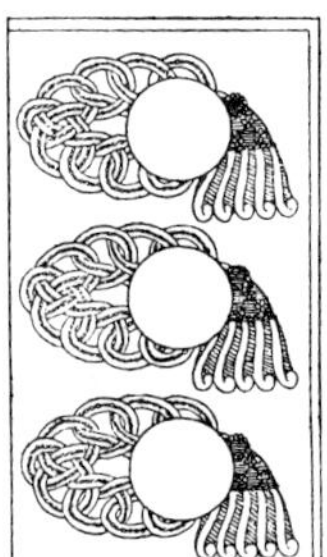

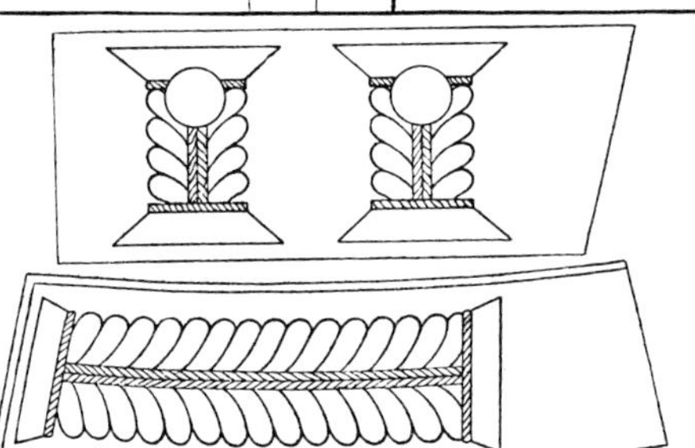

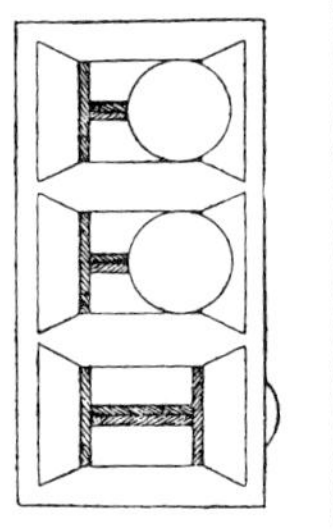

**Militär-Kabinett**

| | Brutto M | Netto M |
|---|---|---|
| Nr. **114**a Echt silberne Stickerei . . . . . . . . . . . . . . . . . . . . . . . . . . . | 30,— | 27,— |

**DEUTSCHER OFFIZIER-VEREIN · Armeemarinehaus · BERLIN NW. 7.**

*177 Faksimile*

Eigene Werkstatt — **Schneider-Abteilung (VI)** — **Stickereien** 7

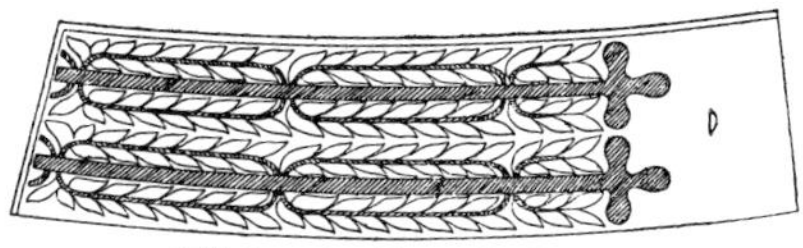

**Offiziere des Grenadier-Regts. 89**
für 1. und 3. Bataillon

| | Brutto M | Netto nach Abzug v. 10 % M |
|---|---|---|
| Nr. **115** Normale, echt silberne Stickerei | 37,50 | 33,75 |

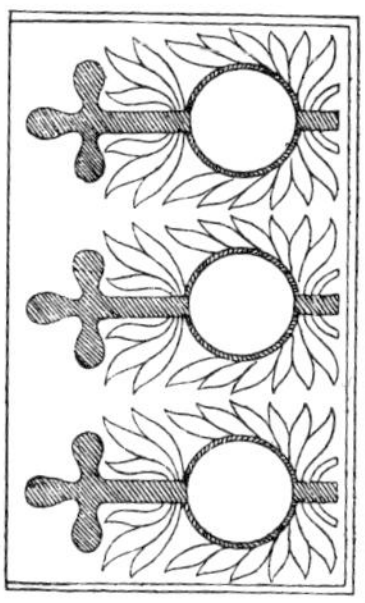

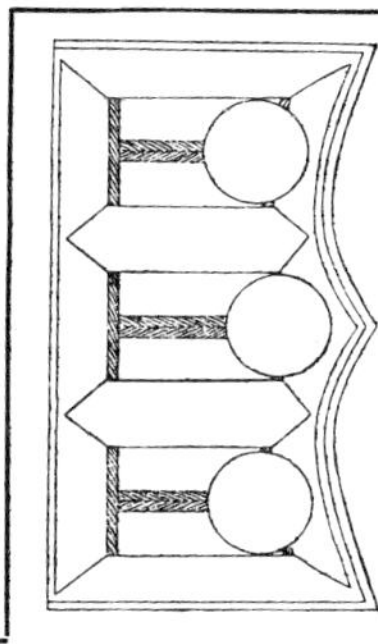

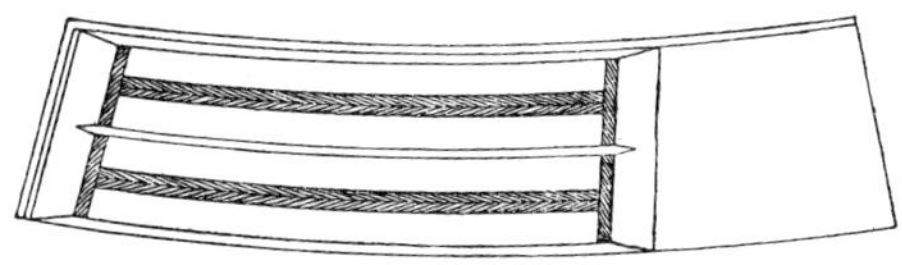

**Offiziere des Grenadier-Regts. 89,** für 2. Bataillon
**Offiziere der Garde-Schützen, d. Garde-Maschinengewehr-Abteilung Nr. 2 und der Garde-Landwehr-Schützen**

| | Brutto M | Netto nach Abzug v. 10 % M |
|---|---|---|
| Nr. **116** Normale, echt goldene Stickerei | 33,— | 29,70 |

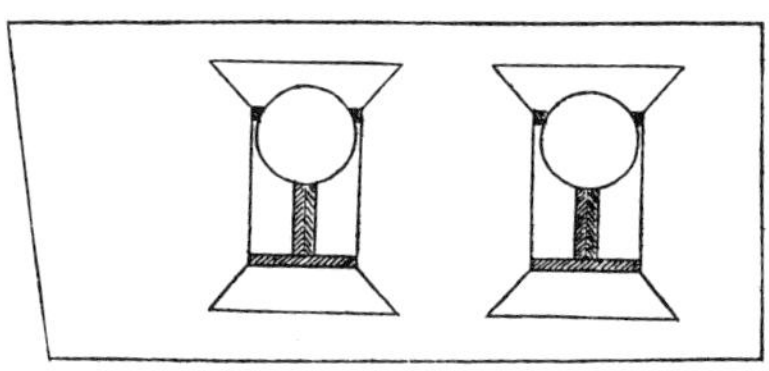

**Offiziere der Garde-Artillerie und des 1. Grossh. Hess. Feld-Artillerie-Regts. 25**

| | Brutto M | Netto nach Abzug v. 10 % M |
|---|---|---|
| Nr. **117** Normale echt goldene Stickerei | 26,50 | 23,85 |

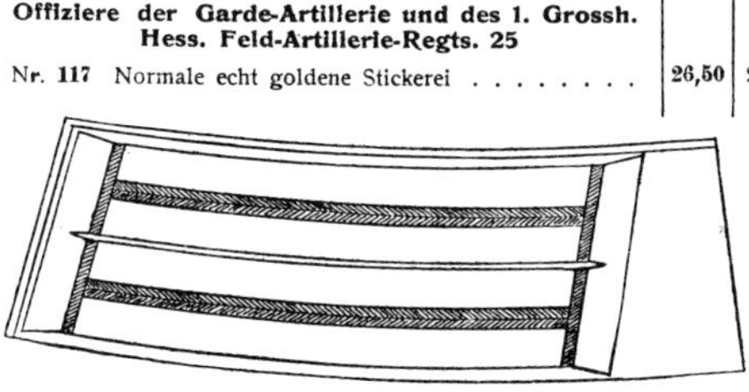

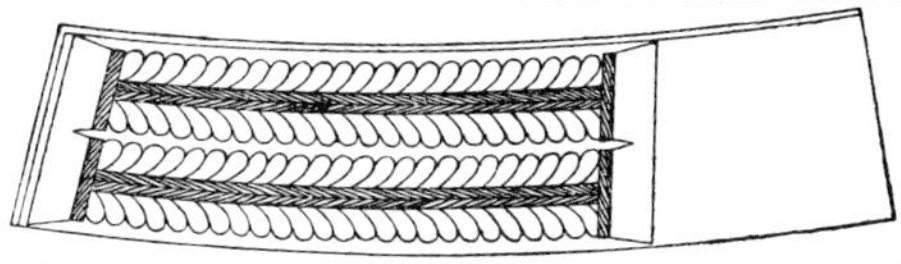

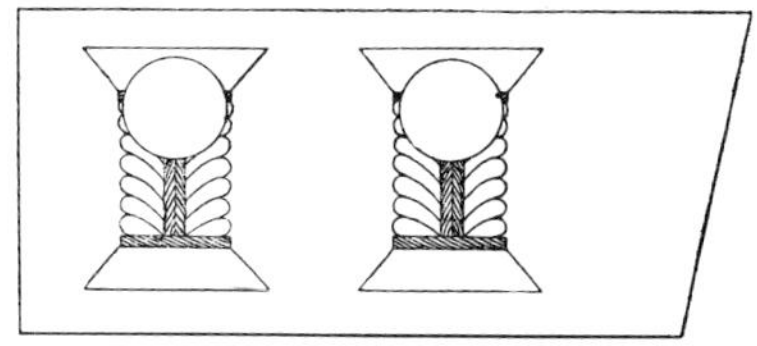

| | Brutto M | Netto nach Abzug v. 10 % M |
|---|---|---|
| **Offiziere d. Kriegsministeriums u. Gen.-Adjutanten** | | |
| Nr. **118** Normale, echt goldene Kolben-Stickerei | 36,— | 32,40 |
| **Offiziere des Generalstabes und Flügel-Adjutanten, des Ingenieur- und Pionierkorps, der Eisenbahn-Regimenter, der Luftschiffer- u. Flieger-Bataillone, der Kraftfahr-Btl., der Telegraphen-Truppen** | | |
| Nr. **119** Normale echt silberne Kolben-Stickerei | 30,— | 27,— |

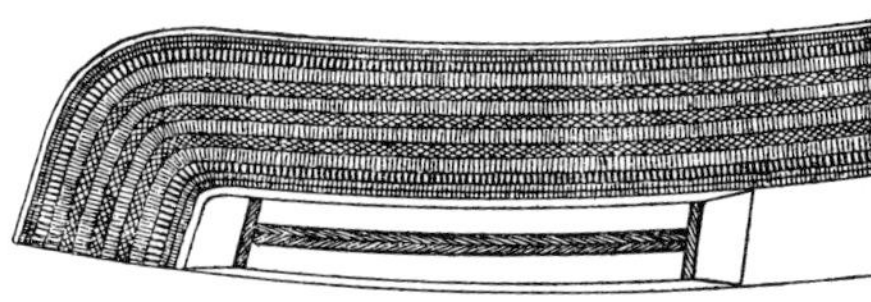

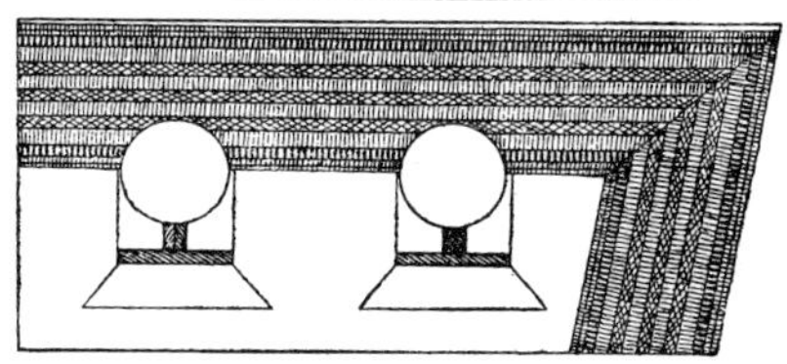

**Offiziere der Gardes du Corps und der Garde-Kürassiere**

| | Brutto M | Netto nach Abzug v. 10 % M |
|---|---|---|
| Nr. **120** Echt silberne Stickerei | 15,— | 13,50 |

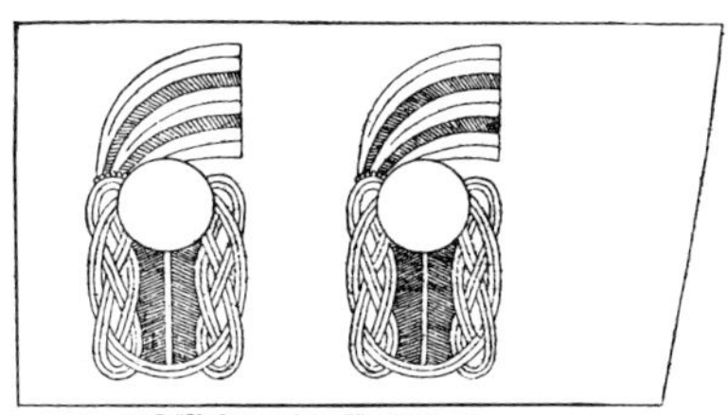

**Offiziere des Kadettenkorps**

| | Brutto M | Netto nach Abzug v. 10 % M |
|---|---|---|
| Nr. **121** Normale, echt goldene Stickerei | 51,— | 45,90 |

***DEUTSCHER OFFIZIER-VEREIN · Armeemarinehaus · BERLIN NW. 7.***

*178 Faksimile*

| | Brutto M | Netto nach Abzug v. 10 % M |
|---|---|---|

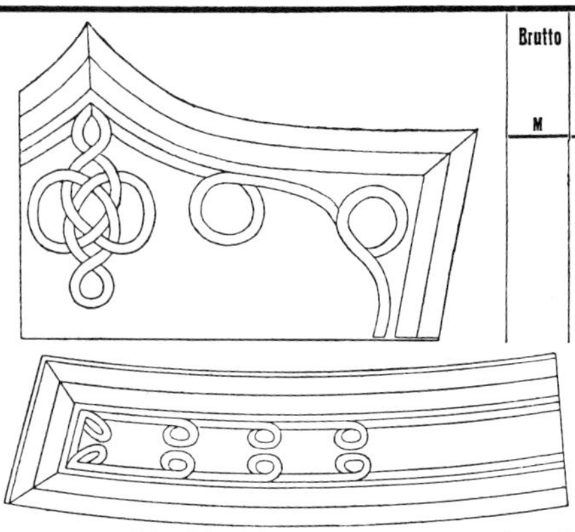

**Prinzliche Adjutanten**

| | Brutto | Netto |
|---|---|---|
| Nr. 122 Normale, echt silb. Stickerei . . . . . . . . . . . | 51,— | 45,90 |

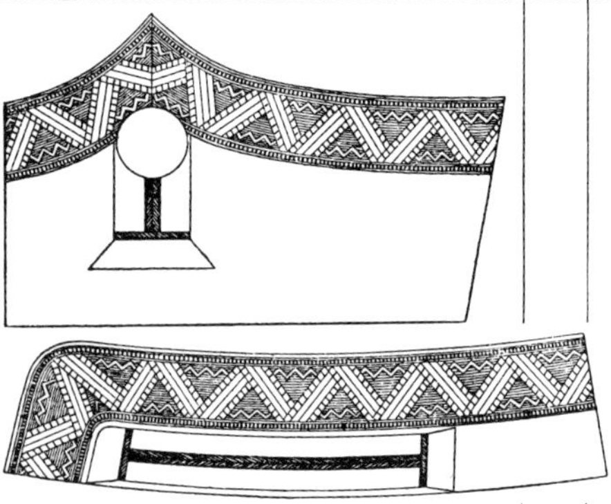

**Offiziere der Garde-Landwehr-Kavallerie**

| | Brutto | Netto |
|---|---|---|
| Nr. 125 Besatz und echt goldene Stickerei . . . . . . . | 36,— | 32,40 |

**Senats-Präsidenten des Reichsmilitär-Gerichts**

| | Brutto | Netto |
|---|---|---|
| Nr. 126 Normale echt silberne Stickerei . . . . . . . . . | 64,— | 57,60 |

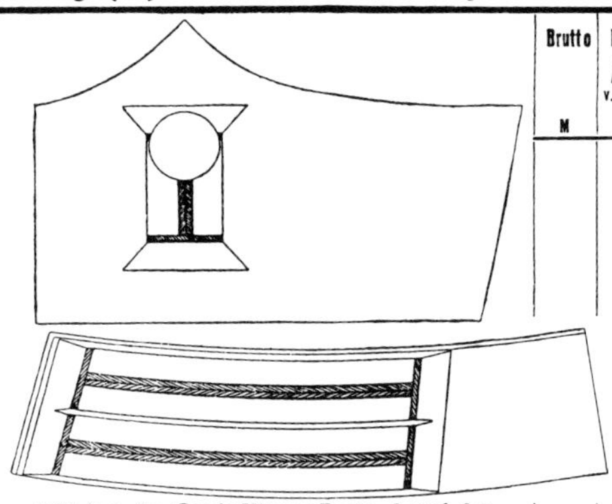

**Offiziere des Garde-Ulanen-Regts. 2 und des Ulanen-Regts. 18**

| | Brutto | Netto |
|---|---|---|
| Nr. 123 Normale, echt goldene Stickerei . . . . . . . . | 24,— | 21,60 |

**Offiziere der Garde-Ulanen-Regt. 1 und 3 und der Ulanen-Regt. 17, 19 und 21**

| | Brutto | Netto |
|---|---|---|
| Nr. 124 Normale, echt silberne Stickerei . . . . . . . | 22,50 | 20,25 |

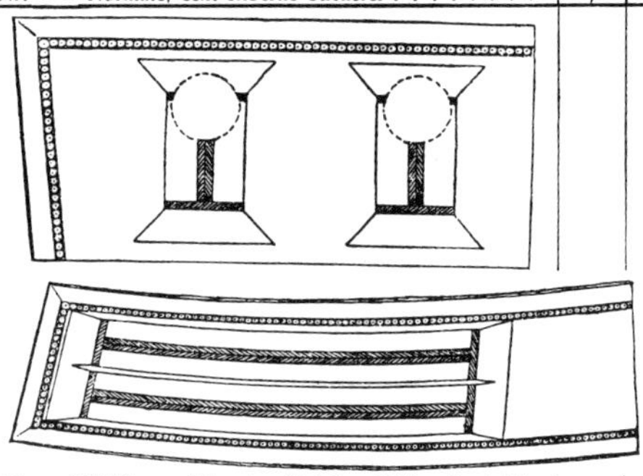

**Ober-Militäranwälte des Reichsmilitär-Gerichts mit dem Range der Räte II. Klasse**

| | Brutto | Netto |
|---|---|---|
| Nr. 127 Normale, echt silberne Stickerei . . . . . . . | 45,— | 40,50 |

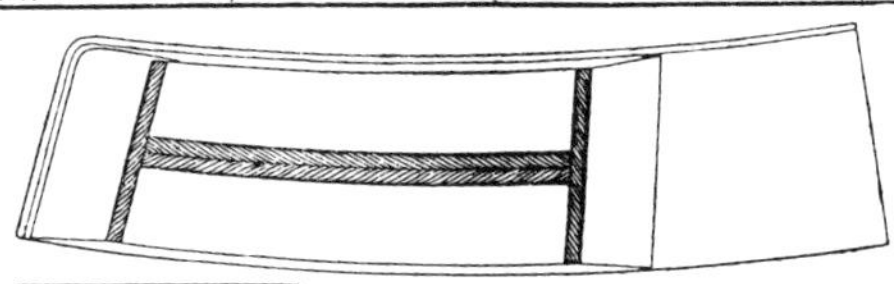

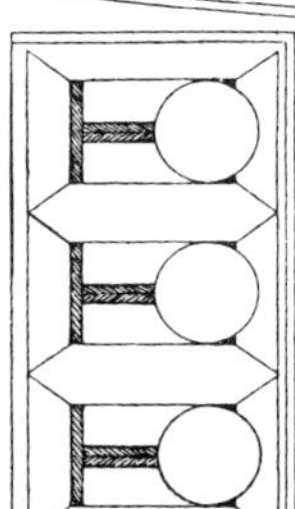

**Offiziere der Marine-Infanterie**

| | Brutto | Netto |
|---|---|---|
| Nr. 128 Normale, echt goldene Stickerei . . . . . | 32,— | 28,80 |

Anm.: Normale, plattiert goldene oder silberne Stickereien kosten M 5,— bis 7,— weniger. Breitere, echte oder plattierte Stickereien kosten M 3,— bis 6,— mehr.

***DEUTSCHER OFFIZIER-VEREIN · Armeemarinehaus · BERLIN NW. 7.***

*179 Faksimile*

Wie schon eingangs erwähnt, unterschieden sich die Regimenter neben den Farben der einzelnen Armeekorps-Zugehörigkeit durch die Regimentsnummern. Zahlreiche Regimenter aller Waffengattungen hatten jedoch Namenszüge oder besondere Abzeichen, die auf den Schulterklappen der Mannschaften aus Stoff aufgestickt oder aufgenäht waren. Auf den Epauletten der Offiziere waren die Namenszüge aus vergoldetem Metall gefertigt. Eine preußische Vorschrift besagt hierzu, daß die Namenszüge »ausländischer Regimentsinhaber« steilkantig, die der preußischen jedoch flach zu prägen seien. Es kamen aber doch immer wieder Abweichungen vor. Im allgemeinen bestanden die meisten Namenszüge aus den gekrönten Initialen der Regimentschefs. Es war Usus, jedem Landesfürsten mindestens ein Regiment ehrenhalber zu geben. Auch viele europäische Fürsten waren ehrenhalber deutsche Regimentschefs, besaßen aber in Wirklichkeit keine Befehlsgewalt. *s. Taf. IV*

Die preußischen fünf Garde-Regter. z. F. hatten weder Nummern noch Namenszüge, sie unterschieden sich nach dem bekannten Farbschema, wobei beim 1. Garde-Regt. z. F. die Epaulettenfelder der Offiziere nicht mit weißem Tuch, sondern einem Silbergeflecht, ähnlich wie bei Generalen, belegt waren. Die Jäger- und Schützenbataillone trugen Waffenröcke aus dunkelgrünem Tuch mit runden Aufschlägen. Die beiden preußischen Gardebataillone hatten am Kragen und an den Aufschlägen gelbe Gardelitzen, das Gardeschützenbataillon französische Ärmelpatten auf dem runden Aufschlag, die Abzeichen-

*180 Bayer. Jäger um 1910.*

farbe war hier schwarz. Beim Garde-Jäger-Bataillon sowie den übrigen preußischen Bataillonen waren Kragen und Aufschläge ponceaurot. Das mecklenburgische Jägerbataillon Nr. 14 hatte hellgrüne Kragen und Aufschläge mit gelben Gardelitzen, bei den beiden sächsischen Bataillonen waren diese Teile schwarz. Bei der sächsischen Infanterie wie auch bei den Jägern waren die Aufschläge rund, mit 2 Knöpfen in senkrechter Anordnung, wobei ein Knopf knapp außerhalb des Aufschlages saß.
Die 2 bayerischen Jägerbataillone trugen den blauen Waffenrock der Infanterie mit hellgrünen Kragen und runden Aufschlägen. Die Maschinengewehr-Abteilungen hatten bereits feldgraue Röcke mit roten Kragen und runden Aufschlägen, wobei die preußische 1. und 2. MG-Abt. zur Garde gehörte und folglich gelbe Gardelitzen trug. Für die 2. MG-Abt. galt die Form der Aufschläge und die schwarze Abzeichenfarbe der Garde-Schützen.
Die bayerischen MG-Abteilungen trugen den Waffenrock der bayerischen Jäger, die Nummer der Abteilung jedoch in römischen Ziffern.
Bei den Festungs-MG-Abteilungen richtete sich die Uniform jeweils nach dem Infanterie-Regiment, dem sie zugeteilt waren. Die Abzeichen waren die einer 14. Kompanie, mit dem Knopf an der Achselklappe und einer Troddel.
Folgende Besonderheiten sind zu erwähnen:
Das Füs.-Regt. 73, das Inf.-Regt. 79 und das Jäger-Batl. 10 erhielten 1901 ein Ärmelband »GIBRALTAR«, das für Mannschaften aus gelber Wolle, für Offiziere aus Goldfäden gestickt war und am rechten Unterärmel getragen wurde.
Beim Inf.-Regt. Nr. 92 wurde seit 1909 an der Mütze zwischen den Kokarden ein kleiner, weißmetallener Totenkopf getragen.
Beim hess. Leib-Garde-Inf.-Regt. Nr. 115 trugen die Offiziere den untersten Knopf der Ärmelpatten stets offen.
Die sächsischen Waffenröcke hatten gerade Schoßtaschenleiste also nur jeweils 2 Knöpfe an den Schoßteilen.

## Kavallerie

### Kürassiere

Sämtliche Kavallerie-Regimenter waren nach Eskadron (5, in Bayern 4) eingeteilt und trugen entsprechende Faustriemen an der Blankwaffe. Diese Faustriemen bestanden aus einem rotledernen Riemen mit einem Quast aus weißen Wollfransen, der durch einen Kranz in den entsprechenden Eskadronsfarben zusammengehalten wurde:

| Eskadron: | 1 | 2 | 3 | 4 | 5 |
|---|---|---|---|---|---|
| Kranz: | weiß | rot | gelb | hblau | grün |

Für die berittenen Abteilungen der Artillerie galten diese Faustriemen sinngemäß, jedoch war der aus einem Lederstreifen geflochtene Schieber oberhalb des Kranzes nicht rot, sondern weiß.

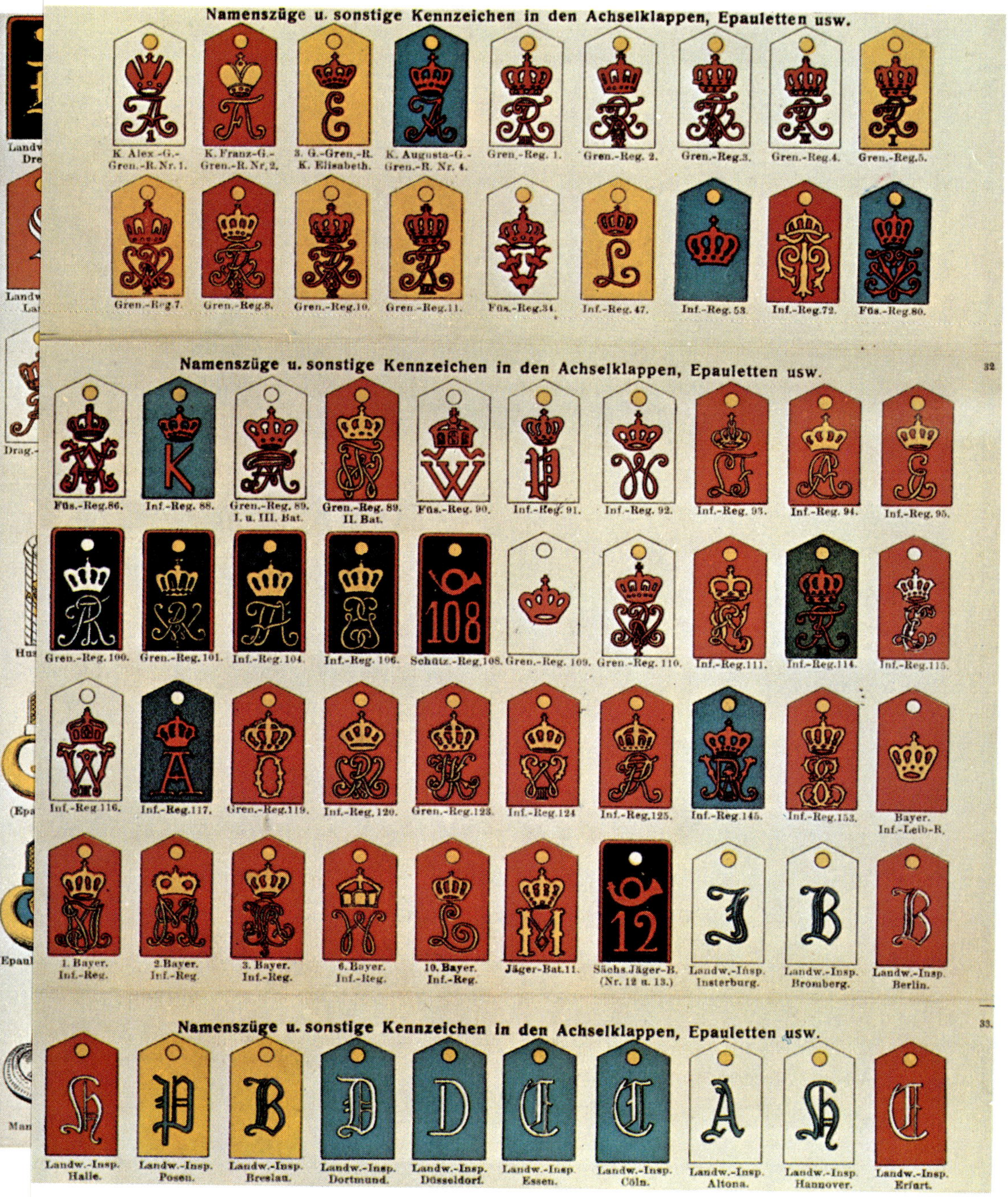


*Faksimile aus ›Die Uniformen der Deutschen Armee‹, 35. Auflage, Verlag von Moritz Ruhl, Leipzig, 1914*

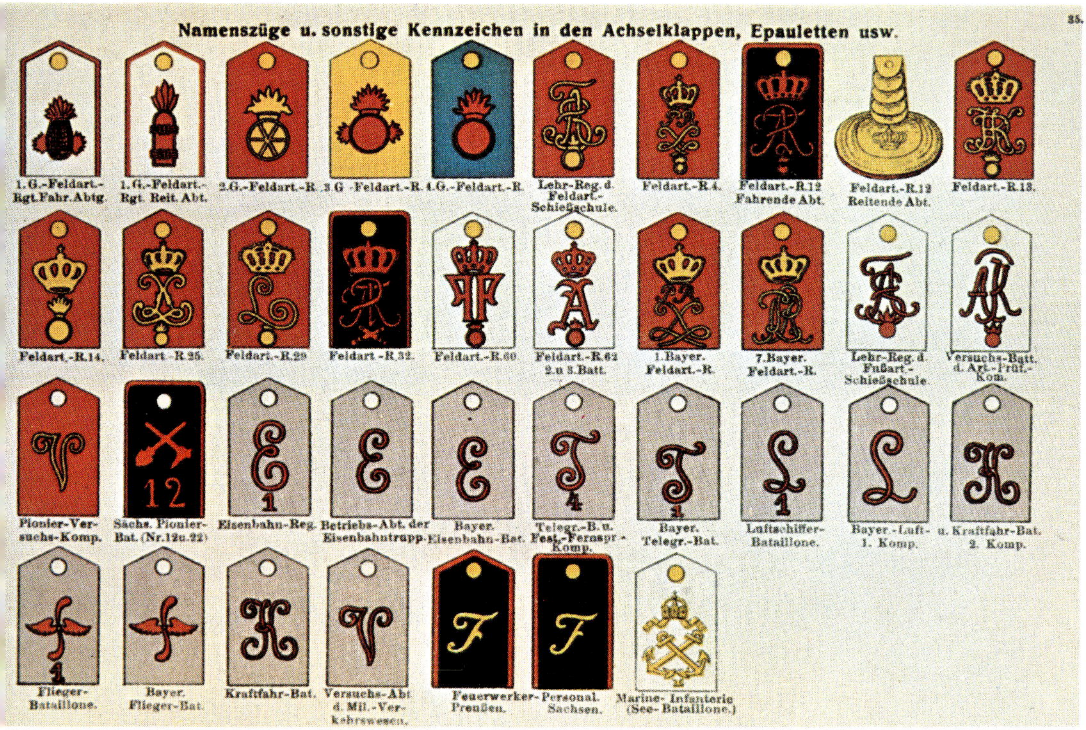


Schluß von Tafel V

Faksimile aus ›Die Uniformen der Deutschen Armee‹, 22. Auflage, Verlag von Moritz Ruhl, Leipzig, 1897

## Cocarden der Deutschen Staaten.

### Cocarden der Offiziere und Portepee-Unteroffiziere.

Deutsches Reich. Preussen. Bayern. Sachsen. Württemberg. Baden. Hessen. Mecklenburg. Oldenburg.

Sachsen-Weimar. Braunschweig. Anhalt. Sächs: Herzogth: Lippe. Schaumburg-Lippe. Waldeck. Schwarzburg. Reuss. Hamburg. Bremen. Lübeck.

### Cocarden der Unteroffiziere und Soldaten.

Deutsches Reich. Preussen. Bayern. Sachsen. Württemberg. Baden. Hessen. Mecklenburg. Oldenburg.

Sachsen-Weimar. Braunschweig. Anhalt. Sächs: Herzogth: Lippe. Schaumburg-Lippe. Waldeck. Schwarzburg. Reuss. Hamburg. Bremen. Lübeck.

Die Soldaten 2ter Discipl.-Cl. tragen keine Cocarde.

Landwehr-Cocarde.

Die Landwehr-Cocarden (von welchen hier nur die preussische dargestellt ist) sind für die verschiedenen Staaten natürlich in denselben Farben ausgeführt wie die obigen Cocarden.

*Faksimile aus ›Die Uniformen der Deutschen Armee‹, 22. Auflage*

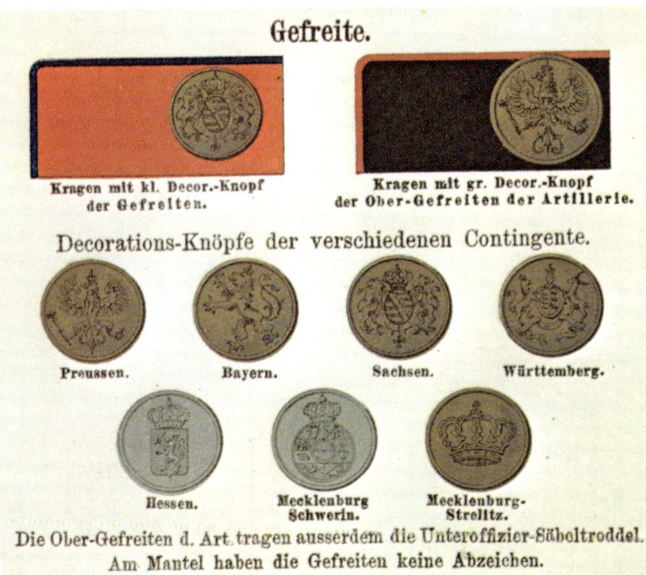

## Gefreite.

Kragen mit kl. Decor.-Knopf der Gefreiten.

Kragen mit gr. Decor.-Knopf der Ober-Gefreiten der Artillerie.

### Decorations-Knöpfe der verschiedenen Contingente.

Preussen. Bayern. Sachsen. Württemberg.

Hessen. Mecklenburg Schwerin. Mecklenburg-Strelitz.

Die Ober-Gefreiten d. Art. tragen ausserdem die Unteroffizier-Säbeltroddel.
Am Mantel haben die Gefreiten keine Abzeichen.

*Faksimile aus ›Die Uniformen der Deutschen Armee‹, 22. Auflage*

*181 Garde-Kürassier im Waffenrock, ca. 1900 (Mit 3-facher Auszeichnung am rechten Oberärmel für gutes Lanzenfechten)*

Die Kürassiere trugen bei Paraden und im Dienst den vorne nicht mit Knöpfen, sondern mit 16 Haken und Ösen geschlossenen Koller aus weißem Kirsey. Um den Kragen und vorne herunter verlief die Kollerborte, bei Mannschaften aus Wolle, bei Offizieren aus Silbergespinst und je nach Regiment mit einem bestimmten farbigen Durchzug versehen. Die Aufschläge waren bei den Kürassieren rund, die Knöpfe an Aufschlägen und Schoßtaschenleisten entsprechend der Borte weiß oder gelb. Um den Aufschlag herum war ebenfalls Kollerborte genäht. Im übrigen entsprach der Schnitt dem Waffenrock der Infanterie, wobei am Koller die Nähte in der jeweiligen Abzeichenfarbe vorgestoßen waren. Die Mannschaften trugen Achselklappen, die Offiziere Achselstücke bzw. Epauletten. Die Kürassiere hatten keine Nummern, einige Regimenter jedoch

s. Taf. IV Namenszüge. Die beiden Garde-Regimenter GdC und GKR hatten weiße Gardelitzen.

Die Abzeichenfarben der 10 preußischen Kürassierregimenter waren:

| Regt. | Abzeichen | Borte |
|---|---|---|
| Garde du Corps | rot | weiß |
| Gardekürassiere | dunkelblau | weiß |
| Kür.-Regt. 1 | schwarz | gelb |
| Kür.-Regt. 2 | karmoisinrot | weiß |
| Kür.-Regt. 3 | hellblau | weiß |
| Kür.-Regt. 4 | rot | weiß |
| Kür.-Regt. 5 | rosa | weiß |
| Kür.-Regt. 6 | dunkelblau | gelb |
| Kür.-Regt. 7 | gelb | weiß |
| Kür.-Regt. 8 | grün | gelb |

Zur Parade trugen die Kürassiere den für den normalen Feldgebrauch bereits 1888 abgeschafften Kürass. Der Kürass war in Preußen schon einmal abgeschafft gewesen, doch hatten sich die Kürassiere nach dem Sieg über Frankreich in Versailles (1814) französische Kürasse als Beute beschafft, die teilweise bis zuletzt noch getragen wurden. Ein neues eigenes, aus Gußstahl gefertigtes Kürassmodell kam 1845 heraus. Um die Festigkeit zu erproben, wurden die Vorderteile dieser Kürasse beschossen. Die Kugeldellen auf den Kürassen sind also keine »Kriegsverletzung«, sondern Probeschüsse.

Das Regiment der Gardes du Corps, das Gardekürassierregiment sowie die Unteroffiziere und Offiziere des 2. und 6. Kür.-Regts. trugen eiserne Kürasse, die vorn und hinten mit Messing, bzw. Tombak-Blech belegt waren. Bei dem Regiment der Gardes du Corps gab es außerdem zu besonderen Gelegenheiten, z.B. Paraden, geschwärzte Kürasse, die dem Regiment 1814 vom russischen Zaren geschenkt worden waren. Der schwarze Kürass war mit roter Wollschnur eingefaßt, die Schuppenketten zunächst auch geschwärzt, ab 1897 aber gelb. Der Kürass von 1814 war von ziemlich plumper Form, daher erhielt das Regiment 1897 vom Kaiser neue Kürasse in eleganterer Form, im übrigen aber unverändert. Die gelben Kürasse hatten nicht wie die eisernen oder »weißen« Schuppenketten, sondern wurden mit Lederbändern, die mit Doppelketten aus Messing belegt waren, geschlossen.

Um den Kürass in der Taille schließen zu können, waren seitlich am Rückenteil Lederriemen angenietet, die vorne mit einer Dornschnalle geschlossen wurden. Am Halsausschnitt sowie an den Armausschnitten waren die sogenannten »Manschetten« aus schwarzem Tuch mit weißem Rand befestigt. Das Innenfutter selbst bestand aus Leinwand, mit einer Tasche im Vorderteil, in der die Mannschaften die Mütze aufbewahrten.

Die Offizierskürasse waren aus leichtem, dünnen Blech gefertigt, bei der Garde und den Regimentern 2 und 6 aus vergoldetem Tombak, bei den übrigen

*182 Mannschaftskürass, GdC oder GKR. Mit Bandelier (zu beachten die Trageweise des Bandeliers sowie des EK II 1870!).*

*183 Offizierskürass, Linie.*

Regimentern vernickelt, wobei die Offiziere des Kür.-Regts.6 vergoldete Ränder und Nieten hatten. Außerdem hatten sie längere, vergoldete Schuppenketten als die Mannschaften, Messingketten gab es nicht. Die Schließen der Schuppenketten waren mit Eichenlaub verziert, bei älteren Stücken oft graviert, später gegossen und aufgeschraubt. Das Innenfutter der Offizierskürasse war fein gesteppt und wattiert, die Manschetten aus besserem Material.
Zum gewöhnlichen Dienst trugen auch die Kürassiere dunkelblaue Waffenröcke mit Kragen und Aufschlägen wie am Koller. Der Waffenrock war wie üblich vorne mit 8 Knöpfen in der Farbe der Borte geschlossen.
Die Offiziere der beiden Garde-Regimenter besaßen außerdem einen Gala-Waffenrock aus rotem Tuch mit dunkelblauem Kragen und ebensolchen Aufschlägen sowie gestickten Gardelitzen. Die Gardekürassier-Offiziere hatten am Aufschlag zur Unterscheidung einen weißen Vorstoß.
Die Reithosen waren aus weißem, mit weißem Reitleder besetzten Kirsey, zum Waffenrock wurden wie bei der Infanterie lange schwarze Hosen mit rotem Vorstoß getragen.
Für das Regiment der Gardes du Corps gab es einen besonderen Gala-Wachtanzug, zu dem man über dem Koller eine rote »Supraweste«, die vorn und hinten mit dem gestickten Stern des Schwarzen-Adler-Ordens verziert ist, sowie eine besondere Reithose aus weißem Hirschleder trug. Dazu gehörte der Helm mit Paradeadler, die Säbeltasche, das Bandelier mit Kartusche und das Oberkoppel. Diese Lederteile waren zusätzlich mit roten Borten verziert.
Die Supraweste sowie Säbeltasche, Bandelier und Oberkoppel der Offiziere waren aus rotem Samt und mit reicher Silberstickerei versehen.
Zum Anzug des Kürassiers gehörten außerdem hohe Stulpenstiefel mit Sporen, Kartusche und Bandelier, Pallasch mit Koppel und zur Parade Stulphandschuhe. An Bewaffnung wurde der Revolver M 79, später M 08, dann auch die modernen Karabiner getragen. Wie bei der übrigen deutschen Kavallerie erhielten auch die Kürassiere 1890 die Stahlrohrlanze.

*184 Offiziers-Kartusche, Gardekavallerie*

Die Mützen der Mannschaften aus weißem Tuch hatten keinen Schirm, der Vorstoß am Mützendeckel sowie der Bund waren aus dem Tuch der Abzeichenfarbe.

Der Deckel der Kartusche war bei den Garderegimentern mit dem Gardestern verziert, bei Offizieren emailliert. Die Offiziere der Linie hatten auf der Kartusche den gekrönten Namenszug »FWR«. 1902 erhielten die Leibkürassiere für Mannschaften und Offiziere einen neuen Beschlag mit dem altpreußischen Adler, ähnlich wie am Helm. Bei den Mannschaften und Offizieren des Kür.-Regts. 2 befand sich neben dem Trophäenschild, das dem der Linien-Regimenter entsprach, jeweils eine platzende Granate. Als Deckelemblem trugen die Mannschaften der Linie ein rundes, gelbes Schild, auf das der Adler mit Trophäen (Fahnen, Trommeln etc.) geprägt war. Das Bandelier wurde von der linken Schulter zur rechten Hüfte getragen, bei Mannschaften und Unteroffizieren aus geweißtem Leder, bei Offizieren aus Silber- bzw. Goldtresse, unterfüttert mit Tuch in der Abzeichenfarbe.

Verschiedene Regimenter trugen als besondere Auszeichnung einen »Ringkragen«, der beim Anzug ohne Kürass an einer Kette um den Hals getragen wurde. Bei Paraden schraubte man das Schild auf den Kürass.

Zunächst erhielt das Kür.-Regt. Nr. 2 im Jahre 1895 Brustschilder »zur Feier der 150. Wiederkehr des Tages von Hohenfriedberg«. Schild und Kette waren bei Mannschaften aus Messing mit aufgelegter weißer Verzierung, bei Unteroffizieren war die Farbstellung umgekehrt, das Schild außerdem gelb eingefaßt. Die Offiziere hatten versilberte Brustschilder mit vergoldeter Randeinfassung und Tragekette. Die Verzierung war vergoldet und versilbert, der Adler und das Mittelstück fein emailliert.

1896 erhielt das 1. Kür.-Regt. Ringkragen. Diese bestanden bei Mannschaften aus weißem Metall mit gelber Verzierung, bei Unteroffizieren war das Mittelstück der Verzierung aus weißem Metall, der Adler schwarz abgesetzt, bei Of-

185 *Brustschilder für Mannschaften des KR 1, GdC und KR 2.*

186 *Mannschafts-Schabracke und Schabrunken, Gardekürassiere.*

*187 Schabrackenemblem Kür.-Regt. 1, 1902.*

fizieren die weißen Teile versilbert, die Verzierung vergoldet und das Mittelstück fein emailliert.
1912 erhielt das Regiment der Gardes du Corps anläßlich des 200. Geburtstages Friedrichs des Großen Brustschilder. Kette und Schild der Mannschaften waren gelb, das Emblem weiß. Das Mittelstück des Emblems (»FR«) war bei den Unteroffizieren vergoldet, die Offiziere hatten ein vergoldetes Schild mit versilbertem Rand und rot emailliertem Mittelstück sowie dem in Gold aufgemalten »FR«.
Die Schabracken und Schabrunken der Kürassier-Regimenter waren jeweils aus dem Tuch der Abzeichenfarbe gefertigt, bei den Garde-Regimentern mit dem gekrönten Gardestern geschmückt. Das Leib-Kürassier-Regiment erhielt 1902 ein gesticktes Abzeichen mit dem altpreußischen Adler. Die Schabrunken der Mannschaften waren 5eckig, diejenigen der Offiziere unten rund geschnitten. Bei der Garde waren die Randeinfassungen aus weißer Borte (Offiziere Silbertresse), bei den übrigen Regimentern je nach der Knopffarbe aus gelbem oder weißem Tuch.
Die sächsischen Garde-Reiter und das Karabinier-Regiment trugen Koller im Schnitt des preußischen Kürassier-Kollers. Das Grundtuch war kornblumenblau, die Abzeichenfarbe an Kragen und schwedischen Aufschlägen beim Garde-Reiter-Regiment weiß, beim Karabinier-Regiment schwarz, der farbige Durchzug der Kollerborte beim Garde-Reiter-Regiment hellblau, beim Karabinier-Regiment schwarz. Die Vorstöße an den Nähten waren weiß, die Knöpfe bei beiden Regimentern gelb, die Mützen aus dem Grundtuch des Kollers mit weißen Deckelvorstößen, der Bund entsprach der Kragenfarbe.
Die Mannschaften beider Regimenter hatten am Koller keine Achselklappen, sondern gelbmetallene Schuppenepauletten, beim Garde-Reiter-Regiment mit aufgeprägter Krone, die Epaulettehalter (Passanten) waren aus kornblumenblauem Tuch.

*188 Bayern, Rittmeister in Parade-Uniform des 1. Schweren Reiter-Regts. (S. K. H. Prinz Heinrich von Bayern)*

Reithosen und Stiefel wie bei den preußischen Kürassieren, die langen Tuchhosen in der Farbe des Kollers mit weißen Vorstößen an den Außennähten.
Der Kartuschkasten der Mannschaften war schwarzledern, der Deckel ohne Emblem, das Bandelier weiß. Nur die Unteroffiziere führten auf dem Kartuschkasten das gelbmetallene sächsische Wappen. Das weiße Lederkoppel hatte wie bei der sächsischen Infanterie ein Messing-Kastenschloß. Die Paradeüberlegdecke der Mannschaften war aus schwarzem Schaffell.
Der Offizierskoller entsprach in Form und Farbe demjenigen der Mannschaften, die Kollerborte war jedoch aus Silbertresse mit farbigen Streifen gefertigt, Kragen und Aufschläge der Offiziere des Karabinier-Regiments aus schwarzem Samt. Der Überrock besaß den üblichen Schnitt, der Kragen entsprach demjenigen des Kollers, die Vorstöße waren weiß.
Bei beiden Regimentern waren die Epauletten der Offiziere gleich: aus vergoldetem Metall, der Schieber in Schuppen-, das Feld in Muschelform geprägt, das Unterfutter wie das der Kragenfarbe. Die silbernen Rangsterne hatten eine

*189 Bayer. Offizierskartusche mit Bandelier, ab 1886*

besondere (fünfstrahlige) Form. Die Passanten der Offizierskoller waren aus kornblumenblauem Tuch, und anstelle der Silbertresse mit goldenen Kettchen belegt, das Bandelier aus Silbertresse mit dem Tuch in der Kragenfarbe unterfüttert, die Bandelierbeschläge und das aufgelegte sächsische Wappen vergoldet. Der Kartuschkasten war ganz aus vergoldetem Metall, das aufgelegte Emblem versilbert.

Zum Dienst hatten die Offiziere dunkelblaue Decken, die Parade-Überlegdekken waren kornblumenblau, in den hinteren Ecken je ein versilberter Stern mit einer silbernen Krone auf kornblumenblauem Feld im Zentrum. Die Schabrunken, in Sachsen »Pistolenstützchen« genannt, besaßen die Form der preußischen Mannschafts-Schabrunken, also fünfeckig. Der Besatz war wie das Grundtuch des Kollers, die Randeinfassung aus Offiziers-Kollerborte, die Verschlußklappen der Pistolentaschen aus schwarzem Schaffell.

Der Waffenrock der bayerischen Schweren Reiter unterschied sich von demjenigen der bayerischen Infanterie nur durch die runden Aufschläge sowie die roten Achselklappen, die ohne Nummer getragen wurden. Das Grundtuch der Waffenröcke war zwar der Bekleidungsordnung entsprechend hellblau, bei den bislang vorliegenden Kammerstücken entsprach die Farbe jedoch immer dem Blau des Infanterie-Waffenrocks. (Der Waffenrock der Schweren Reiter wird in Uniformwerken meist im hellen Blau der preußischen Dragoner dargestellt, was nicht zutrifft). Die beiden Regimenter Nr. 1 und Nr. 2 unterschieden sich nur durch die Knopffarbe: beim Regt. 1 weiß, beim Regt. 2 gelb. Die Abzeichenfarbe war ponceaurot, die Mütze aus dem Tuch des Waffenrocks mit ponceaurotem Vorstoß und Besatzstreifen. Auch die Sattelüberdekken hatten die entsprechende Farbstellung, in der hinteren Ecke jeweils eine Krone aus Abzeichentuch (1910 abgeschafft), die Dienstdecken waren wie die Reithosen schwarz. Die lange Tuchhose war aus dem Tuch des Waffenrocks mit roten Vorstößen, Reitstiefel wie bei den preußischen Dragonern schwarz mit bis zur Kniescheibe reichenden Schäften.

Die Mannschaften hatten Kartuschkästen aus schwarzem Leder ohne Deckelverzierung, Bandelier und Oberkoppel geweißt mit 4eckigem einfachem Schloß.

Im wesentlichen entsprach die Offiziersuniform der Mannschaftsuniform, nur war die Tuchqualität feiner. Die Passanten waren rot unterfüttert und mit bayerischer Silbertresse belegt, Epaulettmonde in der Knopffarbe, im übrigen Feld und Unterfutter rot. Der Offiziers-Kartuschkasten war aus rotem Saffianleder, der Deckel mit versilbertem Blech und aufgelegtem bayerischen Löwenwappen verziert. Das Bandelier bestand aus Silbertresse mit 3 blauen Durchzügen, die Räumnadelbeschläge wurden nach 1886 abgelegt und im gleichen Jahr wurde das von Löwen gehaltene, bisher eckige Wappen, oval. Die Offiziersreithosen waren dunkelblau.

## Dragoner

Die Dragoner trugen Waffenröcke vom Schnitt der Infanterie, jedoch mit runden Aufschlägen. Das 1. Garde-Dragoner-Regt. hatte gelbe Knöpfe und ebensolche Gardelitzen, beim 2. Garde-Dragoner-Regt. waren diese Teile weiß. Zur Unterscheidung trugen die Regimenter Nummern, einige hatten Namenszüge. Das Drag.-Regt. 9 erhielt noch 1914 das gedoppelte, gekrönte »C« (König Carol I. von Rumänien). *s. Taf. IV*
Offiziere und Mannschaften des Drag.-Regts. Nr. 2 trugen seit 1861 an der Mütze zwischen den Kokarden einen kleinen, gelbmetallenen Dragoneradler. Das Grundtuch der Waffenröcke war kornblumenblau, (Offiziere trugen gerne hellblau), die Farben der Kragen und Aufschläge waren bei den einzelnen Regimentern verschieden wie auch die Knöpfe. Die Mannschaften hatten schwarze, Offiziere dunkelblaue Reithosen, jeweils ohne Vorstöße.
Als Fußbekleidung wurden normale Reitstiefel getragen. Zum Paradeanzug der Offiziere gehörten gelackte Schaftstiefel, zur langen Tuchhose (mit Lampassen in der Abzeichenfarbe) Stiefeletten.
Kartusche, Bandelier und Koppel entsprachen dem der Kürassiere, auch die Deckelbeschläge der Linienkürassiere galten für Dragoner. Die 2 Garde-Regter. hatten den üblichen Gardestern. Das Grenadier-Regt. zu Pferde Nr.3 bekam 1897 als Deckelbeschlag den Gardestern sowie in den Ecken jeweils eine Granate.
Die Tressen der Offiziersbandeliere entsprachen der Knopffarbe, das Unterfutter war bei allen Regimentern kornblumenblau.
Die beiden mecklenburgischen Dragoner-Regimenter Nr. 17 und 18 hatten Gardelitzen, erstere waren gelb, letztere weiß. Die Mannschaftskartusche entsprach preußischem Muster, jedoch mit dem mecklenburgischen Wappen auf dem Deckel. Die Offizierskartusche war aus Metall und vernickelt, die Ränder golden eingefaßt, das große mecklenburgische Staatswappen aufgelegt. Hierzu gehörte ein silbernes Bandelier mit blauroten Durchzügen und Räumnadelbeschlag. Die badischen Dragoner-Regimenter Nr. 20, 21 und 22 trugen die Uniform nach preußischem Muster, nur auf dem Kartuschdeckel der Mannschaften den badischen Greif. Die Offizierskartusche entsprach der preußischen. Die hessischen Dragoner-Regimenter Nr. 23 und 24 trugen abweichend vom preußischen Muster Waffenröcke aus dunkelgrünem Tuch nach dem üblichen Schnitt. Das Regt. Nr. 23 hatte weiße Gardelitzen, Koppel und Bandelier wa-

*190 Waffenrock eines Rittmeisters Drag. 16.*

ren schwarz, die Kartuschtasche der Unteroffiziere besaß den gekrönten Namenszug »L«. Für den Dienst hatten die Offiziere einen schlichteren Kartuschkasten mit Bandelier, dazu außerdem einen zweiten, besonders reich ausgestatteten zur Parade. Der Dienst-Kartuschkasten aus schwarzem Leder trug auf dem Deckel den blind geprägten Namenszug im Eichenlaub- und Lorbeerkranz, das dazugehörige Bandelier war schwarz und mit runden silbernen Knöpfchen besetzt.

Bei dem ebenfalls aus schwarzem Leder gefertigten Parade-Kartuschkasten waren die vorher blindgeprägten Teile aus versilbertem Metall aufgelegt, der Rand zusätzlich mit einer versilberten Schiene eingefaßt. Das dazugehörige Bandelier bestand aus zweimal rot durchzogener Silbertresse auf rotem Saffianleder mit Räumnadelbeschlag. Die Epauletten der Offiziere wichen vom üblichen Muster ab und bestanden aus Metallschuppen mit im Feld aufgelegten Namenszügen.

*191 Offiziers-Kartuschkasten Drag.-Regter. 17 und 18.*

*192 Mannschaftskartusche des württ. Drag.-Regts. Nr. 25*

Die württembergischen Dragoner trugen, wie die übrigen württembergischen Truppen, bis 1892 einen zweireihigen Waffenrock, der dann nach dem preußischen Muster abgeändert wurde. Das Regt. Nr. 25 hatte weiße Gardelitzen. Kartuschen nach preußischem Muster. Die Unteroffiziere des Dragoner-Regts. Nr. 25 führten den gekrönten Namenszug »KR«, diejenigen des Dragoner-Regts. Nr. 26 den neusilbernen Stern des württembergischen Kronenordens auf dem Deckel.

Die Offiziere des Dragoner-Regts. Nr. 25 hatten das Kartuschtäschchen nach preußischem Muster, jedoch als Namenszug ein gekröntes »KR«, dazu seit 1913 auf dem silbernen Bandelier einen Beschlag mit Signalpfeife (ähnlich dem genannten Räumnadelbeschlag). Auf dem oberen Beschlag des Bandeliers befand sich die Kaiserkrone über dem Namenszug (Kaiser) Wilhelms I., auf dem unteren die württembergische Königskrone auf dem württembergischen Wappen – ein einmaliger Fall in der Alten Armee, daß ein Regiment *drei* Namens-

*193 Bayer. Chevauleger vom 7. Regt. (um 1910)*

züge trug: auf den Achselstücken das »O« (Dragoner-Regiment Königin Olga), auf der Kartusche »KR« (für den ehem. württembergischen König Karl) und auf dem Bandelier den Namenszug des deutschen Kaisers!
In Bayern gab es anstelle von Dragonern insgesamt 8 »Chevauleger«-Regimenter.
Die Chevaulegers trugen einen Waffenrock, der der Ulanka der Ulanen sehr ähnlich sah. Das Grundtuch war stahlgrün, die Abzeichenfarbe der einzelnen Regimenter wie auch die Knopffarbe verschieden, das Brustteil analog der Ulanka zweireihig geknöpft, oben geschweift und nach unten schräg zusammenlaufend. Die Aufschläge waren aber rund; farbige Vorstöße gab es nur an der Kante des Vorderteils sowie an den Schoßtaschenleisten, im Gegensatz zur Ulanka mit spitzen Aufschlägen und farbigen Vorstößen, die rund um das Brustteil, unten um den Rock und an den Rückennähten verliefen. Zum Para-

deanzug knöpften sich die Chevaulegers, ähnlich wie die Ulanen, Rabatten in der Abzeichenfarbe auf den Brustteil.
Die Regimenter hatten folgende Abzeichen- und Knopffarben:

| | *Abzeichen* | *Knöpfe* |
|---|---|---|
| 1. Chev.-Regt. | karmoisin | gelb |
| 2. Chev.-Regt. | karmoisin | weiß |
| 3. Chev.-Regt. | pfirsichrot | gelb |
| 4. Chev.-Regt. | ponceaurot | weiß |
| 5. Chev.-Regt. | ponceaurot | gelb |
| 6. Chev.-Regt. | pfirsichrot | weiß |
| 7. Chev.-Regt. | weiß | gelb |
| 8. Chev.-Regt. | weiß | weiß |

Die Reit- und langen Tuchhosen waren stahlgrün wie die Waffenröcke, letztere jedoch mit breiten Lampassen (Streifen) in der Abzeichenfarbe versehen; Mützen aus dem Tuch des Waffenrocks, Deckelvorstoß und Bund in der Abzeichenfarbe. Reitstiefel wie die Dragoner, Kartuschkasten wie die bayerischen Schweren Reiter. Die Paradeüberlegedecken waren stahlgrün, die Besatzstreifen in der Regimentsfarbe, in den hinteren Ecken jeweils eine Krone aus Abzeichentuch.
Die Offiziere trugen die gleichen Waffenröcke wie die Mannschaften, Epaulettenmonde in der Knopffarbe, Feld und Unterfutter aus Abzeichentuch, Offiziersbandelier und Kartuschkasten wie Schwere Reiter. Hier muß nochmals betont werden, daß das Bandelier und der Deckelbeschlag der bayerischen Kavallerie-Offiziere immer silbern waren, unabhängig von der Knopffarbe. Ebenso hatten die Chevauleger-Offiziere immer ein ponceaurot unterfüttertes Bandelier, also nicht in der Abzeichenfarbe des jeweiligen Regiments. Der Überrock der Offiziere wies dieselbe Farbstellung wie der Waffenrock auf, besaß jedoch, wie alle bayerischen Überröcke, zwei Knopfreihen zu je sieben Knöpfen.

## Husaren

Der Attila war schon im 18. Jahrhundert das typische Kleidungsstück des Husaren und wurde in seiner zuletzt gültigen Form 1853 eingeführt.
Das Tuch war in der Farbe je nach Regiment verschieden, der Schnitt glich demjenigen des Waffenrocks. Der Attila war mit Schnüren, auch »Schoitasch« genannt, besetzt und wurde vorne nicht durch Knöpfe, sondern mittels 5 Knebeln geschlossen. Die aus gelber oder weißer Kantschnur gefertigten Schnüre (entsprechend der Metallfarbe des Bandeaus bzw. Emblems an der Pelzmütze) liefen um den Kragen, um die Ärmel in Höhe der Aufschläge, vorne herunter um die Schöße und auf den Rückennähten. Die Schöße waren mit Schleifen

*194 Attila und Pelz eines Leutn. der Leib-Garde-Husaren.*

*195 Husaren-Offz.-Reitstiefel.*

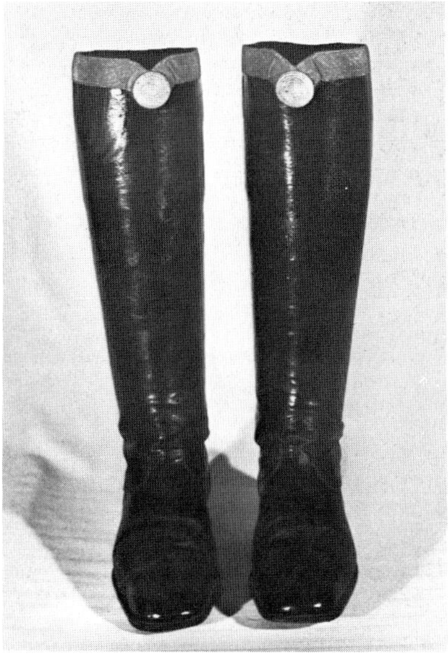

und »ungarischen Knoten« besetzt. Auf der Brust befanden sich 5 waagrechte Schnüre mit Doppelschlaufen an den Enden, auf denen Rosetten aus Metall saßen, Knebel und Rosetten entsprechend der Schnurfarbe weiß oder gelb. Anstelle der Achselklappen wurden weiße oder gelbe Plattschnüre getragen, die zweifach, bei Regimentern mit Namenszügen dreifach, gelegt waren. Num-
*s. Taf. IV* mern wurden nicht getragen, einige Regimenter führten Namenszüge. Auf den Achselknöpfen war die Eskadrons-Nummer aufgeprägt.

Verschiedene Regimenter trugen Pelze, die 1865 für die (Leib-) Garde-Husaren eingeführt worden waren. Nach und nach erhielten sie folgende Regimenter von ihren Chefs als Geschenk: Leibhus.-Regt. 1 und 2, Hus.-Regt. 3, 8, 12, 13, 15 und 16. Bei der Garde und dem Regt. Nr. 3 war der Pelz aus blauem Tuch, bei den übrigen Regimentern aus dem Tuch der Attilafarbe. Der Pelz hatte im großen und ganzen den Schnitt und Schnurbesatz des Attilas und war

*Abb. 196*

zusätzlich am Kragen, den Aufschlägen mit Patte am Vorstoß vorn und unten herum einschließlich des Schoßeinschnitts mit schwarzem, weißem oder grauem Pelz besetzt. Im Sommer und zu Paraden wurde der Pelz über die linke Schulter gehängt. Zur Befestigung dienten zwei lange Fangschnüre, die am Kragen angenäht waren und um den Hals geschlungen wurden. Im Winter gehörte der Pelz zur Dienstkleidung. An den Außennähten der bei Mannschaften schwarzen, bei Offizieren dunkelblauen Reithosen verlief eine Borte in der Schnurfarbe, die hinten über dem Gesäß eine Schlaufe bildete. Die Reitstiefel, auch »Czismen« genannt, waren am oberen Rand vorne keilförmig eingeschnitten und mit Wollborte in der Schnurfarbe besetzt, die unter dem Einschnitt eine Schlaufe bildete.
Der Mannschaftskartuschkasten war aus schwarzem Leder, das Bandelier geweißt. Nur die Leib-Gardehusaren hatten als Deckelbeschlag den Gardestern. Die Husaren trugen den Säbel untergeschnallt sowie statt des bei der übrigen Kavallerie getragenen Oberkoppels eine Schärpe aus weißen Wollschnüren. Die Schnüre wurden durch mehrere, schwarzweiß überzogene »Pfeifen« zusammengehalten. War die Schärpe um den Leib geschnallt, hing an der rechten Seite eine weiße Doppelschnur, die »Peitsche«, im Bogen von vorne nach hinten herab.
Die aus schwarzem Leder gefertigte Säbeltasche der Mannschaften zeigte auf dem Deckel den je nach Schnurfarbe aus Messing oder Weißmetall gefertigten, gekrönten Namenszug »FWR«. Sie wurde mit 3 Trageriemen am Unterschnallkoppel befestigt. Die Paradeüberlegdecke der Husaren hatte die nach hinten spitz zulaufende ungarische Form, war fast immer in der Farbe des Attilas und hatte einen zickzackförmigen Randbesatz aus Attilaschnur, wobei der äußere Rand meistens die Farbe des Pelzmützenkolpaks aufwies.

Die Mütze war aus dem Tuch des Attilas gefertigt mit farbigen Vorstößen sowie einem farbigen Besatzstreifen.
Die Husarenoffiziere besaßen einen Paradeattila und einen Interimsattila, der den Überrock der übrigen Truppenteile ersetzte und auch hier zum gewöhnlichen Dienst getragen wurde. Der Besatz des Paradeattila war aus silberner oder goldener Kettelschnur, die Knebelknöpfe nicht glatt sondern gedreht, die Rosetten feiner verziert und je nach Besatzfarbe versilbert oder vergoldet. Der Paradeattila der Offiziere des Hus.-Regts. Nr. 5 war als Besonderheit mit silbernen Fransen an der Schnürung verziert. Der Offiziersattila hatte in den Vorderschößen je eine schräg gestellte Tasche, die mit Besatzschnur eingefaßt war. Zur Unterscheidung der Dienstgrade dienten der Tressenbesatz um Kragen und Ärmel (für Subalternoffiziere bis Rittmeister eine schmale Tresse, ab Major eine breite Tresse in der Farbe des Besatzes), sowie die Achselstücke. Epauletten gab es bei den Husaren nicht. Die Achselstücke waren aus silberner Plattschnur wie bei den übrigen Truppen und mit der Regimentsfarbe unterfüttert. Die geflochtenen Achselstücke der Stabsoffiziere wurden nicht durch den obersten Bogen geknöpft, sondern hatten den obersten Bogen auch dicht geschlossen und daher eine zusätzliche Schlaufe aus dünner Silberschnur (oft auch einfaches Band, Hutgummi u. ähnl.) zum Einknöpfen am Achselknopf.
Der Interimsattila hatte bei allen Regimentern einen Besatz aus silberner, schwarz durchzogener Kantschnur, Knebel und Rosetten jedoch entsprechend versilbert oder vergoldet. Der Kragen war hier kein Stehkragen, sondern ein sogenannter »Überfallkragen«. Kragen- und Ärmeltressen wurden am Interimsattila nicht getragen.
Die Offizierspelze der oben schon genannten Regimenter waren sämtlich mit hellgrauem Fell (Krimmer) besetzt, der Besatz war aus Kettelschnur in der jeweiligen Farbe. Am Pelz wurden ebenfalls Achselstücke getragen, jedoch keine Tressen. Die Fangschnüre zum Umhängen waren aus goldener dicker Rundschnur mit zusätzlich 2 dünnen Goldschnüren im Inneren, mit denen der Pelz zum besseren Sitz an den Achselstückknöpfen des Attila befestigt wurde. Im Winter war der Pelz Dienstkleidung.
Die Offiziersreithose war dunkelblau mit einem Besatz aus Silber- oder Goldtresse, Anbringung wie bei Mannschaften. Zusätzlich hatten die Leib-Garde-Husaren sowie Generale als Chef oder à la suite eines Husarenregiments eine Galahose, die an den Oberschenkeln mit einer goldenen bzw. silbernen Schoitaschierung, dem ungarischen Knoten, besetzt war.
Die Offiziersreitstiefel hatten die Form der Mannschaftsstiefel, der Besatz der Oberkante war jedoch aus Silber- oder Goldtresse und unter dem Einschnitt befand sich eine mit Silber- oder Goldschnur umsponnene Rosette.
Bei der Garde trug die Offizierskartusche den emaillierten Gardestern, bei der Linie das gekrönte »FWR«.
Das in der Farbe des Attilas unterfütterte Bandelier war bei allen Regimentern mit Silbertresse besetzt.
Die Offizierschärpe, Form wie bei Mannschaften, bestand aus silbernen, schwarz durchzogenen Schnüren mit 2 Quasten aus dicken Silberraupen.

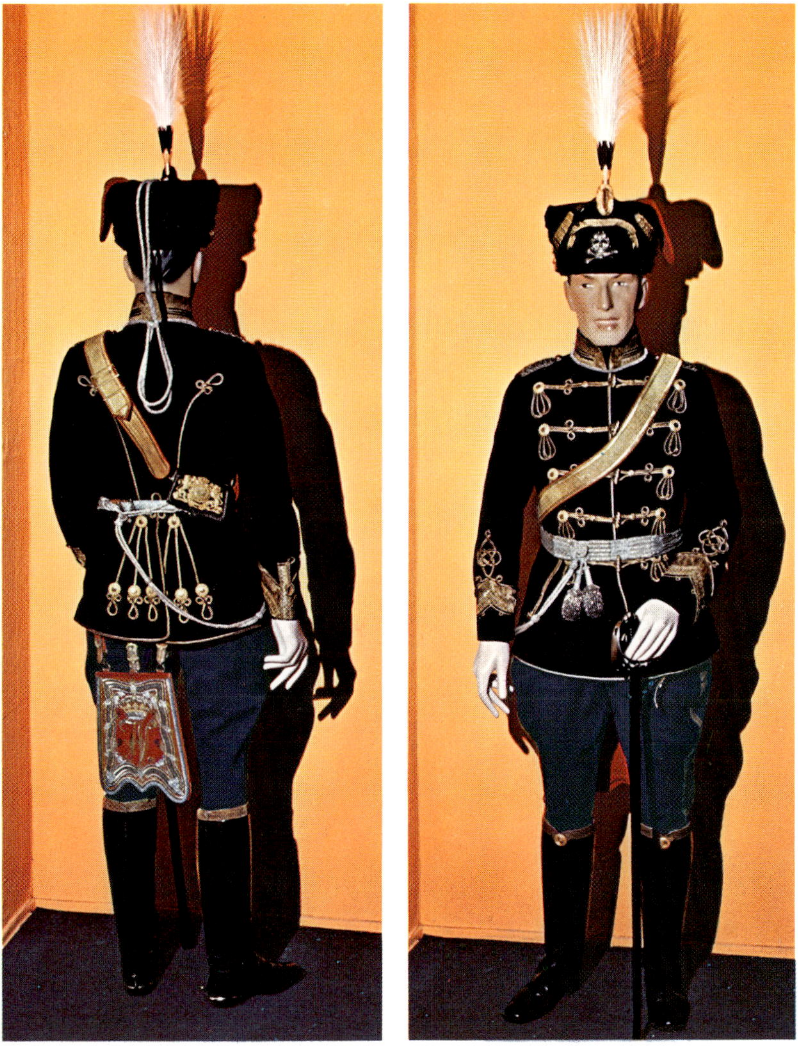

*Major des Braunschweigischen Husaren-Regiments 17, in Parade*

Am Säbelunterschnallkoppel befand sich der Tragriemen für den Säbel und 2 zusätzliche eingearbeitete Trageringe, in die man die Trageriemen der Säbeltasche einhängte. Die Säbeltasche war aus rotem Leder gefertigt, der Tuchbesatz bei den einzelnen Regimentern von unterschiedlicher Farbe, darauf in Silber- oder Goldtresse der gekrönte Namenszug »FWR«. Die schwarz gelackten Trageriemen der Offiziers- Säbeltasche hatten statt der einfachen Dornschnallen der Mannschaften sogenannte »Fröschelschnallen«, eine Dornschnalle mit vergoldeten Löwenköpfen am oberen und unteren Ende. Die Besatzfarben der Säbeltaschen waren bei der Garde sowie Regt. 1, 3, 6, 7, 13 und 14 rot, beim Regt. 2 schwarz, Nr. 4 braun, Nr. 5 englischrot, Nr. 8 dunkelblau, Nr. 9 und 12 kornblumenblau, Nr. 10 hellblau, Nr. 11 dunkelgrün und Nr. 15 und 16 gelb. Die Paradeüberlegedecke hatte einen breiteren Zick-zack-Besatz und in den Ecken sogenannte Blumen aus Tresse in der Attila-Besatzfarbe, Garde mit Gardesternen.

Das Braunschweigische Husaren-Regt. Nr. 17 hatte eine vom preußischen Muster abweichende Uniformierung. Der Attila war schwarz, die Schnürung bei Mannschaften aus gelber Kantschnur. Der Paradeattila der Offiziere hatte einen Besatz aus goldener Kant- (nicht Kettel-!) Schnur , Knebel und Rosetten waren vergoldet. Der Interimsattila der Offiziere war ebenfalls schwarz, wie auch die Kantschnur. Knebel und Rosetten waren mit schwarzen Fäden übersponnen. Die Mannschaften hatten hellblau durchzogene Schärpen aus weißer Wolle, Offiziere ebensolche aus Silberfäden. Die Kartusche und das Bandolier der Mannschaften waren schwarz, auf dem Deckel saß der gelbmetallene Stern des Hausordens Heinrich des Löwen. Das rot unterfütterte Offiziersbandelier bestand aus Goldtresse, der dazugehörige Kartuschkasten aus rotem Leder, die Seitenwände und der Deckel aus versilbertem Blech, auf letzterem das vergoldete braunschweigische Wappen. Die Säbeltasche der Mannschaften war mit rotem Tuch bezogen, von gelben Borten und Schnüren in den Landesfarben eingefaßt, in der Mitte der gekrönte Namenszug »W«. Die Offiziere trugen seit 1912 eine Dienst-Säbeltasche aus schwarzem, glatten Lackleder, auf dem Deckel den Totenkopf der Pelzmütze; die Trageriemen aus schwarzem Leder mit einfachen, versilberten Dornschnallen.

Auf dem Deckel der mit rotem Tuch bezogenen Paradesäbeltasche saß der gekrönte Namenszug »W«, außenherum reiche Goldstickerei. Die Stabsoffiziere hatten eine etwas größere Säbeltasche, unter dem Namenszug befanden sich zusätzlich goldgestickte Fahnentrophäen. Die Trageriemen der Paradesäbeltaschen aus rotem Leder waren mit Goldtresse besetzt und hatten vergoldete Dornschnallen von besonderer Form.

Die Mannschaften hatten eine schwarze Paradeüberlegdecke mit gelben Rändern und dem gekrönten Namenszug in den hinteren Ecken, bei den Offizieren war der Randbesatz aus goldener Bandeliertresse; in den hinteren Ecken der goldgestickte Namenszug, außerdem in den vorderen Ecken jeweils ein silbergestickter Stern mit Schwertern und dem Namenszug.

Die sächsischen Husaren-Regimenter Nr. 18 und Nr. 19 trugen kornblumenblaue Attilas mit einer beim Regt. Nr. 19 weißen, bei Nr. 18 gelben Schnü-

*197 Offiziers-kartuschkasten, Sachsen.*

rung. Die Interimsattila der Offiziere war beim Regt. Nr. 19 mit silberner, bei Nr. 18 mit goldener Kantschnur besetzt. Die Reithosen waren kornblumenblau, der Besatz in der Schnurfarbe. Der Kartuschkasten der Mannschaften entsprach dem preußischen Muster, bei den Unteroffizieren hatte er einen gelbmetallenen Beschlag mit sächsischem Wappen. Der Kartuschkasten der Offiziere entsprach dem der sächsischen Schweren Reiter. Das Offiziersbandelier war in der Attilafarbe unterfüttert, die Tresse in der Schnurfarbe. Die Schärpen entsprachen dem preußischen Muster, waren jedoch grün durchzogen. Mannschaften wie Offiziere trugen Dienst-Säbeltaschen aus schwarzem, Offiziere aus gelacktem Leder ohne Deckelverzierung. Die Paradesäbeltaschen der Mannschaften waren mit kornblumenblauem Tuch bezogen und mit Borten in der Schnurfarbe besetzt sowie mit dem gekrönten Namenszug »AR« in der Farbe der Borten verziert. Die Parade-Säbeltasche der Offiziere war aus rotem (Regt. 18 dunkelrotem) Leder, Tuchbezug und Namenszug wie bei Mannschaften, die Borten jedoch aus goldener bzw. silberner Tresse. Die Mannschaften hatten Paradeüberlegdecken aus schwarzem Schaffell, die Offiziere aus dunkelblauem Tuch mit Randtressen in der Schnurfarbe. In den hinteren Ecken saß der Stern mit Krone im Mittelfeld, die Metallfarbe entsprach derjenigen der Tressen. Die kornblumenblauen Pistolenstützchen (Schabrunken) waren mit Tresse in der Schnurfarbe besetzt.

Das Husaren-Regt. Nr. 20 war erst 1910 aufgestellt worden und bekam bereits eine feldgraue Uniform: der Attila aus feldgrauem Tuch, Besatz aus grauer, grün durchzogener Plattschnur, Knebel und Rosetten grau übersponnen, die Reithose ebenso feldgrau mit einem Besatz aus grauer Borte. Schärpe, Bandolier, Kartuschkasten und Säbeltasche wurden nicht mehr getragen, der Säbel hing an einem Oberkoppel mit neusilbernem Schloß mit sächsischem Wappen. Auch die Pelzmütze war aus grauem Material. Die Offiziere hatten noch Schärpen und Sattelfelle mit versilbertem Stern in den hinteren Ecken.

## Ulanen

Der Uniformrock der Ulanen hieß Ulanka. Die Ulanka war bei den preußischen Regimentern Garde 1–3 und Linie 1–16 aus dunkelblauem Tuch gefertigt. Der Kragen und die sogenannten polnischen Aufschläge waren je nach Regiment verschiedenfarbig: Bei der Garde Regt. 1 und 2 ponceaurot, Regt. 3 gelb (die Gardelitzen am Kragen und Aufschlägen bei Regt. Garde 1 und 3 weiß, Regt. 2 gelb), Regt. 1–8 ponceaurot. Bei den Regimentern 9–16 entsprach die Farbfolge der bei den Paraderabatten der Tschapkas angegebenen. Die Ulanka hatte vorne 2 zur Taille V-förmig zusammenlaufende Knopfreihen von je 7 Knöpfen, wobei der oberste zu den übrigen 6 einen größeren Abstand hatte. Die Vorstöße hatten vorne, unten herum und an den Schoßtaschenleisten die Farbe des Kragens und waren nur bei hellblauer Abzeichenfarbe (Regt. 12 und 16) weiß. Zur Parade wurde auf das V-förmige Brustteil eine ebenso geschweifte Paraderabatte aufgeknöpft, die bei der Garde die Farbe der Paraderabatte der Tschapka hatte. Bei den Regimentern 1–16 entsprachen die Rabatten den Farben der Kragen bzw. Aufschläge. Die Epauletten hatten Monde und schuppenförmige Einfassungen am Schieber in der Knopffarbe (Knopffarbe entsprechend dem Metall des Tschapka-Adlers), das Feld und der Schieber selbst waren in der Farbe der Paraderabatte des Tschapkas, wie auch die Epaulettehalter. Im Gegensatz zu den übrigen Regimentern wurden auf den Epauletten der Garde keine Nummern getragen, manchmal statt dessen Namenszüge (siehe diese). *s. Taf. IV*

Die Ulanen hatten kein Koppel, sondern den sogenannten Paßgürtel, der aus dunkelblauem Tuch mit einem breiten Mittelstreifen aus dem Tuch des Kragens gefertigt war, beim Regt. 12 und 16 war er jedoch weiß. Die Mütze der Ulanen war vom Grundtuch der Ulanka, der Vorstoß und der Besatzstreifen

*198 Ulanen eines preußischen Linien-Regts.*

hatten die Farbe des Kragens, nur beim Regt. 12 und 16 waren der Deckelvorstoß sowie ein Vorstoß über dem Besatzstreifen weiß.
Sowohl die Reithosen als auch die langen Tuchhosen der Mannschaften waren schwarz, letztere hatten jedoch einen roten Vorstoß an den Außennähten, die Hosen der Offiziere waren dunkelblau. Der Mannschafts-Kartuschkasten aus schwarzem Leder hatte bei den 3 Garde-Regimentern als Deckelverzierung den Gardestern (bei 1 und 3 weiß, bei 2 gelb). Die Linie hatte keinen Beschlag, nur das Regt. 13 bekam 1891 den gekrönten Namenszug »WR«. Die Bandeliere waren geweißt. Die Paradeüberlegdecken aus dunkelblauem Tuch hatten einen Randbesatz in der Kragenfarbe, der bei den Offizieren breiter war.
Die Offiziere trugen zum Dienst Achselstücke, die in der Farbe der Epaulettfelder unterlegt waren. Die Epauletthalter (Passanten) und Schieber der Epauletten waren wie üblich mit Silbertresse belegt. Die Überröcke der Offiziere waren aus dem Tuch der Ulanka gefertigt, die Kragen und Vorstöße entsprachen denen der Ulanka.
Offiziersbandelier aus Gold- oder Silbertresse je nach Knopffarbe, Tuchfutter immer dunkelblau. Deckelbeschlag der Garde war der übliche emaillierte Gardestern, beim Regt. Nr. 13 seit 1891 der gekrönten Namenszug »WR«.
Die sächsischen Ulanen-Regimenter Nr. 17, 18 und 21 trugen Ulankas in hellblauer Grundfarbe mit purpurroten Kragen, Aufschlägen und Paraderabatten, sowie weißen Vorstößen.
Alle drei Regimenter hatten am Kragen und an den Aufschlägen Gardelitzen, die beim Regt. Nr. 17 und 21 weiß, beim Regt. Nr. 18 gelb waren, Knopffarbe beim Regt. Nr. 17 und 18 gelb, beim Regt. Nr. 21 weiß, ebenso die Ganzmetall-Epauletten in Schuppenform. Die Mannschaften des Regts. Nr. 18 hatten keine Schuppenepauletten, sondern nur Achselklappen mit gelber Regts. Nr. Namenszüge siehe Farbtafel. Der Paßgürtel war bei allen drei Regimentern hellblau mit purpurrotem Mittelstreifen, ebenso die Reit- und auch die langen Tuchhosen. Die Mützen der drei Regimenter waren aus weißem Tuch gefertigt, Bund und Vorstoß beim Regt. Nr. 18 purpurrot, bei den anderen hellblau.
Der Kartuschkasten entsprach dem bei den sächsischen Husaren beschriebenen. Die Paradeüberlegdecken waren aus schwarzem Schaffell.
Auf den Epauletthaltern der Offiziers-Ulanka befand sich keine Silbertresse, sondern Kettchen in der Knopffarbe. Dazu Metall-Epauletten, wie bei den sächsischen Schweren Reitern beschrieben. Das Unterfutter richtete sich nach der Kragenfarbe.
Der Überrock der Offiziere entsprach den Farben der Ulanka. Reithose und lange Tuchhose waren hellblau mit weißem Vorstoß, der jeweils von einem purpurroten Streifen eingefaßt war, der Ganzmetallkartuschkasten und das Bandelier besaßen eine purpurrote Unterfütterung. Die Paradeüberlegdecken entsprachen denjenigen der Schweren Reiter, die Pistolenstützchen waren purpurrot bezogen und mit Tressen in der Knopffarbe eingefaßt.
In Württemberg bestanden die Ulanen-Regimenter Nr. 19 und 20. Die Ulanka entsprach in Schnitt und Grundfarbe der preußischen, die Abzeichenfarbe

*199 Leutnant des 2. bayer. Ulanen-Regts. in Paradeuniform um 1905.*

sämtlicher Teile war beim Regt. Nr. 19 rot, beim Regt. Nr. 20 gelb. Das UR 19 hatte am Kragen und an den Aufschlägen weiße Gardelitzen, die Knöpfe beider Regimenter waren weiß; Namenszüge siehe Farbtafel. Die Mützen waren aus dem Tuch der Ulanka gefertigt, Bund und Vorstoß jeweils in der Abzeichenfarbe, ebenso die Farbstellung der Paßgürtel. Die Reit- und langen Tuchhosen entsprachen denen der preußischen Ulanen.
Die Kartuschkästen der Mannschaften hatten keinen Deckelbeschlag, die Bandeliere waren weiß.
Auf dem Deckel der Offizierskartusche beider Regimenter befand sich der vergoldete, gekrönte Namenszug »WR«, das Bandelier bestand aus Goldtresse mit dunkelblauer Unterfütterung. Die Paradeüberlegdecken waren nach preußischem Muster mit Randstreifen in der Abzeichenfarbe besetzt.
Die bayerischen Ulanen-Regimenter Nr. 1 und 2 nannten ihre Uniform nicht Ulanka, sondern »Waffenrock«. Der Schnitt des Waffenrocks entsprach aber

demjenigen der preußischen Ulanka. Das Grundtuch war bei beiden Regimentern stahlgrün, ebenso hatten beide die gleiche, karmoisinrote Abzeichenfarbe. Die Regimenter unterschieden sich nur durch die Knopffarbe: Regt. Nr. 1 gelb, Regt. Nr. 2 weiß. Die Epauletten der Mannschaften und Offiziere entsprachen dem preußischen Muster. Epauletthalter der Mannschaften aus Abzeichentuch, Schieber mit Schuppeneinfassung, diese wie die Monde in der Knopffarbe. Offiziere hatten Passanten und Schieber der Epauletten mit blau durchzogener Silbertresse belegt. Die bayerischen Ulanen hatten keinen Paßgürtel, sondern das bei der deutschen Kavallerie übliche geweißte Koppel. Offiziere trugen zum Dienst die Feldbinde, zur Parade Schärpen. Die Mützen beider Regimenter waren gleich: Grundtuch wie beim Waffenrock, Vorstoß und Bundstreifen karmoisinrot. Die Paradeüberlegdecken für Mannschaften und Offiziere waren nach dem üblichen Schema gefertigt, wurden jedoch für Offiziere 1910 abgeschafft. Seitdem gab es nur noch Dienstdecken aus dem Tuch des Waffenrocks, ohne Randstreifen. Die Kartuschen der Mannschaften und Offiziere entsprachen dem bei den Schweren Reitern besprochenen Muster. Reithosen waren stahlgrün wie der Waffenrock und hatten keine Vorstöße, die langen Tuchhosen waren ebenfalls stahlgrün und mit breiten karmoisinroten Seitenstreifen besetzt.

## Jäger zu Pferde

Bis 1910 waren insgesamt 6 Regimenter Jäger zu Pferde aufgestellt worden, die sowohl einen Koller als auch einen Waffenrock wie die Kürassiere trugen. Die Kollerborte war hellgrün und beim Regt Nr. 1 mit einem weißen, bei Nr. 2 rotem, Nr. 3 gelben, Nr. 4 hellblauen, Nr. 5 schwarzen und Nr. 6 dunkelblauen Mittelstreifen sowie dünnen Randstreifen durchzogen, wobei der Mittelstreifen bei allen Regimentern mit jeweils einem dünnen gelben Streifen eingefaßt war. Die Koller der Offiziere hatten silberne Borten mit seidenen Streifen in der Regimentsfarbe. Knöpfe weiß, die Aufschläge wie bei den Kürassieren schwedisch. Die Mannschaften trugen Achselklappen in der graugrünen Farbe des Kollers mit Vorstößen in der Regimentsfarbe. Die Nummern der Regimenter waren in arabischen Ziffern rot aufgestickt (gekurbelt), das Regt. Nr. 1
*s. Taf. IV* erhielt 1905 den Namenszug seines Chefs, des Kaisers: das gekrönte »WR II«. Nach 1910 wurden die Koller abgeschafft, und man behielt die Waffenröcke, bei denen nur Kragen und Aufschläge mit der Kollerborte besetzt waren. Neu errichtet wurden das Regt. Nr. 7 mit rosa Abzeichenfarbe in der Borte und ebenfalls weißen Knöpfen wie bei den Regimentern Nr. 1–6 sowie die Regimenter Nr. 8–13, deren Abzeichenfarbe in der Folge wie bei den Regimentern Nr. 1–6 geregelt wurde, jedoch hatten die Regimenter Nr. 8–13 gelbe Knöpfe. Die Mannschaften der Jäger zu Pferde trugen dunkelbraunes Lederzeug (ab 1913 jedoch geschwärzt), d. h. Oberkoppel und Kartusche mit Bandelier, das Regiment Königsjäger zu Pferde Nr. 1 dabei auf dem Deckel ein mit Lorbeerzweigen umwundenes Jagdhorn mit dem gekrönten Namenszug »WR II«, die

übrigen Regimenter Nr. 2–6 dasselbe ohne den Namenszug. Das Bandelier war bei den Regimentern Nr. 1–6 mit 2 ovalen Schildern aus weißem Metall versehen, wobei das obere der preußische, heraldische Adler aus Messing zierte, auf dem unteren war der gekrönte Namenszug »WII« angebracht, außerdem eine Pfeife mit einer am oberen Schild befestigten Kette. Die Mannschaften der Regimenter Nr. 7–13 hatten das Oberkoppel mit dem braunledernen Traggerüst für die Patronentaschen, jedoch nicht zur Parade.
Die Regimenter Nr. 1–6 trugen Stulpstiefel wie die Kürassiere, jedoch aus braunem Leder, die übrigen Regimenter hatten normale schwarze Reitstiefel wie die Dragoner. Die Reithosen, wie auch die langen Tuchhosen waren graugrün, letztere jedoch mit hellgrünen Vorstößen. Zunächst trugen die Jäger zu Pferde zur Parade weißlederne Stulphandschuhe wie die Kürassiere, ab 1907 wurden jedoch die Stulphandschuhe aus braunem Leder befohlen. Die Schabracken und Schabrunken entsprachen in der Form denjenigen der Kürassiere, waren jedoch graugrün und hatten gelbe Besätze.
Die Offiziere der Regimenter Nr. 1–6 trugen wie die Mannschaften Koller und Waffenrock je nach Gelegenheit, nach 1910 nur noch Waffenrock. Form, Farbe und Kollerborten entsprachen denjenigen der Mannschaften, waren jedoch je nach Knopffarbe aus Silber- oder Goldtresse. Die Epaulettenfelder, der Schieber sowie das Unterfutter waren hellgrün, die Monde entsprachen der Knopffarbe. Außerdem lief innerhalb des Mondes ein Tuchstreifen in der Abzeichenfarbe. Der Namenszug beim Regt. Nr. 1 sowie die Nummern der übrigen Regimenter waren vergoldet. Überröcke der Offiziere vom Tuch des Waffenrocks mit hellgrünem Kragen ohne Kollerborte und einem gelben Vorstoß. Die Stiefel entsprachen denen der Mannschaften. Der Kartuschkasten für die Regimenter Nr. 1–6 war derselbe wie der bei den Mannschaften beschriebene, jedoch mit Lederteilen aus braunem Lackleder und versilberten bzw. vergoldeten Beschlägen. Die Offiziere der Regimenter Nr. 8–13 trugen sowohl das Bandelier als auch die Kartusche wie die Linien-Dragoner-Offiziere.
Die Dienstdecken der Offiziere waren schlicht dunkelblau. Zu Paraden hatten die Offiziere Schabracken und Schabrunken wie die Kürassier-Offiziere, jedoch aus graugrünem Tuch mit goldenem Tressenbesatz.

## Lanzen und Lanzenflaggen

Ab 1890 trugen alle Mannschaften und Unteroffiziere der deutschen Kavallerie-Regimenter Stahlrohrlanzen. An ihnen waren für Mannschaften Lanzenfähnchen in den Landesfarben, für Unteroffiziere mit aufgedrucktem Landeswappen befestigt.
Die Lanzenfähnchen hatten in den einzelnen Staaten folgende Farben:
*Preußen:* Mannschaften schwarz-weiß (wobei der weiße Teil nach oben getragen wurde), Unteroffiziere weiß mit heraldischem Adler. Die Mannschaften und Unteroffiziere der beiden Leib-Husaren-Regter. führten dieselben Lanzenflaggen, die beim 1. Regt. schwarz mit weißem Totenkopf, beim 2. Regt. jedoch umgekehrt waren.

*Bayern:* Mannschaften weiß-blau (weiß oben); Unteroffiziere weiß, Löwe mit Rautenwappen.
*Sachsen:* Mannschaften weiß-grün (weiß oben); Unteroffiziere weiß, Löwe mit sächsischen Wappen.
*Württemberg:* Mannschaften schwarz-rot (schwarz oben); Unteroffiziere rot mit württembergischen Wappen.
*Oldenburg:* Mannschaften blau-rot (rot oben); Unteroffiziere blau mit preußischem heraldischen Adler, jedoch auf der Brust oldenburgisches Wappen.
*Mecklenburg:* Mannschaften gelb-rot (gelb oben); Unteroffiziere gelb mit in roter Farbe aufgedrucktem mecklenburgischen Wappen.
*Baden:* Mannschaften gelb-rot (gelb oben); Unteroffiziere weiß mit aufgedrucktem Greif.
*Hessen:* Mannschaften weiß-rot (weiß oben); Unteroffiziere weiß mit aufgedrucktem hessischen Löwen.
*Braunschweig:* Mannschaften gelb-blau (blau oben); Unteroffiziere gelb mit springendem Pferd auf rotem Grund.
Sämtliche Wappenbilder wurden beidseitig, also spiegelbildlich getragen.

## Artillerie

Die Artillerie wurde bis 1871 bzw. 1874 nicht in Feld- und Fußartillerie unterschieden. Bis dahin bestand neben den bespannten Batterien der Artillerie nur die sogenannte Festungs-Artillerie, die wie die Infanterie in Kompanien eingeteilt war. Die Feldartillerie trug den Waffenrock wie die Infanterie, jedoch mit runden Aufschlägen, die bei den Mannschaften wie der Kragen aus schwarzem Tuch, bei Offizieren jedoch aus schwarzem Samt bestanden. Die Feldartillerie hatte allgemein gelbe Knöpfe, nur das Feldart.-Regt. Nr. 60 (Mecklenburg) hatte weiße. In Preußen gab es 4 Garde-Feldart.-Regimenter, außerdem zählte die Feldart.-Schießschule zur Garde. Bei allen diesen Garderegimentern hatten der (eckige) Kragen und die Aufschläge gelbe Gardelitzen. Im allgemeinen waren die Feldart.-Regimenter numeriert, wobei über der Regt.-Nummer eine gestickte platzende Granate angebracht war. Die Farbe der Achselklappen war je nach Armeekorps verschieden, entsprach also derjenigen der Infanterie. Die Feldartillerie hatte allgemein dunkelblaue Mützen mit schwarzen Besatzstreifen und 3 roten Vorstößen, so auch die mecklenburgischen, hessischen und württembergischen sowie die bayerischen Feldart.-Regimenter. Nur die sächsischen Art.-Regimenter Nr. 12, 28, 32, 48, 64, 68, 77 und 78 sowie die reitende Abtlg. des Feldart.-Regts. Nr. 12 trugen dunkelgrüne Waffenröcke mit ponceauroten Kragen und Aufschlägen, die Mützen in der entsprechenden Farbstellung. Die reitende Abtlg. des FAR 12 trug gelbmetallene Schuppenepauletten wie die Gardereiter, jedoch mit rotem Unterfutter. Die Mannschaften der Feldartillerie hatten Kartuschkästen aus schwarzem Leder, bei der Garde auf dem Deckel der gelbmetallene Gardestern, bei den reitenden Batterien der Linie eine Granate mit dem gekrönten

*Namenszüge s. Taf. IV*

*200 Stabsoffizier der sächs. Feldartillerie, um 1890.*

Namenszug »FWR« und Flammen nach drei Seiten, alles aus gelbem Metall. Der Deckelbeschlag der sächsischen Art.-Unteroffiziere entsprach dem der sächsischen Husaren. Die Bandeliere waren geweißt.
Die Offiziere trugen am Waffenrock Epauletten mit entsprechenden Abzeichen, rot unterlegte und mit Silbertresse besetzte Passanten und der Knopffarbe entsprechende Epaulettenmonde. Die Offiziere der reitenden Batterie des sächsischen Feldart.-Regts. Nr. 12 hatten mit Kettchen besetzte Passanten und wie die Gardereiter Metallepauletten, die jedoch rot unterfüttert waren. Die Offiziere der preußischen Linien-Feldartillerie trugen dieselbe Kartusche wie die Linien-Dragoner-Offiziere, dazu das Bandelier mit Goldtresse und dunkelblauem Unterfutter. Entsprechend waren auch die innerhalb der preußischen Armee rangierenden 5 badischen Feldart.-Regimenter ausgerüstet. Die Offiziere der 3. Batterie des FAR 24 und das FAR 60 trugen als mecklen-

burgisches Kontingent auf der Kartusche das mecklenburgische Wappen, die Mannschaften in der Granate die Namenszüge der mecklenburgischen Herzöge, so beim FAR 60 (Mecklenburg-Schwerin) »FF«, bei der 3. Batterie des FAR 24 »FW« (Mecklenburg-Strelitz). Die FAR Nr. 25 und Nr. 61 bildeten das großherzogl. hessische Kontingent, wobei das FAR Nr. 61 Gardelitzen trug. Die beiden hessischen Regimenter trugen auf dem Kartuschkastendeckel besondere Abzeichen: Mannschaften gekreuzte Kanonenrohre über Kugelhaufen aus gelbem Metall. Die Offiziere hatten Interimskartuschkästen aus schwarzem Leder mit blindgeprägten Kanonenrohren und Kugelhaufen, zur Parade waren Kanonenrohre, Kugelhaufen und Deckeleinfassung aus vergoldetem Metall. Das Offiziersbandelier bestand aus Silbertresse mit roten Durchzügen und vergoldetem Räumnadelbeschlag, das Interimsbandelier war schwarz und mit goldenen Kugelknöpfen besetzt.

Die Württembergischen Feldart.-Regimenter Nr. 13, 29, 49 und 65 waren nach preußischem Muster uniformiert, hatten z. T. Namenszüge sowie besondere Abzeichen auf den Kartuschkästen. Die Mannschaften hatten als Deckelbeschlag eine (einflammige), platzende Granate mit dem gekrönten Namenszug »KR«, die Offiziere nur den gekrönten Namenszug »KR«, Bandelier wie üblich aus Goldtresse mit dunkelblauer Unterfütterung. Die Mannschaften der preußischen Feldart.-Regimenter trugen ein weißes Koppel und weiße Bandeliere, bei den mecklenburgischen, sächsischen, württembergischen, badischen und hessischen Regimentern waren diese Teile schwarz. Nur das FAR 61 (2. Großherzogl. Hessisches) und die 12 bayerischen Feldart.-Regimenter hatten wiederum weiße Koppel und weiße Bandeliere. Die bayerische Feldartillerie war im allgemeinen nach preußischem Muster uniformiert. Dabei hatten die Kartuschkästen der Mannschaften keinen Deckelbeschlag. Der Offizierskartuschkasten entsprach dem der bayerischen Kavallerie, jedoch waren alle Metallteile feuervergoldet, das Bandelier aus Goldtresse mit 3 blauen Durchzügen und rotem Unterfutter.

*Namenszüge s. Taf. IV*

Die Reithosen der Artillerie waren allgemein schwarz, die der Offiziere dunkelblau. Die bayerische Artillerie trug zusätzlich lange Tuchhosen mit roten Lampassen. Die Feldartillerie hatte Paradeüberlegdecken aus dem Tuch der Waffenröcke mit Besatzstreifen in der Kragenfarbe. Nur bei den mecklenburgischen Regimentern waren Felle üblich. Auf den Offiziersdecken der preußischen Garde-Feldartillerie befanden sich in allen 4 Ecken Gardesterne, bei den badischen Truppenteilen eine rot abgesetzte Krone, bei den hessischen Feldartilleristen eine gelbe Krone und bei den mecklenburgischen Truppen eine Krone über gekreuzten Kanonenrohren in einem Lorbeerkranz, alles aus weißem Metall.

Die Fußartillerie trug die Uniform der Feldartillerie, jedoch mit brandenburgischen Aufschlägen aus schwarzem Tuch, bei den Offizieren aus schwarzem Samt. Die Knöpfe waren bei allen Regimentern gelb. Sowohl die preußische Garde-Fußartillerie als auch die Fußart.-Schießschule hatten gelbe Gardelitzen. Die Königl. Sächsischen Fußart.-Regimenter Nr. 12 und 19 trugen wie die sächsische Feldartillerie dunkelgrüne Waffenröcke mit roter Abzeichenfarbe.

Außer den sächsischen Regimentern (rot) hatten alle Fußart.-Regimenter weiße Achselklappen bzw. Epaulettenfelder und waren numeriert. Die Fußartillerie hatte keine Kartuschkästen. Bei der Garde und den 3 bayerischen Regimentern war das Koppelzeug weiß, ansonsten schwarz. Die Stabsoffiziere der Garde- und Linien-Fußartillerie trugen die gleichen Paradeüberlegdecken wie die Feldartillerie. Die Mützen entsprachen farblich denjenigen der Feldartillerie.

## Pioniere und Verkehrstruppen

Die Pioniere trugen im allgemeinen den Waffenrock der Feldartillerie, der beim preußischen Garde-Pionier-Bataillion und bei der Pionier-Versuchskompanie mit Gardelitzen besetzt war. Alle Bataillone hatten weiße Knöpfe und durchweg rote Achselklappen, mit Ausnahme der sächsischen Pionier-Bataillone Nr. 12 und 22, die grüne Achselklappen mit Regts.-Nummer und gekreuzter Hacke und Spaten aus rotem Tuch trugen.
Die Verkehrstruppen (Eisenbahner, Telegraphen, Luftschiffer und Kraftfahrer) trugen im allgemeinen die Uniform der Feldartillerie, meist mit Gardelitzen an Kragen und Aufschlägen, weißen Knöpfen und schwarzem Lederzeug. Nähere Abzeichen siehe bei den Namenszügen.

## Train

Die preußische Garde-Train-Abteilung (auch Bataillon genannt) hatte dunkelblaue Waffenröcke mit runden Aufschlägen. Der eckige Kragen, die Aufschläge und Achselklappen waren aus hellblauem Tuch mit weißen Gardelitzen, die Knöpfe gelb. Die übrigen Bataillone trugen dieselbe Uniform, jedoch ohne Gardelitzen. Die Bataillone waren numeriert. Die Nummern 1–11, 13–18, 20 und 21 waren preußisch bzw. Kontingent. Das Königreich Sachsen hatte die Bataillone Nr. 12 und 19, deren Waffenröcke nach sächsischem Schnitt gearbeitet waren mit schwarzem (Offz. Samt) Kragen und Aufschläge mit roten Vorstößen. Bayern besaß drei Train-Bataillone, Schnitt und Farbe der Waffenröcke entsprachen preußischem Muster. Namenszüge gab es nicht. Koppel und Lederzeug waren allgemein weiß, nur beim 13. und 18. Bataillon schwarz. Auch die sächsischen Bataillone Nr. 12 und 19 trugen schwarzes Lederzeug. Die Mützen waren vom Tuch des Waffenrocks, Vorstoß und Besatzstreifen wie am Kragen, in Sachsen also schwarz mit roten Vorstößen, im übrigen hellblau.
Die preußischen, badischen und württembergischen Train-Abteilungen trugen Kartuschkästen wie die entspr. Dragoner. Die bayerischen und die 11. (hessische) Abteilung hatten die Kartuschkästen wie die entspr. Feld-Artill.-Regter. Die sächs. Abteilungen führten Kartuschkästen wie die Garde-Reiter, jedoch mit goldbetreßtem Bandelier und Unterfütterung in der Abzeichenfarbe.

## Sanitäts- und Veterinär-Offiziere

Die Sanitätsoffiziere trugen den Waffenrock mit runden Aufschlägen und vergoldeten Knöpfen, dunkelblauem Kragen und Aufschlägen sowie roten Vorstößen. Am Kragen und an den Aufschlägen befanden sich goldgestickte Gardelitzen. Die Veterinär-Offiziere hatten Kragen und Aufschläge aus schwarzem Tuch, ansonsten wie bei Sanitäts-Offizieren.

Seit 1873 galten für Sanitäts-Offiziere folgende Ränge: General-Stabs-Arzt (Rang eines General-Majors) mit starren Epaulettenkantillen, General-Arzt 1.Klasse (Oberst), General-Arzt 2.Klasse (Oberstleutnant), Oberstabsarzt (Major), Stabsarzt (Hauptmann), Assistenzärzte 1. und 2.Klasse (Oberleutnant bzw. Leutnant). Die Monde und Kantillen waren immer golden, das Feld und der Schieber aus dunkelblauem Samt mit aufgelegtem Äskulapstab und den entsprechenden Rangsternen. Zum Dienstanzug gehörten Achselstücke in der entsprechenden Ausführung. Erst 1914 bekamen die Sanitätsoffiziere eine Feldbinde, die in der Form der allgemein üblichen entsprach, jedoch aus Gold- statt Silbertresse bestand. Die Durchzüge entsprachen der Landesfarbe, auf dem Lorbeerkranz des Schlosses befanden sich zwei Äskulapstäbe.

Die Sanitäts-Mannschaften trugen die Uniform des Truppenteils, dem sie zugeteilt waren und führten am rechten Oberarm ein stoffgesticktes Abzeichen mit Äskulapschlange.

Für die Veterinär-Offiziere galt zuletzt folgende Rangeinteilung: General-Veterinär (Oberst), Korps-Stabs-Veterinär (Oberstleutnant oder Major), Oberstabs-Veterinär (charakt. Major), Stabs-Veterinär (Rittmeister), Ober-Veterinär und Veterinär (Oberleutnant bzw. Leutnant). Die Halbmonde und (losen) Kantillen waren golden, Feld und Schieber mit karmoisinrotem Tuch besetzt, im Feld als Abzeichen eine Schlange sowie die entsprechenden Rangsterne.Die Achselstücke zum Dienstanzug hatten die entsprechende Form.

Der Helm der Sanitäts-Offiziere entsprach dem der Infanterie. Im Generalsrang wurde zur Parade der Generalshelm des Bundesstaates mit dem entsprechenden Federbusch getragen.

Die Veterinär-Offiziere hatten den gleichen Helm wie die Train-Offiziere mit vergoldeten Beschlägen und gewölbten Schuppenketten. Diejenigen Veterinäre, die Beamte waren, trugen den Helm mit eckigem Vorderschirm. In Preußen den Adler ohne Vaterlandsbandeau, darauf einen kleinen versilberten Adler (Sitz ungefähr wie das Reservekreuz).

Es gab natürlich eine ganze Reihe weiterer besonderer Truppenteile, wie die Kadetten, die Unteroffizier-Vorschulen, Zahlmeister, Militär-Justiz-Personal, Garnisonsverwaltungspersonal, Waffenmeister, Bekleidungsamtspersonal usw., die hier nicht näher behandelt werden können und auch im allgemeinen nur den Spezialisten interessieren dürften. Zur Vertiefung und Erforschung näherer Einzelheiten ist auf das im Anhang beigefügte Literaturverzeichnis zu verweisen.

*201 Epaulette eines preuß. General-Arztes.*

## Anzugsarten

Mannschaften, Unteroffiziere und Offiziere des deutschen Heeres mußten grundsätzlich immer Uniform tragen, Zivilkleidung war bis auf wenige, besondere Ausnahmefälle nicht gestattet.

*Mannschaften und Unteroffiziere:*

1. Paradeanzug:
   - Helm bzw. Tschako; sofern beim Regt. vorhanden, mit Paradebusch
   - Waffenrock (sofern vorhanden, mit Orden, Ehrenzeichen, Schützenabzeichen)
   - Koppel mit Seitengewehr, Troddel (Portepee), Patronentaschen bzw. Tragegurt
   - Tornister mit Kochgeschirr und gerolltem Mantel (Fahnenträger und Musiker ohne Gepäck)
   - Lange Tuchhose oder weiße Leinenhose
   - Gewehr
   - Für Unteroffiziere weiße Lederhandschuhe
   - Im Winter: Mantel angezogen, Tuchhosen in den Stiefeln
   - Zum Kirchgang an hohen Feiertagen: Ohne Gewehr, Patronentaschen und Tornister, lange Tuchhosen auch bei angezogenem Mantel.
2. Wachtanzug:
   - Helm bzw. Tschako
   - Waffenrock (sofern vorhanden mit Orden, Ehrenzeichen, Schützenabzeichen)
   - Koppel mit Seitengewehr, Troddel (Portepee), Patronentaschen
   - Tornister mit Kochgeschirr und gerolltem Mantel

| | |
|---|---|
| | Lange Tuchhose oder weiße Leinenhose |
| | Gewehr |
| | Für Unteroffiziere weiße Lederhandschuhe |
| | Im Winter: Mantel angezogen, lange Tuchhose |
| | Zum Kirchgang: Ohne Gewehr, Patronentasche und Tornister. |
| 3. Ordonnanzanzug: | Helm bzw. Tschako |
| | Waffenrock (sofern vorhanden Orden, Ehrenzeichen, Schützenabzeichen) |
| | Koppel mit Seitengewehr, Troddel (Portepee) |
| | Lange Tuchhose oder weiße Leinenhose |
| | Für Unteroffiziere weiße Leinenhandschuhe |
| | Im Winter: Mantel angezogen |
| 4. Ausgehanzug: | Schirmmütze bzw. Mütze |
| | Waffenrock (Orden, Ehrenzeichen, Schützenabzeichen) |
| | Koppel, Seitengewehr, Troddel (Portepee) |
| | Lange Tuchhose oder weiße Leinenhose |
| | Für Unteroffiziere weiße Lederhandschuhe |
| | Im Winter: Mantel angezogen |

Bei berittenen Truppen sinngemäß zu 1.–3. Kartusche mit Bandelier sowie Reithose.

*Offiziere, Anzug in und außer Dienst:*

| | |
|---|---|
| 1. Paradeanzug: | Helm bzw. Tschako; sofern beim Regt. vorhanden, mit Paradebusch |
| | Waffenrock mit Epauletten (sofern vorhanden Orden und Ehrenzeichen) |
| | Degen etc. mit Portepee |
| | Schärpe bzw. Adjutantenschärpe |
| | Tornister mit gerolltem Mantel für unberittene Subalternoffiziere |
| | Lange Tuchhose oder weiße Leinenhose |
| | Weiße Lederhandschuhe |
| | Im Winter: Mantel (Paletot) angezogen Stiefel, Reithose |
| | Zum Kirchgang an hohen Feiertagen: Ohne Tornister, lange Tuchhose auch bei angezogenem Mantel (Paletot). |
| 2. Dienstanzug: | Helm bzw. Tschako etc. |
| | Waffenrock mit Achselstücken, Orden, Ehrenzeichen oder Bandschnalle). Generale und Generalstab Überrock. |
| | Degen etc. mit Portepee |
| | Feldbinde |

| | |
|---|---|
| | Lange Tuchhose oder Stiefelhose mit hohen Stiefeln, |
| | Weiße oder rotbraune Lederhandschuhe |
| | Im Winter: Mantel (Paletot) angezogen. |
| 3. Kleiner Dienstanzug: | Mütze oder Helm bzw. Tschako etc. |
| | Waffenrock mit Achselstücken oder Überrock |
| | Degen etc. mit Portepee |
| | Lange Tuchhose oder weiße Leinenhose, auch Stiefelhose mit hohen Stiefeln |
| | Weiße oder rotbraune Handschuhe |
| | Im Winter: Mantel (Paletot) angezogen. |
| 4. Gesellschaftsanzug: | Helm bzw. Tschako etc. |
| | Waffenrock mit Epauletten |
| | Lange Tuchhose oder weiße Leinenhose |
| | Orden und Ehrenzeichen, jedoch keine Schärpen |
| | Degen etc. mit Portepee |
| | Mantel (Paletot) im Freien gestattet, dann unter dem Mantel Achselstücke statt Epauletten. |

Bei berittenen Truppen sinngemäß zu 1.–3. Kartusche mit Bandelier sowie Reithose und hohe Stiefel.
Ein weiter bestimmter Anzug bei Hofe (»Galaanzug«) entsprach dem Paradeanzug, der Hofanzug entsprach dem Galaanzug, jedoch ohne Schärpe und ohne Kartusche mit Bandelier.

## Die graue Felduniform der deutschen Armee

Durch Allerhöchste Kabinetts-Order vom 23.2.1910 und die dazu erlassenen Ausführungsbestimmungen wurde für die deutsche Armee neben der bisher getragenen, auch ferner beizubehaltenden Uniformierung noch eine neue *feldgraue* Uniform (für Jäger und Schützen *graugrüne* Uniform) eingeführt. Es wurde hierzu genau bestimmt, bei welchen Gelegenheiten die dunkelblaue oder die feldgraue Uniform zu tragen war:
Die dunkelblaue Uniform* mußte getragen werden:
a) als Paradeanzug
b) im Garnisonwachtdienst
c) beim Kirchgang
d) beim Gerichtsdienst
e) als Ausgeh- und Gesellschaftsanzug
Die feldgraue Uniform mußte getragen werden:
a) im Felde
b) bei allen Gefechts- usw. Übungen gegen einen nicht nur markierten Gegner.

(Anmerkung: Unter der Bezeichnung »dunkelblaue Uniform« sind alle Uniformen der bisherigen Art zu verstehen gewesen)

Es ist nicht beabsichtigt, innerhalb dieses Handbuchs auch die graue Felduniform darzustellen, es sollen jedoch grob einige Hinweise gegeben werden, die die Entwicklung, die während des 1. Weltkrieges weiterging und zur Einführung der »feldgrauen Kriegs- und Friedens-Uniform« im Jahre 1916 führte, in Umrissen darstellt.
Bei den für die Offiziersfelduniform erlassenen Vorschriften wurde alles vermieden, was die Offiziersuniform weithin als solche erkennen ließ, sie mußte deshalb besonders auch in der Farbe der Mannschaftsuniform völlig gleichen und durfte keinesfalls von hellerem Tuch als diese sein. Der Schnitt des grauen Waffenrocks war bei Offizieren und Mannschaften gleich. Statt der bisherigen vergoldeten oder versilberten Knöpfe gab es nur noch einheitliche, matte Knöpfe mit aufgeprägter Krone (in Bayern ein aufgeprägter, schreitender Löwe). Der Waffenrock hatte jetzt bei allen Truppen zwei schräggestellte Taschen, deren Klappen bei Offizieren ohne Knöpfe waren. Die Schoßtaschenleisten mit den 6 Knöpfen und den farbigen Verstößen wurden beibehalten, ebenso die sonst am Waffenrock üblichen farbigen Vorstöße.
Die Ärmelaufschläge sowie die Patten sind vom Grundtuch des Waffenrocks und vom gleichen Schnitt wie an der dunkelblauen Uniform geblieben. Die Vorstöße an den Patten etc. wurden vom bisherigen Abzeichentuch wie an der dunkelblauen Uniform gefertigt. Der Kragen, der zuletzt in modischer Weise immer höher getragen wurde, mußte nun möglichst niedrig gehalten werden, damit die freie Bewegung des Kopfes nicht gehindert wurde.
Die Kürassier-, Dragoner- und Jägeroffiziere hatten Stehkragen am Waffenrock, die übrigen Truppengattungen bekamen Stehumfallkragen, die weich gearbeitet sein mußten, um hochgeschlagen werden zu können. Sofern am dunkelblauen Waffenrock Stickereien getragen wurden, trug man am grauen Waffenrock farbige Kragenpatten (75 × 43 mm) mit dieser Stickerei.
Die Generale bekamen am grauen Waffenrock zusätzlich 2 Brusttaschen mit geschweiften Klappen. Am Kragen wurde die bisherige Alt-Larisch-Stickerei auf 10 cm langen, ponceauroten Patten getragen. (Bayern und Mecklenburg behielten die bisherige Stickerei am Kragen bei, sie wich erst 1916). Die einfachen Ärmelaufschläge (16–19 cm hoch) hatten oben einen ponceauroten Vorstoß, ebenso die nunmehr geraden, nicht mehr geschweift geschnittenen Stoßtaschenleisten.
Die Ulanka der Offiziere war wie diejenige der Mannschaften geschnitten, die Vorstöße behielten die Abzeichenfarbe. Paraderabatten und Epauletten wurden nicht mehr getragen, folglich fielen auch die Passanten weg.
Der Attila der Husaren war von demselben Schnitt wie der bisherige Interimsattila der Husarenoffiziere, bekam aber einen weichen Überschlagkragen. Grundstoff für alle Regimenter wurde feldgraues Tuch, der Schnurbesatz bestand nun aus grauwollener, schwarz bzw. in den Landesfarben durchzogener Plattschnur. Ebenso waren nun die Rosetten und Knebel mit grauwollener, in den Landesfarben durchwirkter Schnur überzogen worden.
Das Grundtuch der Feldhosen war bei allen Truppengattungen feldgrauer Trikot-Stoff, nur Jäger, Schützen, MG-Abteilungen und Jäger zu Pferde trugen

*202 Bayer. Inf.-Offz. in der Uniform M 1910.*

Hosen von graugrünem Trikot. Die Husarenoffiziere hatten den Besatz an der Reithose nunmehr von feldgrauer Seidenborte.

Die neuen Feldmützen der Offiziere waren aus feldgrauem Tuch oder Doeskin, die Vorstöße und Besatzstreifen behielten die bisherigen Farben. Die Feldmütze war jedoch nicht mehr steif, sondern nunmehr weich gearbeitet, der Schirm schwarzlackiert und biegsam, außerdem bekam die Feldmütze einen schwarzlackierten Sturmriemen mit Schnallvorrichtung. Die bisherigen Helme, Tschapkas und Pelzmützen wurden beibehalten, mußten aber im Felde mit den feldgrauen Überzügen getragen werden. Die Fangschnüre für Husaren und Ulanen wurden anfänglich noch getragen, verschwanden aber bald. Stiefel und sonstiges Lederzeug wurde nur noch naturfarben getragen, die noch vorhandenen weißen Koppel etc. mußten geschwärzt werden. Im Kriege wurden die glänzenden Metallteile der Helme feldgrau lackiert und nach vielen Versuchen und Erprobungen wurde schließlich im Jahre 1916 der Stahlhelm eingeführt.

# Das Sammeln von Militaria

Es gibt verschiedene Möglichkeiten zum Aufbau einer sinnvollen Militaria-Sammlung, die sich natürlich nach dem zur Verfügung stehenden Raum und den finanziellen Gegebenheiten richten.
Die meisten Sammler befassen sich mit Helmen – sie sind sowohl kulturhistorisch als auch handwerklich betrachtet von großem Reiz. Die Verarbeitung und die Entwicklung der Fertigungstechnik wie auch die verschiedenen Materialien zeigen deutlich die Fortschritte in der Waffen- und Kriegstechnik, die Veränderungen durch modische Einflüsse und das Bemühen, unter Bewahrung der Tradition die Kriegstauglichkeit als Kopfschutz den modernen Gegebenheiten anzupassen. Die Mannigfaltigkeit der Helmbeschläge in den einzelnen deutschen Staaten ist ein weiterer Anreiz zum Beginn einer Helmsammlung.
Neben den Kopfbedeckungen sind zahlreiche Ausrüstungsstücke sammelbare Objekte, so z. B. Achselstücke und Epauletten, Kartuschkästen, Säbeltaschen, Ringkragen, Koppel- und Feldbindenschlösser oder Uniformknöpfe.

Sammlungen solcher Einzelstücke der militärischen Bekleidung und Ausrüstung haben ebenso ihren Reiz wie die Zusammenstellung von Ganzfiguren, von Uniformtypen, die unter verschiedenen Gesichtspunkten erfolgen kann:

a) Darstellung der verschiedenen Waffengattungen des deutschen Heeres: Infanterie, Kavallerie, Artillerie usw., wobei man zusätzlich chronologisch differenzieren kann.
b) Aufbau einer Spezialsammlung, die sich mit einer bestimmten Waffengattung befaßt, so z. B. die preußischen Kürassiere.
c) Überblick über die Uniformentwicklung einer bestimmten Armee, z. B. die Kgl. Bayerische Armee, wobei man zusätzlich eine bestimmte Epoche festlegen kann;
d) Zeitgeschichtliche Uniformsammlung wie z. B. die Uniformen der kriegführenden Parteien im Kriege 1870/71.
e) Die Bewahrung des Nachlasses einer bestimmten Person, z. B. eines Offiziers, dessen Lebenslauf anhand von Originaldokumenten bekannt ist und dessen Uniform, Waffen und Orden zusammen erworben werden konnten, wobei man abhandengekommene Gegenstände »nachsammeln« kann.

Wie auch immer man eine Sammlung aufbaut, sollte man nicht versäumen, sich anhand von zugänglicher Literatur wie Ranglisten, Regimentsgeschichten, Uniformbüchern und Originalfotos den notwendigen Überblick und die Grundkenntnisse zu verschaffen.
Der Besuch der verschiedenen Militärmuseen, der Kontakt zu anderen Sammlern sowie Mitgliedschaften in heereskundlichen Vereinen sind unerläßlich, um möglichst viele Vergleichsmöglichkeiten auszunützen und die Sachkenntnis weiter zu vertiefen. Die Heeres- und Uniformkunde ist ein großes Gebiet, das zahlreiche andere Wissenschaften tangiert und dadurch viele Interessen vereinigt.

# Militaria – echt oder gefälscht?

Eine Neuherstellung unter dem Gesichtspunkt der Fälschung ist für Uniformen und andere textile Stücke nicht möglich, da die damals verwendeten Stoffe, nämlich »Tuch«, Doeskin, Düffel, Eskimo oder Elastik heute nicht mehr entsprechend hergestellt werden. Das Tuch, das sowohl für Mannschafts- als auch Offiziersuniformen verwendet wurde, war von so hervorragender Qualität und so fester Struktur, daß es nicht gesäumt werden mußte. Die Waffenröcke wurden unten an der Kante einfach abgeschnitten. Manchmal sind Eigentumsstücke dennoch gesäumt worden, es wäre aber nicht nötig gewesen und entsprach auch nicht der Vorschrift.
Das alte Tuch oder auch Doeskin hatte einen ganz feinen, festen Flor, der den heute hergestellten weitgehend ähnlich gefertigten Trachtenwollstoffen fehlt oder wesentlich weicher ist. Mit einiger Übung ist es leicht möglich, die Stoffe durch Befühlen zu unterscheiden.
Vielfach werden heute Uniformstücke für Film und Fernsehen nachgefertigt, die dann manchmal Sammlern als Originale angeboten werden. Neben der Materialprüfung ist dabei auf die Futterstoffe, den Schnitt und vor allem auf die Körpergröße zu achten. Bis in unser Jahrhundert hinein waren die Menschen kleiner und vor allem schmächtiger als heute und der Sammler wird bald merken, daß ihm kaum ein Waffenrock der alten Armee paßt – ebenso wie die Kopfgrößen der damaligen Helme heutzutage nur noch Kindergrößen entsprechen. Als Futterstoffe verwendete man Kaliko, bei Offizieren gerne Seide. Eine Untersuchung der Nähte und des exakten Sitzes der Knöpfe, vor allem an den Aufschlägen, gibt weiteren Aufschluß. Trennt man im Ärmel das Futter unter dem Aufschlag auf, so sind bei originalen Stücken die Aufschlagknöpfe nicht mit Zwirn angenäht, sondern man hat durch die Öse einen Streifen derber Futterleinwand gezogen, um einen straffen Sitz des Knopfes zu erreichen. Kopfbedeckungen wie Helme, Tschakos oder Tschapkas werden wohl am

häufigsten gefälscht, d. h. in ihren Teilen verändert und mit manchmal neu gefertigten Beschlagteilen einem seltenen Regiment zugeordnet. Am Helmkörper selbst, sei er nun aus Leder, Metall, Filz oder Fiber wird man schwerlich eine Fälschung erkennen, denn es ist nach wie vor keine Schwierigkeit, einen »normalen«, originalen Helm zu finden. Die Fälschung liegt vielmehr im Verändern und Umbauen der Helmbeschläge. Vielfach wird hierbei das originale Emblem entfernt und ein anderes, meist mit Gardestern oder Auszeichnungsbandeau etc. versehenes, montiert. Inzwischen gibt es auch nachgefertigte Helmkörper, wobei die Lederhelme meist aus der Produktion einer deutschen Firma stammen, die heute noch für den südamerikanischen Raum »Pickelhauben« herstellt. Diese Helme sind jedoch von ungleich größeren Ausmaßen, höher und derber im Material. Die Schirme und Kanteneinfassungen wie auch das Innenfutter sind zum Teil aus Kunstleder. Meist werden diese modernen Helme in Waffengeschäften, mit württembergischen Emblem versehen, verkauft, doch auch in Sammler- und Händlerkreisen finden sich vielfach solche, mit alten Beschlägen montierte Helme im Angebot. Auch Metallhelme werden nachgefertigt, so neuerdings preußische Gardekürassier-Helme, die jedoch sowohl im Material (Messing statt Tombak) wie auch in der Form (Mischung aus M 1867 und M 1889) nicht dem Original ensprechen. Die Randeinfassungen sind ebenfalls zu breit, außerdem ist das Gewicht höher als beim Original. Manchmal findet man auch Helme der schwedischen Gardekürassiere, die heute noch getragen werden, mit preußischen Emblemen. Auch hier stimmt die Form nicht mit der alten preußischen Form überein.

Heute hat sich ein weiteres Echtheitskriterium herausgebildet, nämlich ob der Helm (sei er aus Leder oder aus Metall) unter dem Emblem mehrere überflüssige Löcher besitzt. Ein Helm mit überzähligen Löchern wird im allgemeinen als nicht original bezeichnet. Dabei ist jedoch zu bedenken, daß die Offiziere früher häufig versetzt wurden und somit zu einem Regiment kommen konnten, das einen abweichenden Helmbeschlag trug. In den meisten Fällen hat sich der Offizier wohl einen neuen Helm gekauft, es kam aber auch vor, daß nur der Helmbeschlag ausgetauscht wurde – der Helm kostete durchschnittlich 25 Mark, ein Beschlag aber nur ca. 5 Mark! An den heutigen Sammler wurde dabei nicht gedacht. Es ist also neben der Untersuchung überzähliger Löcher zu prüfen, ob das Emblem im Lack des Helmes Abdrücke verursacht hat oder, ob unter dem Emblem Staub und Schmutz sitzen. Bei seltenen Helmen empfiehlt es sich durchaus, den Staub unter dem Emblem zu belassen, zu eifriges Putzen könnte dem nächsten Besitzer Zweifel an der Originalität kommen lassen. Auch bei Metallhelmen kann an der Patina unter dem Beschlag geprüft werden, ob das Emblem dazugehörte.

Dabei ist aber zu bedenken, daß manche Regimenter ganz offiziell einen neuen Beschlag erhielten (vgl. die Helmbeschreibungen) und hier wohl meistens unmittelbar kein neuer Helm gekauft wurde. Bei solchen Helmen muß der Sammler einen Emblemwechsel als durchaus original akzeptieren. Bei den nach 1912 gefertigten Helmen wurde oft anstelle von Lackleder schwarzlakkiertes Fiber verwendet, auf dem sich nur sehr selten der Helmbeschlag eingedrückt hat, da das Material wesentlich härter war. Nur besonders exponierte Stellen wie Kronen und deren Kreuze oder Reichsapfel, Szepter und Klauen der Beschläge ritzten kleine, fast nicht sichtbare Umrisse ein.

Viele Helme blieben natürlich nicht jahrzehntelang ungepflegt. Sowohl der ernsthafte Sammler wie der auf Umsatz bedachte Händler werden versuchen, ihre Stücke in besten Zustand zu versetzen. Ein Helm, der sauber geputzt und gepflegt ist, wird immer attraktiver und teurer sein. Mit den oben angegebenen Hinweisen allein ist also nicht immer eine sichere Prüfung möglich, immer bleibt die Herkunft des Stückes wichtiges Mittel der Bestimmung. Bei vielen Originalstücken sind Namen oder Schneideretiketten u. ä. vorhanden, die anhand einer Rangliste nachgeprüft werden können. Dazu muß man natürlich einen ungefähren Begriff vom Alter bzw. vom Jahrgang des Stücks haben. Auf vielen Schneideretiketten sind zusätzlich Datum, Dienstgrad und Truppenteil verzeichnet.

Wesentlich schwieriger als das Erkennen von umgebauten, also aus verschiedenen Teilen zusammengesetzten Helmen, ist jedoch die Erkennung von nachgefertigten Teilen. Insbesondere Embleme mit aufgelegten Sternen oder Abzeichen werden mit Hilfe der Galvano-Plastik nachgemacht. Die Prüfung des verwendeten Materials gibt hier Aufschluß.

Je älter ein Helm ist, desto älter ist auch das Metall der für die Ausstattung, die »Dekoration«, verwendeten Beschläge. Normalerweise wurde Messing verwendet, das bei Mannschaftsstücken poliert, bei Offiziersstücken versilbert oder vergoldet war. Altes Messing wird spröde, fast hart und zerbrechlich, es ist bestimmt durch das häufige Putzen nicht mehr scharfkantig. Die durch Versilbern oder Vergolden erfolgte Veredelung ist berieben. Unveredeltes Messing ist entweder schwarz geworden, mit Grünspan behaftet oder hat, bei ausreichender Pflege ohne scharfe Putzmittel, einen fast rötlichen, warmen Farbton. Ein versilberter oder vergoldeter Beschlag aus dem frühen 19. Jahrhundert besitzt eine ganz eigenartige, reizvolle Patina, die in der modernen galvanischen Veredelung nicht nachvollziehbar ist. Auch die typische Mattvergoldung von reliefierten Beschlägen, bei denen nur die hochstehenden Kanten blankpoliert sind, ist ein technisches Problem geworden und verrät, sofern sich der Beschlag spiegelblank präsentiert, entweder die Nachvergoldung oder eine nicht fachgerechte Reinigung.

Vor allem seltene Helmbeschläge (vergleiche dazu die Aufstellung im Kapitel »Helme«) wie Sterne der deutschen Kleinstaaten, der Totenkopf des braunschweigischen Infanterie-Regts. Nr. 92 oder das Abzeichen der Schwedter Dragoner werden heute galvanoplastisch nachgefertigt. In damaliger Zeit war ein solcher besonderer Beschlag jedoch nie aus Kupfer. Hat man Zweifel und ritzt ein vorliegendes Stück an der rückwärtigen Kante, wird man schnell feststellen können, ob unter der Versilberung rotes Kupfer oder weißes Metall wie z. B. Neusilber oder Blech zum Vorschein kommt; wenn man nicht schon allein an der plumpen Rückseite, der ziemlichen Stärke und breiten Schnittkante oder der verwaschenen und undeutlichen Bildseite des betreffenden Stücks die Fälschung erkannt hat.

Weiterhin gehört zur Materialkunde die Betrachtung der Befestigungsmethoden von Beschlagteilen am Helm. Verwendet wurden, besonders beim Mannschaftshelm, Splinte, die aus mehr oder weniger schmalen Messingteilen geschnitten wurden, und am Beschlagteil mittels Zinn oder auch, bei stärkerer Beanspruchung mit Silber angelötet waren. Bei Offiziersstücken und auch bei Mannschaftshelmen, deren Beschlagteile zwecks Reinigung öfters abgenommen wurden, hat man Schraubstollen mit Muttern (bei älteren Modellen auch Bügelmuttern oder Flügelmuttern) verwendet. Die Gewinde dieser Schraubstollen waren in jedem Falle nicht-metrisch. Moderne metrische Schraubgewinde an Helmteilen lassen also sofort die Fälschung oder Ergänzung erkennen.
Beschläge an Mannschaftshelmen der neueren Zeit (ab ca. 1860) waren zumeist mit Lederkeilen, die durch am Beschlag angelötete Ösen gezogen waren, befestigt. Kurzfristig tauchte beim Modell 1881 eine neuartige, jedoch sich nicht bewährende Befestigungsmethode auf. Am Emblem wurden rückwärtig flache Messingstreifen parallel zum Emblem verlaufend befestigt, die in entsprechende Schlitze am Helmkörper eingesteckt wurden. Diese Befestigungsart trat wieder um die Jahrhundertwende bei den Tropenhelmen der Schutztruppen auf. Hier sind es jedoch am Emblem angelötete Drähte, die durch Stoffschlaufen am Tropenhelm geschoben werden.

# Preissituation auf dem Militariamarkt

Vor wenig mehr als einem Jahrzehnt waren Militaria zu ausgesprochen günstigen Preisen zu haben: ein durchschnittlicher Infanterie-Offiziershelm der bayerischen Armee kostete ungefähr DM 50,–, während man heutzutage gut mit dem zehnfachen Preis rechnen muß. Voraussetzung für diese Wertsteigerung ist einerseits die damals kaum vorhandene Nachfrage, die heute durch eine stetig wachsende Zahl von Militaria-Sammlern zugenommen hat und andererseits der Wunsch nach einem Sammlerstück in einwandfreier Qualität. Wertsteigerungen sind bei Militaria als Geldanlage nur mit solchen Stücken zu erzielen, die selten sind und dabei einen möglichst neuwertigen Erhaltungszustand haben. Die Beurteilung der Seltenheit ist von verschiedenen Gegebenheiten abhängig: dem Einführungsjahr des Stücks und der hergestellten Menge, dem Garnisonsort des Regimentes, der heute möglicherweise nicht mehr im Bereich der Bundesrepublik liegt, der Haltbarkeit des jeweiligen Materials, oder der Verwendung (Parade oder täglicher Gebrauch). Soweit nur die wichtigsten Gedanken. In jedem Fall ist die persönliche Begeisterung mitentscheidend, wenn bei Auktionen Preise bezahlt werden, die u. U. im normalen Handel nicht verlangt oder erzielt werden können.

# Pflege und Restaurierung von Militaria-Stücken

Jeder Sammler hat das Bestreben, seine Helme und Uniformen möglichst in »neuwertigen« Zustand zu versetzen – schließlich waren die Dinge im Dienst auch auf Hochglanz »gewichst und gewienert«.

Man muß beim Putzen und Polieren der Stücke aber einige Grundregeln beachten, da man sonst unter Umständen mehr verderben als gewinnen kann. Die Helmwappen bei Offiziershelmen waren immer entweder vergoldet oder versilbert, wobei man die tiefer liegenden Stellen unpoliert -also matt ließ und nur die höherragenden Kanten sowie die glatten Flächen mit einem Achatstein polierte. Dieses Verfahren ergab den eigenartigen, heute so bestechenden Schimmer, den der Sammler so hoch schätzt. Wenn man heute ein solches Emblem, das meist dunkel angelaufen, manchmal sogar stark verschmutzt ist, mit den üblichen Metallputzmitteln bearbeitet, wird die ursprünglich matte Veredelung auf Hochglanz mitpoliert – das Ergebnis ist eine durchweg glatte, glänzende Fläche, die nicht mehr dem ursprünglichen »matten Glanz« entspricht. Es ist folgende Reinigungsmethode für Helmbeschläge zu empfehlen:

1. 10%iger Salmiak. Mit einer alten Zahnbürste, die in den Salmiak getaucht wurde, wird der Beschlag vorsichtig gebürstet. Es lösen sich meist die Schmutzteile ab, die matte Veredelung wird dabei nicht verletzt. Sofort unter klarem Wasser abspülen, möglichst an der frischen Luft arbeiten (Salmiak-Dämpfe!)
2. Nach der Grundreinigung mit Salmiak wird der Beschlag nicht immer den erwünschten »Glanzgrad« haben, es sitzt noch zu viel Oxydation auf dem Metall. Hier empfiehlt sich – sowohl für vergoldete als auch für versilberte Teile – das Münz-Tauchbad, das im Fachhandel ohne weiteres erhältlich ist. Man verfährt dabei nach der mitgelieferten Gebrauchsanweisung. Das Ergebnis ist ein strahlend sauberes, nur an den ursprünglich polierten Flächen hochglänzendes Emblem!

Die übrigen Beschlagteile eines Helmes sind immer poliert gewesen (mit Ausnahme des Perlrings am Spitzenhals des Offiziershelms) und können mit Silberputzmitteln und ähnlichen Metallputzmitteln bearbeitet werden. Dabei versteht es sich von selbst, daß man alle Beschlagteile vom Helm abmontiert, da es der Lackoberfläche und dem oft etwas brüchigen Leder der Helmglocke nicht zuträglich ist, mit den Putzmitteln bearbeitet zu werden. Der sorgfältige Restaurator wird die Schuppenketten ebenso gründlich reinigen wie es auch früher geschah; nicht nur einfach über die Schuppen hinwegpolieren, sondern den Schmutz und die Oxydation unter jeder einzelnen Schuppe entfernen.

Lederteile putzt man mit der farblich entsprechenden Schuhcreme, spröde und trockene Lederteile bearbeitet man mit Lederbalsam. Öl sollte man nicht verwenden, es trocknet das Leder nur zusätzlich aus.

Verschmutzte Haarbüsche wäscht man mit normalen Haarwaschmitteln, wobei man diese in lauwarmen Wasser vorsichtig ausdrückt und die Lederscheibe, auf der die Haare befestigt sind möglichst so hält, daß sie trocken bleibt. Hinterher läßt man die Haarbüsche auf Styroporköpfen trocknen, kämmt mit einem »Färbekamm« vorsichtig und begradigt, wenn nötig, den unteren Abschluß. Dabei ist auf die Länge zu achten, damit der Busch nicht zu kurz wird.
Für gedunkelte Stickereien gibt es kein empfehlenswertes Mittel, am besten beläßt man sie in ihrem Zustand.
Textile Stücke wie Uniformen und Mützen kann man in einer Spezialreinigung chemisch reinigen lassen. Man sollte sich aber erkundigen, ob die nötige Erfahrung vorhanden ist. Es empfiehlt sich, Uniformen in einem Wäschesack reinigen zu lassen. Etwaige Stickereien kann man ruhig mitreinigen lassen, manchmal werden sie sogar etwas heller, während die Reinigung keinesfalls schadet.
Blindgewordene Knöpfe oder Monde an Epauletten werden mit Metallputz gereinigt, wobei man die Stoffteile abdecken sollte.
Die Aufbewahrung von Sammlungsstücken sollte möglichst staub- und sonnengeschützt erfolgen. Es empfehlen sich Glasvitrinen, die nicht der Sonnenstrahlung ausgesetzt sind. Bei Textilien, Haarbüschen, Pelzen und Federn sind geeignete Schutzmaßnahmen gegen Ungeziefer wie Motten, Milben etc. sehr zu empfehlen, ebenso sollte man jedes textile Stück, das neu erworben wurde, chemisch reinigen lassen, um etwaiges Ungeziefer, das sich besonders unter Aufschlägen und Stickereien festsetzt, zu vernichten.

# Die wichtigsten Militärmuseen in Europa

Der Sammler sollte die Möglichkeit nutzen, sich in den Militärmuseen mit den Gegenständen vertraut zu machen. Dies ist die beste und einfachste Möglichkeit, sich durch ständigen Vergleich und Beobachtung den Blick zu schärfen, um so die Spreu vom Weizen trennen zu können. Nachfolgend eine Aufzählung der wichtigsten Militär-Museen in Deutschland und Europa:

**Belgien**
Musée Royal de l'Armée et d'Histoire Militaire, Bruxelles, Palais du Cinquantenair

**Bulgarien**
Centralnogo Muzeja Narodnoi Armii, Skobelev, Boulevard 23, Sofia

**Dänemark**
Tojhusmuseet, Frederiksholms Kanal 29, Kopenhagen

**Deutschland**
a) West:
Wehrgeschichtliches Museum, Schloß, 7550 Rastatt/Baden
Bayerisches Armeemuseum, Neues Schloß, 8070 Ingolstadt
Kavallerie-Museum Vornholz, Schloß, 4743 Ostenfelde in Westfalen
Militär-Museum Schloß Bartenstein, 7181 Bartenstein/Württ.
Luftwaffen-Museum Uetersen, 2082 Uetersen

b) Ost:
Museum für Deutsche Geschichte (ehem. Zeughaus Berlin), X–108 Berlin
Armeemuseum der DDR, X–806 Dresden

**England**
National Army Museum, London SW 3 4 HT, Royal Hospital Road
Imperial War Museum, Lambeth Road, London, S. E. 1
Royal Air Force Museum, London
Royal Marines Museum, 22351 Portsmouth

**Finnland**
Militärmuseum, Maurinkatu 3, 00170 Helsinki 17

**Frankreich**
Musée de l'Armée, Paris 7 e, Hôtel National des Invalides
Musée de la Marine, Paris, Palais de Chaillot, place du Trocadero
Musée International des Hussards, 65 Tarbes (Hautes-Pyrénées) Jardin Massey
Musée Historique de la Ville de Strasbourg, Strasbourg, 2 Place du Château

**Holland**
Nederlands Leger- en Wapenmuseum »General Hoefer« Pesthuislaan 7, Leiden

**Italien**
Museo Nazionale della Montagna »Duca degli Abruzzi«, Via E. Giordino Nr. 37, 10131 Torino
Museo Nazionale Storico d'Artiglieria, Torino, Corso Galileo Ferraris
Museo Storico dei Bersaglieri, Roma, Piazza Porta Pia
Museo Nazionale di Castel Sant' Angelo, Roma, Lungotevere Castello
Museo Storico dell' Arma dei Carabinieri, Roma, Piazza del Risorgimento Nr. 46

**Jugoslawien**
Vojni Muzej, Belgrad, Kalemagdan

**Norwegen**
Haermuseet, Oslo 1, Akershus

**Österreich**
Heeresgeschichtliches Museum Wien, Arsenal Objekt 18, Wien III
Waffensammlung des Kunsthistorischen Museums, Neue Burg, Wien
Landeszeughaus Graz, Steiermark

**Polen**
Muzeum Wojska Polskiego, Al. Jerozolimskie 3, Warschau

**Rumänien**
Muzeul Militar Central, Izvor Street 137, Bukarest

**Schweden**
Kungl. Armémuseum, Riddargatan 13, Stockholm
Marinemuseum, Karlskrona, Amiralietsslätten

**Schweiz**
Musée Historique, CH-2013 Colombier, Château de Colombier
Historisches Museum, Ch-6000 Luzern, Rathaus am Kornmarkt
Musée Militaire, CH-1110 Morges, Château
Altes Zeughaus Solothurn, Zeughausplatz 1, CH-4500 Solothurn
Waffen- und Trophäensammlung des Unteroffiziersvereins Hauptgasse 68, CH-4500 Solothurn.
Schweizerisches Landesmuseum, Museumstr. 2, CH-8000 Zürich.

**Sowjetunion**
Voenno-Istoritjeskij Musej Artillerij, Insjenernich Woisk i Woisk Swjasi, Lenin's Park 7, Leningrad
Centralnij Musej Vooruzhennijch Sil SSSR, Municipal Square 2, Moskau

**Spanien**
Museo Militar del Castillo de Montjuich, Barcelona 4

**Tschechoslowakei**
Vojenské Muzeum, U. Památniku 2, Prag 3

**Ungarn**
Hadtörténelmi Muzeum, Budapest, I. Tóth Arpád sétány (Promenade) No. 40

# Militaria-Literatur

Sowohl unter Angabe der benutzten Werke als auch zur Vertiefung des Sachgebiets empfehlenswerte Fachliteratur.


**Handbücher allgemein**

Handbuch der Waffenkunde, W. Boeheim, Leipzig1890

Das Deutsche Reichsheer, G. Krickel u. G. Lange, Berlin 1892

Das Deutsche Soldatenbuch, F. W. Deiß, Berlin 1928

Die Deutsche Soldatenkunde, Schwertfeger-Volkmann, Leipzig 1937

Deutsches Soldatenjahrbuch, G. Damerau, München 1954 ff.

Armee-Märsche, Toeche-Mittler, Neckargemünd 1975

**Uniform**

Handbuch der Uniformkunde, Rich. Knötel, Leipzig 1896

Die Uniformen der Deutschen Armee, Verlag Moritz Ruhl, Leipzig, 1914

Uniformkunde, Knötel/ Pietsch/ Jantke/ Collas. Hamburg 1935

Uniformen in Farben, P. Kannik, Berlin 1968

Der Bunte Rock, Paul Martin, Stuttgart 1969

Die Bunte Welt der Uniform, J. Mollo, Stuttgart 1972

**Uniform – Speziell**

Bekleidungs-Ordnung, München 1904

Bekleidungs-Ordnung, Berlin 1911

Die Organisation, Bekleidung, Ausrüstung und Bewaffnung der kgl. bayer. Armee von 1806–1906, K. Müller, München 1899–1907

Bekleidungs-Vorschrift f. d. Offiziere . . . des kgl. bayer. Heeres, München 1904

Die feldgraue Friedens- und Kriegs-Bekleidung der kgl. bayer. Armee, München 1916

Formations- und Uniformierungsgeschichte des preußischen Heeres 1808–1914, Paul Pietsch, 2. Aufl., Hamburg 1966

Bekleidungs-Vorschrift f. d. Offiziere . . . des kgl. preuß. Heeres, Berlin 1911

Deutschlands Armee in feldgrauer Kriegs- und Friedensuniform, v. d. Osten-Sacken, Berlin 1916

Die graue Felduniform der Deutschen Armee, Leipzig, 1910

Deutsche Rangliste 1914, Berlin 1914

Ehrenrangliste des ehem. deutschen Heeres, 1914–18, Berlin 1923

**Helme**
Europäische Helme, Müller-Kunter, Berlin (Ost) und Erfurt 1971
Die Deutschen Helme vor Ausbruch des 1. Weltkrieges, Gebrüder Gräfe, Emmendingen 1970

**Museumsführer und Kataloge**
Führer durch das königl. Histor. Museum Dresden. Dresden 1899
Führer durch das kgl. bayer. Armee-Museum. München 1912
Das Königliche Zeughaus, Führer. Berlin 1914
Waffen und Uniformen in der Geschichte, Katalog des Museums für Deutsche Geschichte (ehem. Zeughaus). Berlin (Ost) 1957
Kunstsammlungen der Veste Coburg, ausgewählte Werke. Coburg 1969
Stille Museen, Ein Führer zu Spezialsammlungen und Fachmuseen. München 1976
Versteigerungskatalog Sammlung Prof. Louis Braun, Helbing. München 1914

**Archive und Zeitschriften**
Archiv für Waffen- und Uniformkunde, F. Rascher. Frankfurt 1919
Zeitschrift für Heereskunde. Berlin, seit 1929 ff.

# Namen- und Sachregister

Der Kaiser und die deutschen Bundesfürsten und Bürgermeister der Freien und Hansestädte; vor Ausbruch des 1. Weltkrieges 1914:
Wilhelm II., König v. Preußen, Deutscher Kaiser (seit 1888)
König Ludwig III. von Bayern (seit 1913)
König Friedrich August III. von Sachsen (seit 1905)
König Wilhelm II. von Württemberg (seit 1891)
Friedrich II., Großherzog von Baden (seit 1907)
Ernst Ludwig, Großherzog von Hessen (seit 1892)
Friedrich Franz IV., Großherzog von Mecklenburg-Schwerin (seit 1897)
Adolf Friedrich, Großherzog von Mecklenburg-Strelitz (seit 1904)
Wilhelm Ernst, Großherzog von Sachsen-Weimar (seit 1901)
Friedrich August, Großherzog von Oldenburg (seit 1900)
Friedrich II., Herzog von Anhalt (seit 1904)
Johann Albrecht, Regent von Braunschweig (seit 1907)
Ernst II., Herzog von Sachsen-Altenburg (seit 1908)
Karl Eduard, Herzog von Sachsen-Coburg und Gotha (seit 1900)
Georg II., Herzog von Sachsen-Meiningen (seit 1866)
Leopold IV., Fürst zur Lippe (seit 1905)
Heinrich XXVII., Erbprinz von Reuß ä. L. (seit 1911)
Heinrich XIV., Fürst von Reuß j. L. (seit 1867)
Adolf, Fürst von Schaumburg-Lippe (seit 1912)
Günther, Fürst zu Schwarzburg-Rudolstadt (seit 1890)
Karl-Günther, Fürst von Schwarzburg-Sondershausen (seit 1880)
Friedrich, Fürst von Waldeck-Pyrmont (seit 1893)
sowie
J. H. Eschenburg, Präsidierender Bürgermeister von Lübeck
Dr. C. A. Schröder, Erster Bürgermeister von Hamburg
Dr. Barkhausen, Präsident des Senats Bremen